当代新闻与传播学系列教材

西安外国语大学资助立项教材

传媒经济学

王亮　编著

WUHAN UNIVERSITY PRESS
武汉大学出版社

图书在版编目(CIP)数据

传媒经济学/王亮编著．—武汉：武汉大学出版社，2017.12(2023.1 重印)
当代新闻与传播学系列教材
ISBN 978-7-307-19682-7

Ⅰ.传… Ⅱ.王… Ⅲ.传播媒介—经济学—高等学校—教材
Ⅳ.G206.2-05

中国版本图书馆 CIP 数据核字(2017)第 224287 号

责任编辑：韩秋婷　　责任校对：李孟潇　　版式设计：马　佳

出版发行：**武汉大学出版社**　(430072　武昌　珞珈山)
(电子邮箱：cbs22@whu.edu.cn 网址：www.wdp.com.cn)
印刷：武汉邮科印务有限公司
开本：787×1092　1/16　印张：9.25　字数：230 千字　插页：2
版次：2017 年 12 月第 1 版　　2023 年 1 月第 2 次印刷
ISBN 978-7-307-19682-7　　定价：34.00 元

作者简介

王亮，西安外国语大学新闻与传播学院副教授，新媒体与国际传播科研创新团队带头人，国际传播研究所研究员。传媒经济学博士，硕士研究生导师。发表学术论文40余篇，出版学术著作2部、教材1部，参编著作4部。主持国家社科基金项目1项、省部级项目1项。3篇论文被中国人民大学报刊复印资料全文转载。研究成果获陕西省第十届哲学社会科学优秀成果奖二等奖，陕西省高校人文社会科学优秀成果奖二等奖。教学成果获西安外国语大学教学成果奖一等奖。

目　　录

第一章
认识传媒经济学

传媒经济学是一门相对年轻的学科，在这一章，我们主要对传媒经济学的一些基本概念和传媒经济学的研究历程、研究视角、研究方法等问题进行介绍，为随后的内容奠定基础。

1.1 预备知识

1.1.1 经济学

“经济”这个词来自希腊语，古希腊的学者色诺芬最早使用这个词，“eco”表示“家务”，“nom”表示“规则”，“economics”的意思是“家政管理”。一般认为，1776年苏格兰启蒙思想家亚当·斯密发表的《国富论》奠定了现代经济学的基础。经济学与人们的生活息息相关，美国经济学家萨缪尔森在《经济学》中说：“为什么要学习经济学？一条最重要的理由应该是：在人的一生(从摇篮到坟墓)中，你都永远无法回避无情的经济学真理。作为一个选民，你总该对政府税收、财政赤字、自由贸易、通货膨胀乃至失业等一系列问题有自己的判断。诚然，只有学习和掌握了经济学的基本原理之后，你才有可能把握好这些问题。”他认为：“经济学研究一个社会如何利用稀缺的资源以生产有价值的物品和劳务，并将它们在不同的人中间进行分配。”①

从研究对象出发，可以将经济学分为微观经济学和宏观经济学。微观经济学主要研究构成经济体系的个体行为，如个人、家庭、企业的经济决策。宏观经济学主要研究经济体系的整体运作问题，如GDP、就业率、通货膨胀率，等等。

从研究方法上，可以将经济学分为实证经济学和规范经济学。实证经济学不涉及价值判断，只研究“是什么”的问题，规范经济学涉及研究者对某一问题的价值判断，研究“应当是什么”的问题。按照《现代西方经济学辞典》的定义，实证经济学是研究经济体系实际怎样运行的经济学。它作出与经济行为有关的假定，对行为的经济后果作出分析和陈述，并且可以通过各种方式对结论进行检验。它力求回答“是什么”的问题，而不回答“应该是什么”的问题。② 而规范经济学是研究经济体系怎样运行的经济学。它以一定的价值判断

---

① [美]保罗·萨缪尔森、威廉·诺德豪斯：《微观经济学》(第十七版)，萧琛等译，人民邮电出版社2004年版，第2页。

② 胡代光、高鸿业：《现代西方经济学辞典》，中国社会科学出版社1996年版，第107页。

为基础，提出行为的标准，并研究如何才能符合这些标准，规范经济学研究“应该是什么”的问题。① 但是在实际的研究工作中，实证经济学和规范经济学无法截然分开，同时，二者之间也存在着一定的张力。

美国经济学家阿瑟·奥肯在他的《平等与效率》一书中对实证经济学与规范经济学之间的紧张关系作出了非常精辟的分析。他说，经济学家要追求效率，但是哲学家会反问，要效率是为了什么？在效率之上是否还存在着其他的价值？他提出，如果我们的社会要追求效率，那么公民的权利就应该受到限制。因为像选举权、宗教信仰权、受教育权、言论自由权等一系列权利都缺乏效率。经济财产的获得需要花费货币，但是这些政治权利的获得却不需要任何费用。由于在正常情况下公民不必为行使他们的权利而付钱，他们便缺少谨慎行使权利的经常的警觉。② 迈克尔·桑德尔教授在《金钱不能买什么》等著作中表达了不同的看法，在桑德尔教授看来，在经济领域中实行效率、竞争等观念尚有几分合理性，在经济领域中实行市场主义虽有很多问题，但不失为一种解决问题的办法。但在社会生活中以这些观念为指南则是完全错误的。换句话说，市场经济尚有可取之处，市场社会则毫无可取之处。

实证研究需要有价值观念做引导，规范分析离不开实证研究的数据和事实支持。正如奥地利学派代表人物米瑟斯所说：“经济学是一种理论科学，它不能告诉人们应当选择什么价值，应当致力于什么目标。它不确定终极目的。这不是思想家的任务，而是实干家的任务。科学是思考的产物，行动是意志的产物。从这个意义上我们可以说，经济学作为一门科学，相对于人类行为的终极目标而言，是中立的。然而，就达到既定社会目标所采用的手段而言，则是另一回事。经济学在这里是唯一可靠的行动指南。假如人们想在追求任何社会目标时取得成功，他们必须使自己的行动符合经济思考的结论。”③

1.1.2 稀缺

稀缺是经济学中最核心的概念之一，可以说，在经济学家看来，绝大部分的资源都具有稀缺性。经济学家将资源分为三类：免费物品、经济物品、有害物品。其中，免费物品指空气、阳光等少数几类资源，人们不用支付成本就可以得到它们，但这类资源数量很少。有害物品是人们需要支付成本才能消除的物品，如雾霾、水污染、垃圾、废气废料等。人类生活中的绝大部分资源属于经济物品，即人们为了得到这些物品必须支付一定的成本，这里的成本包括时间、货币、精力、注意力等。而经济物品具有稀缺性，即人们对这些物品的需求超过了物品的供给。物品有限，但人们的需求无限，有限的物品和无限的需求之间存在的矛盾，就构成了经济学研究的主题。经济学家马歇尔曾经说：每个社会都必须面对一项基本的经济难题，即如何将有限的资源作最佳运用，以满足无穷的欲望。这就是经济学上的稀缺性问题。萨缪尔森在其《经济学》中也说：“正是由于存在着稀缺性和人们追求效益的愿望，才使得经济学成了一个重要的学科……经济学的精髓之一在于承认

---

① 胡代光、高鸿业：《现代西方经济学辞典》，中国社会科学出版社 1996 年版，第 107 页。

② [美]阿瑟·奥肯：《平等与效率》，王奔洲译，华夏出版社 1987 年版，第 5 页。

③ [奥]路德维希·米瑟斯：《官僚体制 反资本主义的心态》，冯克利、姚中秋译，新星出版社 2007 年版，第 73 页。

稀缺性是现实存在的，并探究一个社会如何进行组织才能最有效地利用其资源。这一点，可以说是经济学伟大而独特的贡献。”①正是由于资源存在稀缺性，才使研究如何对稀缺资源进行有效分配的经济学成为一门独立的学科。

稀缺会严重影响人们的行为，行为经济学研究发现，经济物品的稀缺会影响人们的主观判断，严重的稀缺会改变人们的思维方式，产生“稀缺俘获大脑”的现象。美国学者穆来纳森和沙菲尔研究发现，当人们处于稀缺状态时，人们会对眼前的事物保持高度关注，忽视其他重要的问题。两位作者写道，“稀缺不仅仅是实质上的约束，也是一种心态。当它俘获我们的注意力时，就会影响我们所关注的事物，影响我们对选择的权衡，影响我们的思维方式，并最终影响我们的决策和行为”②，“稀缺的核心在于余闲的缺乏，任何一点小小的不稳定都会威胁到生存于稀缺陷阱边缘的人，因为他们没有足够的余闲去吸收这些不稳定因素，只能任由其影响自己的生活”③。

在两位作者看来，心理意义上的稀缺对人们的最大影响在于，人们将注意力和资源集中于那些迫切需要解决的问题，而降低对其他重要但不迫切的事情的关注度。如果人们长期处于稀缺状态，将会引发稀缺的恶性循环。比如，在经济生活领域中，稀缺使人们忽视个人保险、健康、安全等重要事项。在工作领域，稀缺使人们同时处理多种任务，但这往往会降低工作效率。稀缺使人们把眼前问题放大，而忽视与眼前问题无关的其他重要事件，没有将看得见的事物和看不见的事物进行比较，从而失去改变稀缺状态的机会，人们将会处于稀缺循环。稀缺导致人们只关注眼下即刻面临的问题，而忽视其他问题。但未来的问题需要提前做出准备和应对。稀缺状态下，人们只顾眼前，以高度紧张状态面对问题，很有可能做出不理性的决定而产生更多紧急问题。稀缺陷阱使人难以逃脱，稀缺状态下每件事都是紧急事件，人们的思维带宽完全被这些紧急事件占据，无暇考虑不紧急但重要的事件。摆脱稀缺陷阱的关键是退一步，有余闲反思并制订计划。但在稀缺陷阱中，人们没有足够的思维带宽去做这些。无论是街头的穷人还是办公室的白领，他们都可能面临稀缺陷阱。

解决稀缺的办法是拥有足够的余闲，解决时间的稀缺需要时间余闲，解决金钱稀缺需要金钱余闲。余闲带来自由裁定能力，无论是时间稀缺还是金钱稀缺，余闲都可以减缓稀缺引发的思维带宽问题。人的自由裁定能力高，就不太容易受到稀缺的影响。按照穆来纳森和沙菲尔的观点，穷人缺乏余闲带来的自由裁定能力，导致他们只能关注眼前的问题。因此，他们更有可能不按时服药，不接受新事物，做不称职的家长等。稀缺导致思维带宽下降，使穷人不能集中精力思考、理性决策、严格自控。

同样，在组织中，解决员工时间稀缺、启发员工创新，需要给予员工充分的余闲。余闲让人们不仅关注紧急事件，也让员工有时间和精力关注重要事件。缺乏余闲，人们只能

---

① ［美］保罗·萨缪尔森、威廉·诺德豪斯：《微观经济学》(第十七版)，萧琛等译，人民邮电出版社 2004 年版，第 2 页。

② ［美］塞德希尔·穆来纳森、埃尔德·沙菲尔：《稀缺：我们是如何陷入贫穷与忙碌的》，魏薇、龙志勇译，浙江人民出版社 2014 年版，第 14 页。

③ ［美］塞德希尔·穆来纳森、埃尔德·沙菲尔：《稀缺：我们是如何陷入贫穷与忙碌的》，魏薇、龙志勇译，浙江人民出版社 2014 年版，第 152 页。

关注紧急事件，而忽视更加重要但并不紧急的事件。但一个成功的组织不仅需要应对眼前的紧急事件，更需要对影响组织未来发展的重要事件做出预先规划，组织同样需要为员工创造余闲。

比如，3M公司给员工留出15%的自由时间，员工可以自由支配这些时间，从事自己愿意探索的工作，而且员工不会因为创新失败受到惩罚，3M的自由时间制度也在谷歌等公司广泛运用。谷歌公司的“20%时间”制度允许工程师拿出20%的时间来研究自己喜欢的项目。谷歌的语音服务、谷歌新闻、谷歌地图等产品全是“20%时间”的产物。谷歌公司CEO埃里克·施密特认为，该制度的重点在于自由，而不在时间长短。① 他说：“创新通常都是由那些有闲暇时间思考新想法并实施它的人或团队推动的，这是永恒的真理，100年前是这样，100年以后也是这样，靠强迫是无法创新的。因此，即使你的生活已经一团糟了，你也要有放松的时间，对创新来说这一点是非常重要的。这样你才可以说，‘可能我没有做正确的事情’。或者‘也许我应该想到那个新方法’。人类思维的创造性是没有时间表的。”②谷歌人力运营部副总裁拉兹洛·博克也说：“唯一永不失效的方法是给员工自由，或具体而言，允许团队自行安排自己的工作，自主确定自己的目标和应完成的业绩。”③

美国管理学家加里·哈默提出：“当人们的注意力被各种必须负责的琐碎事务切割成零散的碎片时，就没有了思考的时间……如果你把公司中所有的懒散都排挤出去了，创新也会被排挤出公司……最有价值的人类能力——创造力，几乎不可能被管理。虽然很多管理工具可以让员工更服从、更勤奋，但却不能让员工更创新、更忠诚”④。

1.1.3 资源配置

资源配置是指对稀缺性资源进行合理有效的分配，通过有效配置资源达到产出最大化。它有两种基本的资源配置思路，一种是通过命令、控制的方法分配资源，另一种是通过市场自发交易的方式分配资源。在这两种资源配置方法之间，还存在结合自由交换和命令控制的混合型资源配置。在当下，很少有国家或地区完全运用命令控制或自由交换的资源配置方法，更常见的是兼具命令控制和自由交换的混合型资源配置。有学者认为，在不同的环境中，两种资源配置方法各有优劣，“在相对简单的系统中，靠自上而下的命令来协调的有目的的组织和合作可以相当有效。但协调任务变得越复杂，自发的有序化就可能越有优越性。当系统面临不可预见的演化时，更是如此”⑤。在资源数量和种类较少的简单环境下，命令控制可能相对有效。但当环境日趋复杂，所需分配的资源越来越多，资源

① [美]埃里克·施密特、乔纳森·罗森伯格：《重新定义公司：谷歌是如何运行的》，靳婷婷译，中信出版社2015年版，第221页。

② [美]梅丽莎·希林：《技术创新的战略管理》(第四版)，王毅、谢伟、段勇倩译，清华大学出版社2015年版，第189页。

③ [德]托马斯·舒尔茨：《Google：未来之境　全球创新巨头真正的工作、思索与规划》，严孟然、陈琴译，当代中国出版社2016年版，第200页。

④ [美]加里·哈默、比尔·布林：《管理的未来》，陈劲译，中信出版社2012年版，第55页。

⑤ [德]柯武刚、史漫飞：《制度经济学：社会秩序与公共政策》，韩朝华译，商务印书馆2000年版，第172页。

配置的各种组合远远超出人类认知和理解能力之外，这时通过命令控制配置资源的难度会以指数速度上升，命令控制的有效性会大幅下降。

持有自由市场观念的学者们认为，在复杂环境下，通过自由市场交易，让无数个体基于其所掌握的分散信息配置资源，将会成为更有效的资源配置手段。在这种观点看来，个体对自身利益的追求，会在无意间满足他人的需要，这是亚当·斯密在《国富论》中讲述的核心观点。他说，“人几乎总是需要同类的协助，但仅仅依赖人的恩惠，并不会更容易达到目的，如果他能够鼓动他们的自爱心，使其有利于己，并且告诉他们，如果他们为他而做他需要他们做的事情，他们就是为他们自己的利益。我们日常必要的那些好东西，几乎全是依照这个方法，从别人手里取得的。我们所需的食物不是出自屠宰业者、酿酒业者、面包业者的恩惠，而仅仅是出自他们自己的利益的顾虑，我们不要求助于他们的爱他心，只要求助于他们的自爱心。我们不要向他们说我们必需，只说对他们有利”①。市场经济的奥秘就在于一个看似矛盾的事实，人们追求自身利益的行为产生增进他人利益的结果。

1.1.4 机会成本

机会成本指一种经济资源在选择特定用途之后，在所有放弃的用途中具有最大收益的选项，这一选项就是选择这种特定用途的机会成本。美国经济学家曼昆将机会成本定义为：为得到某种东西所必须放弃的东西。更准确的界定是，机会成本是所有放弃的选择里，能为当事人带来最大收益的选择。

经济学家经常讲，世界上没有免费的午餐。这句话的意思是，每一个选择都意味着放弃其他选择，因此，每一个选择都有机会成本。理性的人追求自身利益最大化，一个理性的人在做出选择时，一定会让该选择为自己带来的收益大于其他选择所能带来的收益。满足这一条件时，这个人所做出的选择才是理性的。如果放弃的选项带来的收益大于所选选项的收益，即机会成本高于实际收益，在经济学家看来，此人的行为不够理性。

机会成本意味着，人们不仅要考虑某一行为看得见的后果，也要考虑这一行为看不见的后果。要将行为看不见的后果和看得见的后果进行比较，如果看不见的行为的收益超过看得见的行为的收益，就说明选择存在问题。在现实生活中，人们往往关注行为的直接效应，比如“我们今年的利润是多少万元，说明我们合理配置资源，取得良好的经济效应”，“我们今年扭亏为盈，获得丰厚回报”，等等。但对这一问题还应继续思考，如果采用其他资源配置的方法，是否会得到更高的利润、更丰厚的回报？仅仅是投资取得回报并不能论证这一投资的合理性，要考虑如果采用其他方案是否会产生更大的回报，目前这一投资方案的机会成本是什么？机会成本是否超过当前选择的回报？如果采用其他方法可以得到更高利润，说明目前的资源配置方法并非最有效。机会成本始终是衡量决策质量的重要标准。

1.1.5 理性

经济学上的理性概念和我们通常理解的理性有所不同，经济学中的理性主要是指人的

① ［英］亚当·斯密：《国富论》(上)，郭大力、王亚南译，译林出版社 2011 年版，第 10 页。

自利性，只有符合个人自身利益的行为才是理性行为。如汪丁丁教授所言，“经济学理性主义坚持人的自利本性是一切经济行为的(至少是经济行为研究者的)出发点，这是亚当·斯密《原富》的核心思想，也是被认为是‘经济学帝国主义’里程碑的贝克尔1976年著作《人类行为的经济学分析》的核心思想”①。自利行为和自私行为存在差别，自利是个人在不损害他人利益的同时追求自身利益的行为，人们既可以通过损害他人利益的方式实现自我利益，即自私的损人利己；也可以通过不损害他人利益的方式实现自我利益，即自利的利己不损人。因而，相比损人利己的自私行为，利己不损人的自利行为是道德中性的，我们不必将自利行为界定为不道德的行为。

理性人假定是西方经济学的基本假定，理性人是指那些追求自身利益最大化的个体，经济学理性是指个体自觉追求自身利益的行为，凡是符合这一标准的行为，称为理性行为。因而，经济学中的理性指个体追求自身利益，只有当个体追求自身利益，并以此作为思考和决策依据时，我们才说他的行为是理性的。

经济学家认为，理性假定的现实性在于，那些在自然进化的生存斗争中存活下来的物种都按这一法则行动，不按照理性原则行动的生物都会在自然进化中消亡。经济学家张五常在《经济解释》一书中以傻瓜建汽油站的故事为例，说明理性假设的合理性：“话说有一群人，每个都是白痴，对世事茫然不解。经济学者却假设他们每个人明智地争取最大的利益。事实上，这些人都是白痴，所以这个经济假设显然是错了。这些白痴听说汽油站很好玩，于是每个人都开办汽油站了。因为是白痴，他们之中有些把汽油站建在荒山之上，有些建在密林之中，也有些建在海上的。没有公路汽车经过，汽油站怎可以生存呢？但他们当中有几个同样的白痴，却糊里糊涂地把汽油站建在公路旁。过不了多久，适者生存，不适者淘汰，只有在公路旁建汽油站的白痴能生存。事实上，他们是不知自己所为的。经济学者假设他们懂得怎样争取最大利益，显然是错了的，但留存下来的汽油站，却恰好与争取最大利益的假设不谋而合。假设白痴懂得怎样争取利益虽然是错了，但却准确地推测了白痴在公路旁建汽油站的行为，这些行为于是就被解释了。说他们不知所为，所以汽油站不会建在最有利可图的地方，是谬论。”②

张五常教授认为，经济学家之所以认同理性假设，是因为这一假设可以对人的行为作出更准确的解释和预测，理论的价值之一是对事物作出合理的解释，理性假设在这一点上比其他假设都更为优越。

经济学中的理性假设是一个很强的假设，理性假设认为人们无时无刻不在精心算计以实现个人利益最大化，这一假设并不完全符合实际。行为经济学和心理学研究证明，很多时候人们的行动和决策并不理性。③ 但这些发现并未真正动摇理性假设在经济学研究中的地位。一些学者认为，科学研究工作中，研究假设是否符合现实并不十分重要，科学理论的目的是发展出一套理论，能够对行为进行准确解释和预测，研究假设是否符合现实并不是判断理论价值的唯一指标。

---

① 汪丁丁：《经济学理性主义的基础》，载《社会学研究》1998年第2期。

② 张五常：《经济解释》，香港花千树出版有限公司2002年版，第17页。

③ 参见[美]丹尼尔·卡尼曼：《思考，快与慢》，胡晓姣、李爱民、何梦莹译，中信出版社2012年版；[美]丹·艾瑞里：《怪诞行为学》，赵德亮等译，中信出版社2008年版。

在这里有必要对这一问题做些阐述。在这些学者们看来，理论的假设常常与现实不相符，但假设与现实是否一致并不是判断理论价值高低的唯一指标。比如，张五常教授认为，科学的逻辑是，前提错了，结论不一定错。如果理论的前提假设与现实不相符，但理论能够对现实作出合理的解释和预测，理论就可以被接受。也就是说，对于建立在假设基础上的理论来说，假设与现实是否一致并不重要，重要的是理论能否对现象作出合理的解释和预测，以及理论应用范围的大小。一个能充分解释和预测某一现象并能应用于较大范围的理论，要比不能解释和预测该现象且应用范围有限的理论具有更大的价值。

在辩论中经常会听到这样的话："你的前提假设是错误的，因此，你的结论必然是错误的，你的一切分析都是不成立的，因为你一开始的前提就出现了错误。"然而这是一种误导性的说法，前提错了，但结论不一定会错。张五常教授在《经济解释》中举例说："假若下雨(A)，天上就一定有云(B)，其含意是，没有云(Not B)就一定没有雨(Not A)。假若没有云但却有雨，那么下雨(A)必定有云(B)之说就被事实推翻了。验证一个理论含意的唯一办法，是以事实反证。这点很重要。要验证下雨必定有云这个含意(验证 A→B)，是要以没有云就没有雨(Not B→Not A)的事实作反证。以没有雨就没有云(Not A→Not B)来验证，是一个很常见的谬误(在逻辑学上，这谬误叫作 Fallacy of Denying the Antecedent)。A 的发生意味着 B 的发生，A 的不发生完全不意味着 B 会怎样。说没有 A 就没有 B，是谬论，但在谬论中过日子的人何其多也！"①

这个例子中，"下雨必然有云"。但是，如果前提不成立，"不下雨"，并不意味着"天上没有云"，因为也有可能是阴天。因此，前提不成立，并不意味结论也不成立。科学的逻辑应该是运用"反证法"，"如果下雨，必然有云"，它的逆反命题是"如果没有云，肯定不下雨"。从逻辑学的角度分析，这个逆反命题必然成立。而错误的前提"不下雨"，并不会导致结论"没有云"。因此，要反驳一个科学命题，不是看它的前提假设是否成立，是否符合现实，而是要验证它的结论是否有效。这就要求这一命题必须是可以验证的，只有具备"可证伪性"的命题才是科学命题。

著名经济学家弗里德曼在《实证经济学方法论》一文中对此分析道："作为一个实质上的假说体系，理论应该通过对其意在加以'解释'的那类现象的推测来加以判断。只有事实证据才能表明它是'正确的'还是'错误的'，是可以被暂时'接受'为有效的，还是应被'拒绝'的。对某一假说有效性的唯一合意的检验，就是把它的推测与经验相对照。如果其推测与经验相矛盾(频繁地，或者说比某个替代性假说更为经常地与经验相矛盾)，那么这个假说就被拒绝；如果不发生矛盾，那它就被接受；如果经过多次检验都没有发现矛盾，那么假说就得到了更大的可信度。事实证据永远都不能'证实'假说；它只是未能证伪该假说，同样一个意思，如果采用我们通常的那种不准确的说法，那就是这个假说被经验所'确证'了……那些真正重要且意义重大的假说所具有的'假设'，是对现实的一种粗略的、不精确的、描述性的表述。而且，一般说来，某一理论越是杰出，它的'假设'就越是(在以上意义上)脱离现实。原因非常简单：如果一个假说能够通过极其有限的证据来'解释'多数事实，亦即，如果一个假说能够从它旨在解释的那一现象的大量而复杂的条件中抽象出共同而又关键的因素，并能保证在这些因素的基础上作出合理的推测，那

① 张五常：《经济解释》，香港花千树出版有限公司 2002 年版，第 16 页。

么，这一假说就是重要的。故而，要成为重要假说，就必须舍弃掉假设在某些描述方面的正确性；它根本不必考虑并说明这些情况，它最大的成功之处在于能够证明，许许多多伴随主要现象发生的其他事件都和待解释的现象无关。”①

美国经济学家埃德温·曼斯菲尔德也有相近表述：“当经济学家做出简化的假设，并由此推导出仅近似于真实情况的结论时，那就不必对假设条件比现实情况简单或对预测结果并不总是十分准确而有所抱怨了。这些抱怨也许确实有理，但如果预测结果比使用其他模型所得到的结果更为准确的话，该模型一定就会被继续使用下去，直到出现更有效、更准确的模型为止。”②在一定程度上，科学理论的发展是一种范式取代另一种范式的科学革命，当研究者普遍认同某一研究范式，并在该范式指导下进行科学研究工作时，该理论就是主导性的理论范式，学者们用这一理论观察各种现象，并将其纳入主导理论范式认知框架内。当新研究范式取代现有范式后，研究者将从新的理论出发观察和解释现象，既有理论的假设也将为新理论的假设所取代。

1.1.6 有限理性

理性假设是一个过于严格的假设，将理性假设的条件放宽，认为尽管人们想按照个人利益最大化的假设进行思考和决策，但人们往往做不到完全理性，通常情况下人们并不以最大化原则作为决策指南，而是以满意原则代替最大化原则，即有限理性。因为传统的经济学所定义的理性人是具有“完备知识”的人，他拥有自己所需要的一切知识，能够在掌握全部所需知识的情况下做出自身利益最大化的决策。但是在现实生活中不存在这样的人，而且获取信息也需要成本，人不可能掌握做决定所需要的全部知识和信息。所以，“尽管人们做出了很多努力，但有限知识这一问题依然是人类存在的核心苦恼和稀缺的构造性原因：如果我们知道得越多，我们就越能运用物质资源更好地满足人类的各种需要。因此，对于经济学这一研究如何克服稀缺性的学科来说，人类的无知及其应付无知的办法成了绝对的中心问题”③。我们必须认识到，个人吸纳信息的能力有限。另外，人们获取信息的时间、精力、意愿也有限，这就使有限理性成为影响人们决策的重要因素。

1.2 传媒经济学的起源和研究现状

从世界范围看，传媒经济学在较长的时间里受到新闻传播学研究者的忽视。④ 在国外，较早对传媒经济展开研究的是一些经济学家，如科斯对无线频率分配、广播电视管制的研究，雷伊对报纸竞争的研究，萨缪尔森对公共产品性质和分类的研究，欧文对电视的

---

① [美]米尔顿·弗里德曼：《实证经济学方法论》，参见[美]丹尼尔·豪斯曼：《经济学的哲学》，丁建峰译，上海人民出版社 2007 年版，第 152、156 页。

② [美]埃德温·曼斯菲尔德：《微观经济学》(第九版)，黄险峰等译，中国人民大学出版社 1999 年版，第 15 页。

③ [德]柯武刚、史漫飞：《制度经济学：社会秩序与公共政策》，韩朝华译，商务印书馆 2000 年版，第 51 页。

④ [美]阿兰·阿尔瓦兰：《传媒经济与管理学导论》，崔保国、杭敏等译，清华大学出版社 2010 年版，第 25 页。

经济研究，以及史麦塞对受众商品的研究，等等。即使进入20世纪80年代以后，从事传媒经济学研究的学者仍然很有限，这一领域的研究在理论的构建和发展方面也较为薄弱。但自20世纪80年代开始，传媒经济学的主要研究者不再是经济学家，而是新闻传播学者。

美国学者莱西对1988年到1992年的《传媒经济学》和《新闻学季刊》进行内容分析后发现，在两家杂志发表的70余篇传媒经济研究论文中，64篇来自新闻传播学者，只有9篇来自经济学家。同时，传媒经济研究在理论的发展和运用方面也有所提升，莱西发现在样本中有3篇文章发展理论，48篇文章检验理论，15篇为前理论，10篇属于评论。① 米尔泽乌斯卡和霍利菲尔德对《传媒经济学》和《国际传媒管理学刊》上的309篇文章进行分析后发现，以管理学理论作为理论来源的文章占44%，以经济学理论为理论来源的文章占33%，而以传播理论为理论来源的文章只有5%。②

在国内，从20世纪90年代中后期开始，随着传媒集团的组建和传媒市场竞争的加剧，传媒经济迅速成为新闻传播学的热点研究领域。随着研究的不断深入，学者们开始对国内外传媒经济研究进行回顾和总结。杭敏教授对2014年国外三本传媒经济与管理研究期刊的文献进行解读，发现该年度国外传媒经济学与管理学研究日趋国际化，更加注重实证性，强调经济学理论与管理学理论的运用。研究的理论性和规范性增加，但研究的社会价值可能下降。③ 丁汉青教授对2013年国外传媒经济学研究进行分析，发现该领域研究以应用研究为主，二手资料分析、访谈和个案研究是三种最常用的方法，战略研究、市场研究、生产与消费研究是最主要的议题。与国外研究相比，国内研究者更重视新媒体研究，国外研究对象更加多元化。④ 章平教授对1996—2005年国内两家新闻传播学期刊进行内容分析，发现传媒经济研究以应用性研究为主，媒介组织和媒介管理是学者最为关注的问题，传媒经济研究以定性研究方法为主。⑤ 强月新教授对20世纪80年代到2003年的传媒经济量化研究进行回顾，认为传媒经济研究范围不断扩大，量化研究方法不断增加。⑥ 丁汉青教授对1998—2007年大陆传媒经济学术圈进行引文分析，认为这一领域研究既缺乏核心作者群，也缺乏核心信息源，传媒经济学根植于新闻传播学。⑦ 对国内主要的新闻传播学刊物进行内容分析可以发现，传媒经济研究中研究方法普遍缺席，研究的理论基础较为薄弱，很多文章没有明确的研究方法，文章的论点缺乏理论基础。传媒经济学

---

① Lacy, S. Developing and Using Theory for Media Economics. *The Journal of Media Economics*, 1995, 8(2), 3-13.

② [美]阿兰·阿尔瓦兰：《传媒经济与管理学导论》，崔保国、杭敏等译，清华大学出版社2010年版，第39页。

③ 杭敏：《鲁莽与疯狂之后的第二十五年：2014国际传媒经济与管理研究综述》，载《全球传媒学刊》2015年第1期。

④ 丁汉青、曹璞：《2013年国外传媒经济学研究热点与场域——基于文献计量学的方法探索》，载《新闻与传播研究》2015年第4期。

⑤ 章平、池见星：《10年来中国传媒经济研究回顾》，载《新闻大学》2007年第2期。

⑥ 强月新、郭韶明：《我国传媒经济研究的量化分析》，载《武汉大学学报》(人文科学版)2006年第3期。

⑦ 丁汉青：《中国大陆传媒经济学术圈分析》，载《国际新闻界》2009年第6期。

的主要研究群体是高校科研院所的新闻传播学学者，传媒经济研究没有受到经济学、管理学学者的太多关注。在理论来源方面，传媒经济研究主要以传媒经济学理论作为理论来源，相较于新古典主义经济学对传媒经济理论的影响，新闻传播学理论对传媒经济研究的辐射力并不大。①

1.3 传媒经济学的研究视角

传媒经济学是一个新兴的研究领域，是新闻传播学与经济学的交叉学科，不同学科背景的学者可以从各自学科视角出发研究各类传媒经济问题。喻国明教授认为，传媒经济学有三种主要的研究范式：市场范式、企业范式和社会范式，分别对应微观经济学、管理经济学和政治经济学。② 微观经济学有两大视角，即传媒组织视角和传媒产业视角，前者主要关注传媒组织的生产、需求、成本、价格、消费者行为等问题。后者主要关注产业市场结构、市场行为、市场绩效、市场竞争等问题。管理经济学视角集中对传媒管理问题进行研究，可以采用组织理论、博弈论、网络经济理论、利基理论、竞争力模型、创新理论等视角研究。政治经济学视角采用传播政治经济学理论，关注“传播体制的经济结构，揭示传播与文化工业的复杂性，展现传播的社会权力关系”③。

如图 1-1 所示，管理经济学视角和微观经济学视角均属于经济学视角，将两者合并起来，视为经济学视角。与之相对的有传统的新闻传播学视角和政治经济学视角。这三种视角从不同角度出发研究传媒经济学的各类问题，每一种视角都可以加深和拓宽我们对传媒经济学的认识。

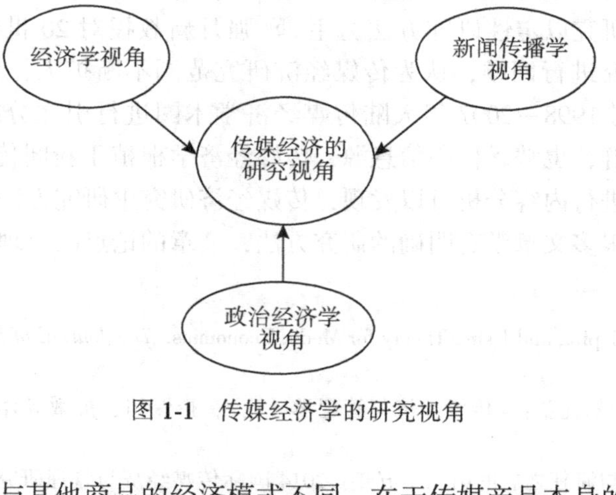

图 1-1 传媒经济学的研究视角

传媒经济之所以与其他商品的经济模式不同，在于传媒产品本身的特殊性，它同时在

① 王亮：《传媒经济研究的理论、方法和问题——对 2006 年至 2011 年四家刊物的分析》，载《编辑之友》2012 年第 9 期。

② 喻国明、丁汉青、支庭荣、陈端：《传媒经济学教程》，中国人民大学出版社 2009 年版，第 14 页。

③ 赵月枝：《传播与社会：政治经济与文化分析》，中国传媒大学出版社 2011 年版，第 3 页。

两个市场里运行，一个是货币市场，另一个是观点市场、意见市场。对传媒商品的分析不仅需要考虑经济效益问题，还应更多考虑社会福利问题。因此，研究传媒经济学不能完全脱离新闻传播学，尽管新闻传播学的理论不一定能直接用于传媒经济的具体研究，但考虑到传媒产品的特殊性，在进行经济分析之前应该关注新闻传播学对传媒产品性质的研究，以及传媒产品的特殊性对传媒经济模式的影响，在此基础上研究不同类别的传媒产品各自的经济问题。另外，从传播学角度，应加强对传播渠道、受传者和传播效果的研究。通过实证研究，探求传媒产品流通的最优传播渠道、不同渠道对受众的传媒产品消费心理和消费行为的影响、受传者心理机制对传播效果的影响。通过传播学分析，加强对受众信息需求的满足程度，降低受众获取传媒产品的成本。

从这个角度看，新闻传播学在过去做的一些研究有助于传媒经济学研究，比如：新闻传播学界关于媒体产品属性的研究，学界关于媒体属性、功能、定位的研究，对新闻的商品性的研究，中国媒体双轨制问题的研究，电视媒体的制播分离研究，电视媒体盈利模式与付费电视发展的研究，报业集团的研究，传媒产业化和广告经营问题的研究，媒体融合研究，传统媒体转型研究，传媒市场调查研究，等等。

新闻传播学视角中的传媒经济研究，主要探讨媒介的属性、功能、性质及今后的发展趋向，研究传媒经济的特殊性，降低传播过程中传受双方的交易成本，为从经济学视角研究传媒经济提供一个理论参照平台。因此，新闻传播学角度的传媒经济研究，是其他视角深入研究传媒经济问题的基础。

传媒经济学的主流研究是来自经济学视角的研究，在传媒经济的绝大多数问题上，都可以采用经济学理论范式。国际知名的传媒经济学家罗伯特·皮卡德教授甚至说："从学术意义上来说，并不存在传媒经济学这一概念，因为这将意味着适用于传媒的经济规则与理论和其他实体不同。传媒经济学是经济规则与理论在传媒产业和传媒公司中的特殊应用，显示了经济、制度和金融压力对媒介活动的指导和约束，以及对媒介市场动态的影响。"①在皮卡德教授看来，适用于其他领域的经济学理论也基本适用于传媒经济领域。由于经济学学科分支众多，各个分支研究经济系统的不同维度，对传媒经济学研究而言，可以从微观经济学视角、产业经济学视角和管理经济学视角展开研究。

从微观经济学角度出发，传媒经济学主要研究传媒产品的供给、需求、价格、弹性、市场均衡问题，受众的传媒消费行为，产品成本，传媒经济的规模经济效应和范围经济效益，等等。产业经济学主要研究传媒市场结构对传媒经济的影响，如不同市场结构中垄断和竞争的相对程度，市场结构-市场行为-市场绩效问题，行业进入和退出壁垒，影响行业利润的五种作用力，破坏性创新对传媒产业的影响，等等。管理经济学是管理学和经济学的交叉学科，对传媒经济学研究而言，可以研究传媒市场中的博弈行为，不对称信息条件下的传媒市场，等等。

运用经济学理论可以有效解释和分析众多传媒经济现象。例如，通过对传媒产品的需求弹性和供给弹性分析可以发现，报纸价格战是由于各报之间交叉弹性系数大、替代性高，对甲报价格的轻微变动就会导致对乙报需求量的巨大变动。对报纸的固定成本、平均

① ［美］阿兰·阿尔瓦兰：《传媒经济与管理学导论》，崔保国、杭敏等译，清华大学出版社 2010 年版，第 22 页。

成本、边际成本和广告版面、广告收入进行分析可以发现，从经济学角度来看，只有广告收入能够弥补发行亏损的那部分发行量才是有效发行量，只有当单位报纸的边际收益等于边际成本时，报社的盈利才达到最大化。传媒市场结构影响着传媒的市场行为和市场绩效，通过对不同媒体市场结构的分析，可以有效解释和预测传媒市场行为及绩效。在信息不对称的市场里，可能会出现“劣币驱逐良币”现象，对这一问题的分析需要引入信息经济学理论。在分析媒体融合现象时，可以运用传媒的规模经济和范围经济理论。在媒体建立现代企业制度的过程中，企业治理理论可以避免和化解委托人与代理人之间由于利益不一致而引发的委托-代理问题。在新媒体以摧城拔寨之势冲击传统媒体时，破坏性创新理论可以有效分析和解释这一现象。在社会化大生产时代，认知盈余、群体合作理论可以帮助我们理解分包、众包、众筹、创客等新现象。这些问题都可以从经济学视角加以分析研究，而且有些问题已经不单纯是传媒经济学的问题，它们可能会涉及媒体经营管理的理论和知识。

在新闻传播学视角和经济学视角之外，还可以从传播政治经济学角度对媒介经济进行研究，考察权力、资本对传媒产业的影响问题，以及由传媒经营管理引发的各类政治经济学问题。

1.4 传媒产品的经济特征

1.4.1 后验品

经济学中，商品可以分为先验品和后验品，先验品是指在购买前通过观察、体验可以确定质量的产品，比如食品、衣物等，消费者通过观察、体验可以确定产品质量，这样的物品也叫做搜寻物品，只要通过细心搜寻，就可以在消费之前确定产品的质量。后验品也称经验品，消费者在购买前难以确定商品质量，只有在购买和消费商品后才能认识其质量，这样的物品称为后验品。大多数媒体产品都具有后验品的性质。

传媒产品作为后验品的问题在于，一旦人们体验过之后，就不太愿意购买该产品。从网上下载最新的大片看过之后，人们不大会去电影院观看这部影片，选择购买 DVD 的人也会减少。在网上看到新闻后，多数人不会选择购买当天的报纸。先验品的广告应提供有关产品性质的直接信息，并且不能包含虚假信息，因为消费者很容易识别产品质量。对后验品而言，企业往往不向消费者介绍产品本身，而是通过强调企业品牌名称来加深消费者的印象。

1.4.2 网络外部性①

作为一个经济学概念，外部性是指当个人行动对与此无关的第三者产生的影响。外部性有正外部性和负外部性两种情况。正外部性是将可觉察的利益加于某些人，而这些人并没有完全赞同直接或间接导致该事件的决策。负外部性是将损失加于某些人。换句话说，当一个人的行为影响到与此无关的第三者时，就存在外部性问题，外部性是传媒经济学中

① 本小节部分以“网络外部性及其启示”为题，发表于《新闻与信息传播研究》2009 年第 2 期。

研究的重要问题。

网络外部性(Network Externalities)的最早研究始于杰弗瑞于1974年对电信行业的研究，他发现网络用户越多，潜在的通话对象越多，就会吸引越多的用户。在20世纪80年代，美国经济学家卡尔·夏皮罗发表了论文《网络外部性、竞争与兼容》，进一步推动了网络外部性的研究。

网络外部性指某种产品的价值会随着消费这一产品的消费者数量的变化而变化的现象。即消费同样产品的其他使用者的人数增加时，某一使用者消费这一商品的效用会出现变化。有的产品消费者越多价值越高，有的则相反。比如证券市场信息的价值会随着消费者数量的增加而下降。知道某一公司内部信息的人越多，这一信息在股票市场上的价值越小，当大家都知道该消息时，这一信息就没有价值。而对网络产品来说，网络的使用者越多，网络产品对消费者的价值越高。比如电子邮箱的使用人数越多，电子邮箱的价值就会越大；社交媒体的用户越多，社交媒体的价值越高。当产品的消费者越来越多时，产品的价值越来越大。这样也会使产品生产者尽力扩大市场份额，直到垄断整个市场。

可以将商品的价值分为两个部分，一是自有价值，指在没有别的使用者的情况下，产品本身所具有的价值，比如拥有一套Windows操作系统的价值。自有价值有时为零，比如只有一个人拥有电子邮箱或社交媒体账号时，这些产品没有任何价值。二是协同价值，即当新的用户加入网络，原来的用户从中获得的额外价值。如随着传真机用户的增加，传真机的价值会增加。协同价值的大小取决于网络自身的规模，网络规模越大，产品协同价值越高。

网络外部性来自网络系统结构的特殊性，即随着网络的延伸，网络节点会增加，新增加的网络节点将成为网络的组成部分，整个网络都会因为节点的增加而受益。另外，新增加一个节点会对整个网络产生极大的价值，这便是网络经济中著名的梅特卡夫法则(Metcalfe Law)，由以太网的发明者梅特卡夫提出。该法则认为，网络的价值会以网络节点平方的速度增加。假设网络中有n个用户，网络各节点连接数为$n(n-1)$，新增加一位用户后网络的连接为$(n+1)n$，增加一位用户为网络带来的连接增量为$(n+1)n-n(n-1)=2n$。这样，新增加n位用户就会为网络带来以几何指数增加的连接数，从而极大地增加了网络的价值。

网络外部性可以分为直接外部性和间接外部性。直接外部性指消费某一商品的用户数量增加导致网络价值的增加，即消费某一商品的人数增加时，消费者获得的效用增量。电话、电子邮件、传真机等双向网络属于直接外部性。夏皮罗和范里安在《信息规则：网络时代的策略指导》一书中提出，网络外部性的实质是网络规模扩大时产生的规模经济现象，但与传统的生产过程中的供给方规模经济不同，网络规模经济属于需求方规模经济。

间接外部性是指，随着某商品的用户增加，该商品的互补品增加，互补品价格降低，则该商品拥有更多消费者。在诸如广播电视网、打印机市场等单向网络中，消费者之间并没有直接交往，而是通过对互补品种类、数量、价格等方面的影响，消费者获得了新增利益。比如，伴随着某一型号的打印机用户的增加，与之匹配的互补品(墨盒)数量会增加，墨盒数量的增加使其价格降低，消费者从而更加愿意购买这一型号的打印机。

直接外部性和间接外部性的区别在于网络是单向网络还是双向网络，如果网络内各节点之间的连接是单向的，那么网络属于单向网络；如果节点之间的连接是双向的，则属于双向网络。如果单向网络中各节点之间的连接是单向的，物质、信息的流动也是单向的，系统内各节点之间不存在物质、信息的流动，单个节点对网络的运行不能构成直接影响，它只能通过影响互补品来间接影响其他节点。比如有线电视系统属于单向网络，新用户并不能对其他用户产生直接影响，而只能通过影响节目提供商来间接影响其他用户。在双向网络中，各节点之间相互连接，物质、信息双向流动，每个节点都属于网络系统的一个组成部分，而不仅仅是网络系统的需求方，这时的网络外部性是直接外部性。

一般的市场均衡只有一处，即需求曲线和供给曲线相交处的价格和产量，但在网络外部性作用下，出现了多重市场均衡。

从图 1-2 可以看到三个均衡点，其中，A 点表示产品价格过高以至于没有人消费产品时的均衡。B 点是一个不稳定均衡，表示市场规模较小时的均衡，有学者把它称为临界容量。在 B 点左侧，产品价格高于消费者的支付意愿，消费者不愿购买该产品；在 B 点右侧，产品价格低于消费者的支付意愿，将会有越来越多的消费者购买产品，最终在 C 点达到市场规模较大时的均衡。可以将临界容量 B 看作可以维持市场均衡的最小数量，一旦产品规模高于临界容量，网络外部性发挥作用，消费者的支付意愿高于产品价格，产品市场规模趋于扩大；当市场规模低于临界规模，市场将会自我弱化直到消失。在临界容量处，消费者会预期其他消费者也选择这一商品，从而使大量消费者选择使用该商品；但当该商品没有达到临界容量时，由于消费者预期其他人不会选择这一商品，从而导致所有人选择其他商品，这一商品最终将退出市场。C 点类似于传统市场均衡，在 C 点左侧，消费者对产品的评价高于产品价格；在 C 点右侧，尽管产品有较大的网络外部性，但由于消费者对这一产品的评价很低，他们不会选择购买产品。

A 点、C 点都是稳定均衡点，B 点不是稳定均衡点。在 B 点，可能出现两种结果，一是消费者退出市场。消费者对产品的评价低于产品价格，最终使产品完全退出市场，达到 A 点。二是如果消费者选择购买这一产品，将会促使更多消费者购买该产品，网络外部性越来越强，更多消费者选择购买，最终达到 C 点。

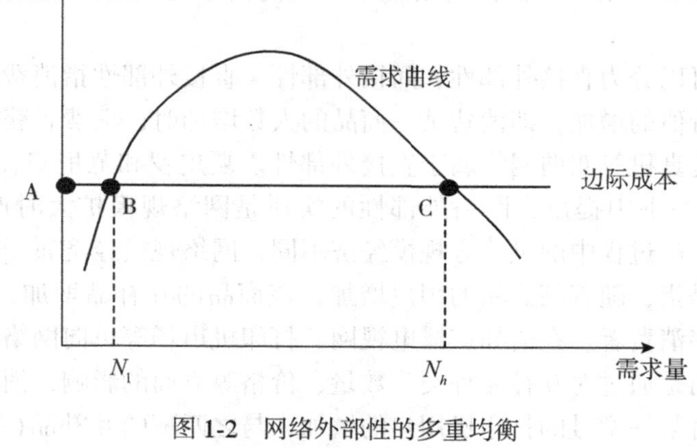

图 1-2　网络外部性的多重均衡

具有网络外部性的市场容易出现“赢家通吃”的局面，假设有多个竞争者同时存在，由于网络外部性的作用，率先超过临界容量的产品将会享有极大的竞争优势，一旦超过临界容量，外部性作用会刺激消费者选择该产品，网络外部性市场中的赢家会成为市场垄断者，占据市场主导地位。

网络外部性对媒体制定竞争战略有较大的启发。产品对消费者的价值不仅仅在于产品本身的价值，也包括产品系统网络的价值。对于具有网络外部性的市场而言，消费者关心的不仅是产品的效用，也有产品的网络规模。媒体不仅要生产产品，也要培育产品市场网络。由于临界规模可能使媒体趋向两个均衡，一方面是退出市场的零均衡，另一方面是垄断网络的均衡。因此，媒体必须尽快达到临界规模，让网络外部性发挥作用，形成正反馈效应，占据越来越大的市场规模，最终成为市场垄断者，使自己的产品成为行业标准，进一步强化市场地位。媒体可以从这几方面着手：

首先，媒体应该增强产品的兼容性，增加产品的互补品，并尽力使产品成为市场标准。通过增加产品的兼容性和互补品，媒体可以扩大市场规模，发挥“马太效应”，使产品具有更高的网络外部性。当产品成为市场标准后，会使网络外部性效应得到极大的发挥。

其次，网络外部性市场的均衡在一定程度上取决于消费者的预期，消费者预期某一产品的市场规模较大时，他将选择购买该产品，反之则不会购买。因而，媒体需要影响消费者预期，使消费者形成该产品有较大规模的心理预期，推动消费者的购买行为。媒体应该把资源运用于能够改变消费者对市场规模预期的各种行为。比如投资网络基础设施建设；投放具有市场规模诉求的广告来增强消费者心理预期。

最后，媒体应该与上下游企业形成战略联盟，将产品进行捆绑销售，从而尽快占据市场规模。通过与产业链上不同环节之间的组织形成合作，一方面可以在较短时间内扩大市场规模，增强消费者对产品规模的心理预期。另一方面还可以通过对互补品的捆绑销售增加产品的竞争力，战胜单一产品竞争对手。

本节案例

腾讯与奇虎360之争

网络外部性可以帮助我们理解腾讯与奇虎360之间的市场竞争。在2014年10月16日，最高人民法院就奇虎360诉腾讯滥用市场支配地位案作出二审判决，最高法院认为，一审判决适用法律正确，判决结果有效，驳回奇虎公司上诉，维持一审判决。在2013年的一审判决中，奇虎公司起诉腾讯滥用即时通信软件及服务市场的市场支配地位，构成商业垄断。2013年3月，广东省高级人民法院一审判决驳回奇虎公司全部诉讼请求。在最高人民法院二审判决后，前后持续四年的“3Q”大战终于画上了句号。

这场旷日持久的案件发源于2010年，奇虎360是一家以提供网络安全软件产品为主的企业，旗下的360安全卫士以产品免费作为竞争战略，迅速占据网络安全市场的大部分份额。随后，腾讯推出QQ安全管家，涵盖了360安全卫士的绝大部分功能，对360安全卫士构成直接威胁。两家公司开始进行针锋相对的斗争，斗争的高潮出现在2010年11月3日，腾讯公司向用户宣布，“我们刚刚做出了一个非常艰难的决定”，规定在装有360软件的电脑上不再运行QQ软件。这一消息引发了巨大反响，网络舆情迅速发酵，消费者开始在互联网上表达自己对腾讯这一举动的意见，工信部等政府部门也迅速介入事件，要求两家公司达成和解。腾讯在事件中的表述“做出了一个非常艰难的决定”也成为当年的网络热门流行语。随后，奇虎360起诉腾讯滥用通信软件及服务领域的市场支配地位，构成市场垄断，事件进入司法层面。

在3Q大战中，为什么是腾讯宣布“我们刚刚做出了一个非常艰难的决定”，强迫消费者在两个产品间做出选择？为什么不是360让消费者在两种产品中进行选择？

回顾这一案例，在3Q大战进入到白热化阶段时，腾讯突然向用户发布宣言称，用户必须在360和QQ之间进行选择，要么选择360放弃QQ，要么选择QQ放弃360。这一宣言对腾讯是有一定风险的，如果大量用户选择放弃QQ，对腾讯公司无疑是巨大的打击。而且，从消费者对腾讯这一傲慢举动的反应来看，有一些用户选择放弃QQ以示抗议。既然如此，腾讯做出这一决策的逻辑依据是什么？如何解释这一行为？

从传媒经济学角度解读这一行为，需要对两家公司的产品类型和属性进行分析。QQ作为即时通信产品，具有网络外部性，即QQ产品的价值会随消费者数量的增加而增加。对QQ产品来说，只有一个用户拥有这一产品时，该产品没有任何价值。随着QQ用户人数的增多，QQ对使用者的价值会不断增加。随着QQ对使用者的价值的不断增加，会吸引越来越多的消费者使用这一产品，这种正反馈会不断强化QQ产品的市场价值，提升产品用户规模，增加产品的市场吸引力。

对腾讯公司而言，QQ用户数量越多，该产品对用户的价值就越大。在2010年3月，QQ同时在线用户数首次突破1亿人，规模巨大的产品网络使QQ对用户具有极大的使用价值。即使有些消费者出于对腾讯公司傲慢态度的反感而放弃QQ，也会发现自己实际承受的价值损失超过先前的估计，这些消费者可能重新使用QQ。在网络外部性作用影响下，仅仅4年时间，QQ同时在线人数已经由2010年的1亿人变为2014年的2亿人。QQ的网络外部性对于吸引用户至关重要。

奇虎360在诉讼中指控腾讯涉嫌在通信服务领域进行垄断，对这一指控也需要考虑网络外部性问题。对QQ这一具有网络外部性的产品来说，产品价值主要在于使用者网络规模，当使用者网络规模较小时，产品对用户的吸引力较小，不会有大量用户选择该产品。当产品使用者网络超过临界点之后，产品网络对用户的吸引力骤然增加，潜在的用户会主动寻找和使用该产品，产品市场规模迅速扩大，产品市场份额快速增加，产品开始形成自我增长的正反馈。

这一过程可以用图1-3表示。①

对QQ来说，在A点之前，产品市场规模较小，产品对用户的吸引力较低，如果产品的用户数量不能超过A点，那么由于用户规模太小，产品价值很低，新用户在考虑是否使用该产品时更有可能选择拒绝，产品很可能在竞争中落败，陷入负反馈。但是，一旦QQ的用户规模超过A点，网络外部性的正反馈作用使产品价值大幅增加，产品会吸引越来越多的潜在消费者。在吸引新使用者加入产品网络后，先前的使用者也可以从产品中获得更高价值，这会使产品价值进一步变大，吸引更多潜在消费者。因此，可以把A点称

① [美]卡尔·夏皮罗、哈尔·瓦里安：《信息规则：网络经济的策略指导》，张帆译，中国人民大学出版社2000年版，第157页。

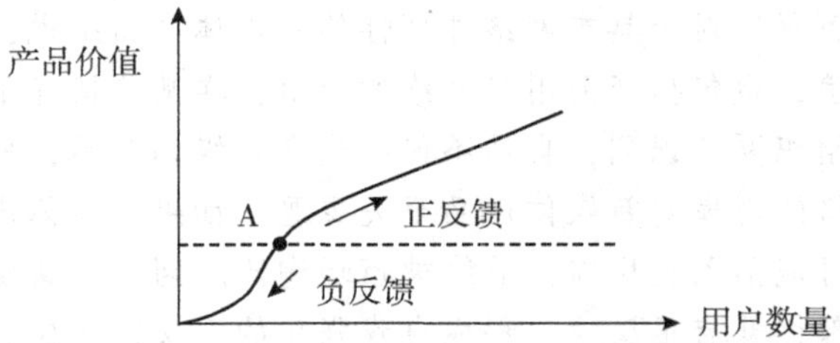

图 1-3　网络外部性

为临界点，A 点所对应的产品规模称为临界容量。一旦产品规模高于临界容量，网络外部性开始发挥作用，产品市场规模趋于扩大。在临界容量以上，消费者预期其他用户也会选择这一产品，这种心理会让大量消费者选择该产品。但当产品用户规模没有达到临界容量时，消费者预期其他人不会选择这一产品，从而导致用户纷纷选择其他产品，这一产品用户数下降，产品陷入负反馈阶段，产品可能最终退出市场。

网络外部性使具有这一性质的市场容易出现"赢家通吃"的局面，假设有多个竞争者同时存在，由于网络外部性的作用，率先超过临界容量的产品将会享有极大的竞争优势，一旦超过临界容量，网络外部性开始发挥正反馈作用，越来越多的消费者选择该产品，这会进一步增强产品的竞争优势。那些迟迟不能达到临界容量的产品将不得不退出市场。最终，赢家将会成为市场垄断者，占据市场主导地位。在即时通信产品市场，QQ 最早通过临界容量，成为该细分市场中的主导者。反观奇虎 360 提供的产品，尽管 360 安全卫士以免费作为竞争优势，在短时间内吸引了大量用户，在网络安全软件领域占据了很高的市场份额。但相比于 QQ，360 安全卫士缺乏网络外部性，360 安全卫士的用户只能从产品中得到价值，不能从产品用户网络中得到协同价值，360 产品的总价值不会随用户网络规模的增加而变大。因而，"3Q"大战中腾讯能够做出"一个非常艰难的决定"，但奇虎 360 无法做出这样的决定。

另外，可以从信息产品的成本结构出发进行思考。与实物产品不同，信息产品的固定成本高、边际成本低。信息产品在前期设计、创意、研发等环节投入的成本非常高，但当产品从设计阶段转到生产阶段后，每一单位产品的生产成本非常低。为了回收前期投入的高额成本，媒体希望增加产品销量。随着产品销售量的增加，分摊在每一单位产品上的平均成本下降，在既定价格下媒体的盈利增加，信息产品高固定成本、低边际成本的特点使媒体有了不断增加产品产量、扩大市场份额的动力。对信息产品来说，生产即复制。并且，随着生产和分销数量的增加，分摊在每一单位产品上的平均成本会迅速减少，这会促使媒体销售更多的产品。而随着产品平均成本的下降，媒体可以降低产品价格，增强产品的市场竞争力，打败竞争对手，最终占据市场垄断地位。

因此，信息产品的成本结构决定了市场中的媒体会尽可能通过扩大市场规模来降低产品成本，形成竞争优势，在战胜竞争对手后获取市场优势地位。在具有高固定成本、低边际成本的信息产品市场中，各家媒体都在竞相获取垄断性地位。信息产品的成本结构决定了媒体有内在的自我扩张冲动，这可以解释为什么腾讯会要求用户必须在 QQ 和 360 中做出选择。

运用网络外部性概念和信息产品成本结构理论，可以对“3Q”大战中两家企业的策略行为作出有说服力的解释。对于具有网络外部性的新媒体产品来说，产品对用户的价值不仅在于产品自身的价值，也包括产品用户网络的价值，在某些情况下产品网络的价值对用户更为重要。新媒体组织要认识到，自己不仅在生产新媒体产品，也在生产和培育产品市场网络。产品市场网络的规模对新媒体产品至关重要。如果新媒体产品不能在短时间内达到临界规模，则很有可能陷入负反馈，最终被市场淘汰。因此，新媒体产品必须尽快超越临界规模，使网络外部性开启正反馈，形成自我强化的正反馈效应，使产品占据越来越大的市场规模，形成市场优势地位。

1.4.3 产品成本结构

数字化产品的成本与实物产品不同，数字化产品具有高固定成本和低边际成本特征。一部好莱坞大片需要上亿美元的投资，但是当第一份拷贝制作出来以后，第二份拷贝的成本几乎为零。数字化产品的复制几乎不需要成本，与高昂的初始成本相比，数字化产品的边际成本近似为零，这和其他的实物产品完全不同。比如，微软公司花费巨资研发Windows 系统，但是当 Windows 系统开发好之后，复制一张光盘的成本微乎其微，与高昂的初始投资相比，多复制一张 Windows 光盘的成本几乎可以忽略不计，但研发第一张光盘的成本是一笔巨大的投资。前微软中国研发集团总裁张亚勤说，微软为 Vista、Office2007 和 ExchangeServer2007 的投入超过 200 亿美元。① 数字化产品的成本结构和一般产品完全不同，正是由于数字化产品具有高固定成本和低可变成本的特点，使得数字化产品的生产者希望尽可能地扩大生产规模，实现规模经济。只有产品的市场规模变大，数字化产品的平均成本才会显著下降，这不仅会增强生产者的竞争优势，还会增加其他竞争对手的进入成本。数字化产品的这一特点决定了这个市场会朝着垄断方向发展，每个竞争者都想尽可能地扩大产品的市场规模，数字化产品趋向垄断的市场结构在一定程度上由该产品的成本结构所决定。

1.4.4 私人物品与公共物品

在经济学中，学者根据产品的排他性和消费时的竞争性两个特点将产品分为四类。竞争性是指一个人使用一种物品将减少其他人对该物品的使用。② 也就是说，如果一个商品在给定的生产水平下，向一个额外消费者提供商品的边际成本为零，则该商品是非竞争性的。③ 排他性是指一种物品具有的可以阻止一个人使用该物品的特性。换句话说，如果一种商品不能将其他人排除于消费之外，那么这种产品就是非排他性的。

曼昆教授在其《经济学原理》中以公路为例，说明何为竞争性和排他性。如果一条公

---

① http：//www.cnbeta.com/articles/18845.htm，2017-07-01。

② ［美］格里高利·曼昆：《经济学原理：微观经济学分册》（第四版），梁小民译，北京大学出版社 2006 年版，第 220 页。

③ ［美］平狄克、鲁宾费尔德：《微观经济学》（第四版），张军等译，中国人民大学出版社 2000 年版，第 581 页。

路是收费公路，那么它就具有排他性，因为那些不愿付费的汽车被排除在公路之外；如果这条公路上车辆很少，那么它就不具备竞争性，因为一辆车对公路的使用并不会减少另一辆车的使用。所以，如果公路是不拥挤的不收费公路，那么它就不具备排他性和竞争性；如果这条公路是拥挤的不收费公路，那么它具有竞争性，不具有排他性；如果这条公路是不拥挤的收费公路，那么它具有排他性，不缴纳费用的车被排除在使用之外，但由于这条路不拥挤，所以不具有竞争性；如果这条公路是拥挤的收费公路，那么它既有排他性，也有竞争性。①

由此可以将物品分为四种类型：私人物品、公共物品、公有资源和自然垄断物品，如图 1-4 所示。私人物品是指在消费中既有排他性又有竞争性的物品。消费者要花钱购买产品，并且在购买后成为唯一获益人，大多数商品都属于私人物品。

排他性 \ 竞争性	有	无
有	私人物品 拥挤的收费公路 大多数商品	自然垄断 不拥挤的收费公路 有线电视、付费电视、自来水、网络、电力
无	公有资源 拥挤的不收费公路 海洋的鱼、草场	公共物品 不拥挤的不收费公路 国防、灯塔

图 1-4 四种物品类型

公共物品在消费中既无排他性又无竞争性，以零边际成本向人们提供收益，而且没有人会被排除在享用它们之外，如国防，以及经济学家一直认为是典型的公共物品的灯塔。

公有资源在消费中有竞争性但没有排他性，如海洋里的鱼、学院的院报、草场。海洋里的鱼任何人都可以打捞，但是，一个人的打捞会减少其他人打捞的数量。学院的院报免费散发，没有排他性，但是它的数量有限，具有竞争性。一块放牧的草场也是公有资源，牧民可以去草场上放羊放牛，但是草场上的水草有限，自家牛羊吃草太多会减少其他牛羊能够啃到的草。当草场的产权属于集体所有，大多数牧民会有过度放牧的动力。一般来说，经济学家认为公有资源缺乏经济效率。但新近研究表明，在符合一些限制条件的环境中，成员会通过各种方式自发协调，尽可能避免“公地悲剧”。②

自然垄断物品具有排他性，但不具有竞争性。比如有线电视、付费电视，付费使得这

① ［美］格里高利·曼昆：《经济学原理：微观经济学分册》（第四版），梁小民译，北京大学出版社 2006 年版，第 220 页。

② ［美］埃莉诺·奥斯特罗姆：《公共事务的治理之道：集体行动制度的演进》，余逊达译，上海译文出版社 2012 年版，第 1 页。

种产品具有排他性，但向额外一个消费者提供服务的边际成本微不足道。这样的行业通常由一家大企业垄断。比如自来水、网络、电力，它们是收费的，具有排他性，但是向额外一个消费者提供服务的边际成本几乎是零，无论是自来水网络还是电力网络，一旦基础设施建好之后，为网络内的新用户提供服务的成本非常低，这些行业和产品具有自然垄断的特征。

尽管我们可以将物品分为四种类型，但是实际上这种分类的界限是很模糊的。各种产品的排他性和竞争性程度不同，在很多时候，一些产品可以在公共物品与私人物品之间转换。比如经济学中一直被视为公共物品的灯塔，在19世纪的英国实际由私人提供和经营，直到后来才由政府提供。与之类似，如果报纸是免费发行的，那么它就只具有竞争性而不具备排他性。如果付费电视变为公共电视，那么它也将由具有排他性的自然垄断产品转为不具有竞争性和排他性的公共产品。因此，对产品属性的分析只能够告诉我们，某一类产品在某种情形下属于何种类型的产品，这种产品具有何种特征。当环境条件发生变化时，产品的属性也会相应出现变化。

如果我们用这一观点来分析以报纸、广播、电视为代表的传媒产品，可以看到，报纸产品既具有排他性又具有竞争性，可以看作私人物品。因为一位消费者购买一份报纸也就排除了其他人购买同一份报纸的可能性。而且，他购买一份报纸也会减少其他人能够购买的报纸数量。换句话说，报社生产一份报纸的边际成本不会为零。因此，按照先前的分析，报纸产品属于私人物品，市场有足够的动力来提供这一产品。

有线电视和付费电视则具有排他性，但不具有竞争性。因为当有线电视或付费电视网络一旦建设完成，那么额外为一位消费者提供电视服务的边际成本几乎为零。因此，这个市场具有自然垄断的特征。由于存在规模经济效应，电视台可以以很低的成本提供产品，获取利润。

本章习题

1. 如何理解“稀缺”这一概念？你认为在传媒经济学中哪些资源存在稀缺性？
2. 常见的资源配置方法有哪几种？各种方法的适用范围有何不同？
3. 什么是经济学中的理性？它和通常所说的理性有何不同？
4. 机会成本是什么？机会成本对决策有何影响？
5. 传媒经济学的起源和视角是什么？
6. 传媒产品具有哪些经济特征？这些特征对产品有何影响？

第二章
传媒需求与供给

这一章首先分析传媒产品的需求和供给，然后介绍弹性概念及理论，最后运用供给、需求和弹性理论分析有代表性的案例。供给和需求是传媒经济学中非常重要的概念，理解供给、需求、均衡和弹性等概念及理论后，才能对传媒市场有更全面准确的认识。

2.1 需 求

在传媒经济学中，需求(Demand)指在特定时间内，消费者愿意购买并且能够购买的商品数量。在这一定义中，需求是消费欲望和消费能力的统一，只有消费欲望但缺乏相应的支付能力，或者具有支付能力但缺乏消费欲望，都不是有效需求。在特定价格下消费者实际消费的商品数量称为需求量。

2.1.1 影响需求量的因素

影响需求量的主要因素有：商品价格、相关品价格、消费者收入、消费者偏好和预期，等等。

(1)商品价格

商品价格和商品需求量之间存在如下关系：在其他条件保持不变的情况下，商品的需求量和商品价格之间存在负相关关系，商品价格越高，需求量越小；价格越低，需求量越大。这一关系称为“需求法则”，但这一法则也有例外情况。经济学家发现，有些商品的价格越高，越会吸引一些人购买，这些商品通常不属于生活必需品，而是用以显示自身身份、特征等信息，美国经济学家索尔斯坦·凡勃伦在其《有闲阶级论》中称其为炫耀性商品。炫耀性商品的价值不在于商品自身的价值，而是通过消费炫耀性商品来向他人传递关于自身富有程度、社会阶层、权力等级、自我认同等信息。这类商品价格越高越能刺激部分人购买，价格下降时需求反而降低。

例如，在冯小刚早年拍摄的影片《大腕》中，有一段阐述炫耀性商品的对话：“一定得选最好的黄金地带，雇法国设计师，建就得建最高档次的公寓，电梯直接入户，不行最少也得4000平方米。什么宽带呀，光缆呀，卫星呀，能给他接的全给他接上。楼上有花园，楼里有游泳池，楼里站一英国管家，戴一假发，特绅士的那种，业主一进门甭管有事没事都得跟人家说：May I help you，sir？一口地道的英国伦敦腔，倍儿有面子！社区里再建一所贵族学校，教材用哈佛的，一年光学费就得几万美金。再建一所美国诊所，24小时候诊，就是一个字：贵！看感冒就得花个万八千的。周围邻居不是开宝马就是开奔驰，你要是开一日本车，你都不好意思跟人家打招呼……你说这样的公寓一平方米得卖多少钱?”“我觉得怎么着也得2000美金吧?”“2000美金？那是成本！4000美金起。你别嫌贵，还不打折。你得研究业主的购物心理，愿意掏2000美金买房的业主，根本不在乎再多掏2000。什么叫成功人士，你知道吗？成功人士就是买什么东西，都买最贵的，不买最好的！所以，我们做地产的口号就是：不求最好，但求最贵!”

虽然这是一部贺岁片中的情景，但“不求最好，但求最贵”非常逼真地刻画出炫耀性商品消费的基本逻辑：商品自身的价值并不重要，而商品所传递的关于购买者的信息则至关重要。

在需求法则中，商品需求量和商品价格的关系中有一个前提条件——其他条件保持不变。只有满足这一条件，需求量和价格之间才会存在负相关。但人们在现实中常常会忽略这一前提，比如在谈论盗版产品对正版产品的危害时，一些报道会夸大盗版产品对正版产品的影响。如“某地在打击盗版光盘时，共收缴××张盗版光盘，价值××万元”。这类报道存在的问题是，它们用盗版产品的数量与正版产品的价格相乘，得出具体损失额，但这可能在有意无意中扩大了盗版产品对正版产品的影响。

首先，一般来说，盗版产品的价格低于正版产品，这意味着即使盗版产品全部销售一空，所得收入也低于同样数量的正版产品带来的收入。其次，市场对盗版产品和正版产品的需求不同。通常，市场对低价的盗版产品的需求量要高于对正版产品的需求量。盗版产品销量高并不意味着正版产品会有同样的销量，盗版产品与正版产品的替代率并非等于1。有一些消费者可能只对盗版产品有需求，对正版产品没有需求。一旦没有盗版产品，他将放弃对产品的需求。因而，盗版产品对正版产品带来的实际损失可能小于报道中所宣称的数字。出现这种错误的原因在于，它们在有意无意中忽视了需求法则的前提条件，只有在其他条件不变时，商品的需求量和商品价格之间才存在负相关关系。

(2)相关品价格

在商品自身价格以外，相关品价格也会影响商品需求。商品之间的关系有两种，一种是互补关系，另一种是替代关系。当两种商品相互补充、共同使用才能满足某一需求时，这两种商品称为互补品。当两种商品均可满足某一需求、存在相互竞争关系时，这两种商品称为替代品。

汽车与汽油、硬件与软件、手机与电池等属于互补品，当硬件价格下降时，对软件的需求上升，互补品之间的价格和需求量之间存在负相关关系。而钢笔和圆珠笔、各种同类媒体之间存在着替代关系，当钢笔的价格上升时，会增加对圆珠笔的需求；当甲报价格上升时，乙报的需求量上升。替代品之间的价格和需求量之间存在正相关关系，当某些商品出现短缺导致价格上涨后，人们会寻找能够替代短缺品的其他商品。

从这个角度看，资源稀缺并不是一个无法解决的难题，当某类资源稀缺引发价格上升时，人们会产生寻找其他替代性资源的动力，某种资源的稀缺程度越高，人们寻找替代品的动力就越强。例如，克里斯·安德森在《免费》中讲述了一个案例：1980年，生物学家保罗·埃里希和经济学家朱利安·西蒙公开打赌，赌一些主要商品在未来的价格走势。西蒙许下1万美元赌注，认为原材料价格长远来看不会上升。埃里希认为稀缺会导致原材料价格大幅上升。他们约定十年后支付赌注。埃里希选择了五种金属——铜、铬、镍、锡、钨。扣除通货膨胀因素，1990 年 10 月，埃里希选择的五种金属价格全部下降，有些价格甚至下降过半。比如，铬在 1980 年为每磅 3.9 美元，1990 年为每磅 3.7 美元，锡在 1980 年为每磅 8.72 美元，1990 年为每磅 3.88 美元。①

这个案例说明，考虑到绝大多数资源和商品都存在替代品，应该从动态角度把握和理解资源稀缺可能带来的问题。资源或商品稀缺引发价格上涨，这会激励人们寻找和开发该商品的替代品，替代品的出现会增加供给量，使商品价格下降。

(3) 消费者收入

在大多数情况下，消费者的收入与商品需求量呈同方向变化，收入增加时需求量增加，收入减少时需求量减少，这类物品称为正常品。但也有一类商品的需求量与收入之间呈负相关关系，当消费者收入较低时，对这类商品的需求量较高；但当消费者收入水平提高后，却会减少对这类商品的需求，这类物品称为低档品或吉芬物品。对低档品来说，消费者的收入水平与商品的需求量呈反方向变化。经济学家吉芬在研究 1845 年爱尔兰大灾荒时发现，在人们收入增加后反而会减少对土豆的需求，与土豆相比，其他商品可以更好地满足人们所需。

(4) 消费者偏好

偏好指消费者对某一商品的喜好或兴趣，当消费者对某一商品的偏好增强时，会增加对该商品的需求量。反之，当消费者减少对某一商品的偏好时，则会降低对该商品的需求量。

当消费者形成某种偏好后，会增加对该商品的需求，一些公司会利用这一点影响消费者的需求。比如，在中国市场上，很多消费者选择购买盗版的微软操作系统，但微软公司在很长一段时间内没有采取相应的措施。在一定程度上，微软公司希望消费者养成对微软操作系统的偏好，增加对微软产品的需求，提高消费者的转换成本。1998 年，比尔·盖茨在美国华盛顿大学对学生发表演讲时说："尽管中国每年卖出的电脑有 300 万台，但是人们并没有因为使用微软的软件而掏腰包。不过，今后某一天，他们可能会掏腰包的，只要他们一直在使用盗版软件的话。我希望他们能继续使用盗版的微软软件，这样他们对我们的产品就会着迷，而我们在接下来的 10 年中也会想出办法该怎么从他们那儿收钱。"②

(5) 消费者的预期

预期在传媒经济学中是一个重要概念，它是指消费者对某一商品未来价格变动情况的判断，消费者对商品价格的预期会影响该商品的需求量。比如，当消费者预期某一商品价格会上涨时，会增加对该商品的需求量。而当消费者预期该商品价格会下降时，则会减少对该商品的需求量。政府政策、市场信号、群体心理、个体信息等都会影响预期。在股票市场上有"买涨不买跌"的说法，这似乎与需求法则存在冲突，但之所以买涨不买跌的原因在于消费者对该股票的未来价格有良好的预期，他们预期该股票在未来一段时间会继续上涨，这是他们为何在股票价格上升时反而会增加需求量的原因。

---

① [美]克里斯·安德森：《免费》，蒋旭峰等译，中信出版社 2012 年版，第 49 页。
② [美]克里斯·安德森：《免费》，蒋旭峰等译，中信出版社 2012 年版，第 116 页。

2.1.2 需求曲线

需求曲线是运用图形的方式描述在其他条件保持不变时，商品需求量与商品价格之间的关系。需求曲线的横轴表示商品数量，用Q表示。纵轴表示商品价格，用P表示。一般情况下，商品的需求曲线是一条从左上方向右下方延伸的曲线，如图2-1所示。

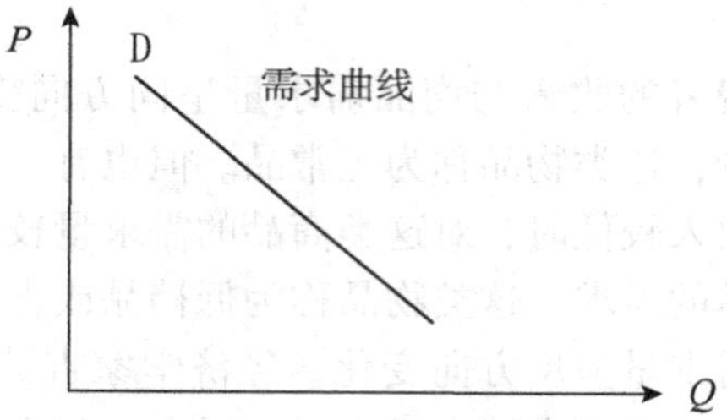

图2-1 需求曲线

需求曲线从左上方向右下方延伸，意味着商品需求量与商品价格之间存在负相关关系。在其他条件保持不变的情况下，当商品价格下降时，需求量上升；当商品价格上升时，需求量下降。需求量变动在需求曲线上反映为沿着同一条需求曲线上不同点之间的移动。而当商品价格之外的其他因素发生变化时，称为需求曲线的变动，如图2-2所示，表现为需求曲线自身的移动，这不同于需求量的变动。因为需求曲线变动是价格之外的其他因素引起的，如收入、相关品价格、预期、偏好，等等，这意味着在任何一个既定价格下，新的需求量都不同于原有需求量。当需求增加时，需求曲线向右移动，这说明在既定价格下，商品现在的需求量高于过去的需求量。当需求减少时，需求曲线向左移动，说明商品现在的需求量低于过去的需求量。

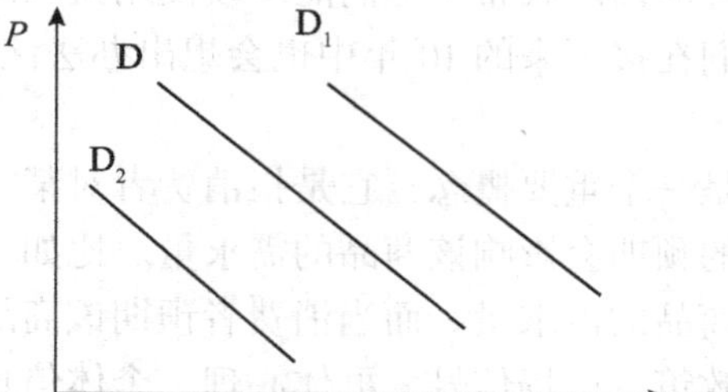

图2-2 需求曲线变动

2.2 供 给

供给(Supply)表示愿意销售并且能够销售的商品数量。与需求相似，供给是媒体的销售欲望和销售能力的统一，只有销售能力或只有销售欲望都不是有效供给，有效供给是销售能力和销售欲望的结合。在特定价格下媒体实际供给的商品量称为供给量。

2.2.1　影响供给的因素

影响商品供给量的因素主要有商品价格、投入品价格、卖方数量和预期。

(1)商品价格

通常，在其他条件保持不变的情况下，商品的价格越高，供给量越大；商品价格越低，供给量越小，这一关系称为供给法则。出现这一现象的原因在于，当商品价格提高时，生产者可以获得更高回报，这会激励生产者增加供给量，也会吸引其他领域的生产者投入生产该商品。

(2)投入品价格

通常，当原材料等投入品价格上涨时，商品价格上升，供给量增加。当原材料价格下降时，商品价格下降，供给量下降。

(3)卖方数量

通常，卖方数量越多，供给量越高；卖方数量越少，供给量越低。同时，卖方数量还会影响到它们的价格决定权。卖方数量少，说明只有少数几家生产者供给产品，它们通常会掌控更大的价格制定权。而当市场上有大量生产相同产品的卖方时，它们的价格控制力会下降。

(4)预期

卖方对市场的预期也会影响到供给量，当卖方预期商品价格上升时，会增加供给量。预期市场价格下降时，则会减少供给量。

2.2.2　供给曲线

与需求曲线相似，供给曲线表示在其他条件保持不变的情况下，商品的价格与供给量之间的关系。横轴表示商品数量，纵轴表示商品价格，供给曲线是一条从左下方向右上方延伸的曲线，如图 2-3 所示。

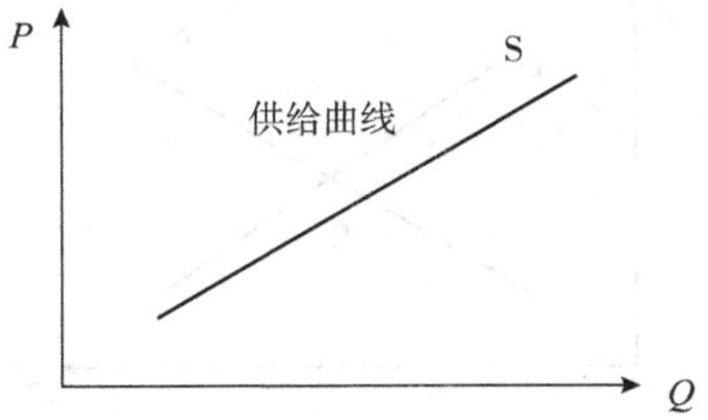

图 2-3　供给曲线

供给曲线从左下方向右上方延伸，意味着商品供给量与商品价格之间存在正相关关系。在其他条件保持不变的情况下，当商品价格上升时，供给量增加；当商品价格下降时，供给量减少。供给量变动在供给曲线上反映为，沿着同一条供给曲线上的不同点移动。而当商品价格之外的其他因素发生变化时，称为供给曲线的变动，表现为供给曲线自身的移动，如图 2-4 所示。供给曲线的变动不同于供给量的变动，因为供给曲线的变动是价格之外的其他因素引起的，如投入品、卖方数量、预期等。当供给增加时，供给曲线向右移动，这说明在既定价格下，商品现在的供给量高于过去的供给量。当供给减少时，供给曲线向左移动，说明商品现在的供给量低于过去的供给量。

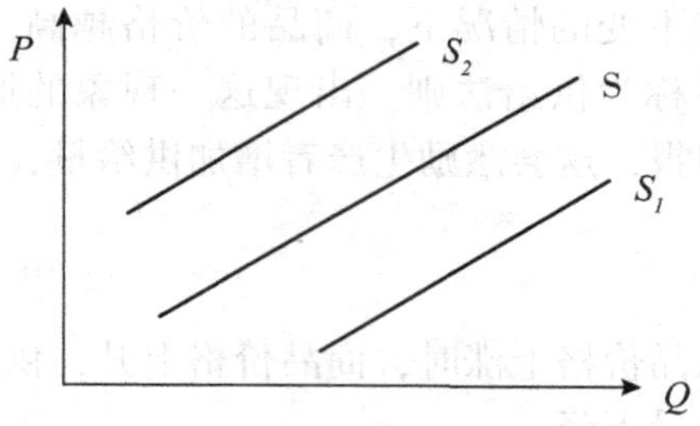

图 2-4　供给曲线变动

2.3 市场均衡

均衡(Equilibrium)在物理学中指作用力和反作用力相互作用而达到的平衡状态。在传媒经济学中，均衡指需求和供给相互作用而达到的相对稳定状态。在市场均衡时，买方愿意购买并且能够购买的商品数量等于卖方愿意生产并且能够生产的商品数量。如图 2-5 所示，在需求和供给曲线上，市场均衡发生在需求曲线和供给曲线的交点，该点称为 E 点，在市场均衡时对应的价格称为均衡价格，数量称为均衡数量。在市场均衡时，媒体愿意生产并且能够生产的产品数量等于消费者愿意购买并且能够购买的产品数量，市场上每一个有效供给都对应着一个有效需求，每一个有效需求也对应着一个有效供给，这是一种非常理想的市场状态。

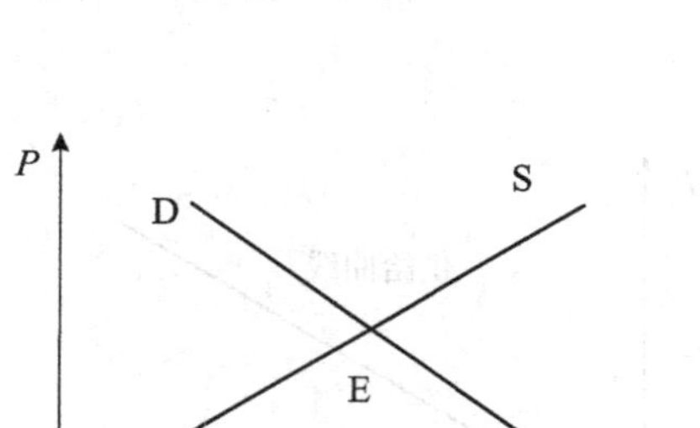

图 2-5　市场均衡

理解市场均衡的实现过程有助于我们理解传媒市场中“看不见的手”如何影响传媒产品的价格和数量。在传媒市场上，市场通过价格机制的作用影响供给和需求，进而影响市场均衡价格和均衡数量。当市场价格高于均衡价格时，市场上的产品供给量大于产品需求量，产品供大于求，一部分产品无法实现销售。在这种情况下，为了销售产品，媒体会降低产品价格，降低产品价格可以增加需求量，同时还会减少供给量，因为价格变动可以向市场传递出关于产品的信息，市场参与者通过观察价格变动的信息了解产品的供求情况，并做出相应的对策。降价向市场传递的信号是，该产品出现供大于求的状况，市场参与者们不应该继续生产该产品，而应将资源投入到其他领域。通过降价，一方面增加对产品的需求，另一方面减少对产品的供给，供求关系之间的矛盾得以减轻。这个过程会一直持续，直到产品的需求量与供给量相等，这时产品正好处于市场均衡点。

同样，当产品价格低于市场均衡价格时，产品供给量小于产品需求量，产品供不应求，一部分需求无法得到满足。这时，为了购买产品，一些消费者愿意支付高于市场价格的价格。当价格上升后，产品的供给量增加，供给量增加可以缓解产品供不应求的状态。同时，价格增加也会减少需求量。在产品价格低于均衡价格时，供给量增加和需求量减少会缓和产品供不应求的状态，这个过程也会一直持续下去，直到产品的需求量与供给量相等，达到市场均衡状态。

通过上面的分析可以看出，市场均衡背后是亚当·斯密所论述的市场“看不见的手”在发挥作用，当市场中的传媒产品偏离市场均衡时，市场“看不见的手”会通过供给和需求调节产品，使产品向均衡方向靠拢。在这个过程中并没有任何外界力量干预市场运作，市场在“看不见的手”的作用下自发运行。这里需要注意的一个问题是，市场均衡是动态而非静态的，并不存在一个固定的市场均衡点，使得产品价格和数量向其靠拢。相反，市场均衡点一直处于变化之中，在不同的条件下市场有着不同的均衡点，均衡数量和均衡价格也时常处于变动之中。

本节案例

众筹新闻：社会化生产时代的新闻市场①

自2013年开始，以众筹模式为代表的互联网金融成为网络经济最重要的创新，在众筹浪潮的推动下，国外出现了kickstarter、Spot. Us、Indiegogo等一大批众筹网站，中国大陆地区出现了众筹网、点名时间等众筹网站，中国台湾地区也建立了专门的新闻众筹网站WeReport。国外学界对众筹模式的研究起步较早，2010年比利时两位学者Thomas Lambert和Armin Schwienbacher最早对众筹进行经验研究。②

众筹最早出现在创意和演艺行业。2006年，一个名为SellaBand的乐队最先发起众筹，它让乐迷们给乐队提供资金支持，作为回报，乐队向乐迷赠送唱片或相应比例的销售收入。随后，商业企业发现了众筹模式的优点，一些在线众筹网站相继成立。在2008年经济危机后，美国政府将众筹看作推动经济增长的重要手段，因为众筹可以促使更多个体

① 本小节内容以“众筹新闻的成功要素及未来走向研究”为题，发表于《新闻界》2016年第10期。

② Lambert T, Schwienbacher A. An Empirical Analysis of Crowdfunding. *Social Science Research Network*, 2010: 157-175.

作为生产者和消费者参与经济活动。① 2012 年 4 月，奥巴马总统签署促进小型企业和新兴企业融资的 JOBS 法案，允许创业公司通过网络平台筹集不超过 100 万美元/年的创业资金，该法案进一步刺激了众筹模式的发展。

众筹模式有四种类型：捐赠型(Donation-based)、债权型(Lending-based)、股权型(Equity-based)和奖励型(Reward-based)。② 捐赠型众筹主要用于艺术和人文领域项目，筹资者类似于慈善家，对发起者的众筹项目进行捐赠，并不获取直接回报，众筹新闻一般属于捐赠型众筹。债权型众筹中筹资者将货币以借贷方式交付发起者，发起者在项目完成后偿还本金和利息。股权型众筹更多运用于商业企业，项目发起者要将一部分资金以股份的形式支付给筹资者，这种模式在法律上面临更多规制。奖励型众筹最受欢迎，筹资者作为生产者参与产品生产过程，在众筹后与生产者进行交流讨论，改进产品设计，在产品投入生产后，发起人在第一时间将产品预售给筹资者。

众筹模式适合满足中小型企业、新兴企业以及“创客”们(Makers)的融资需求，对新兴企业和创客而言，从银行贷款或获得风险投资都有较大困难，而众筹是一个更加可行的融资渠道。

众筹新闻属于众包，是众包的一种表现形式，众包内容从完成工作任务转为进行资金筹措。众包与外包相似，但分散化程度程度高于外包。外包一般是将工作分包给有合同关系的其他企业，发包者要支付相应报酬，但众包将任务发送到互联网上，由全世界各地的网友自发合作集体完成任务，发包者与网友之间不存在合同关系，也不需要向网友支付物质报酬。

美国学者 Karthika 列举出五种在媒体中最有发展前景的众包新闻模式③，他将公众分为三类，分别是专家型公众，普通公众，专家型公众和普通公众共同参与。同时将报道题材分为一般性报道和专业性报道。两者结合后产生五种众包新闻：由普通公众参与的一般性报道、由专家型公众参与的一般性报道、由专家型公众和普通公众共同参与的一般性报道、由专家型公众和普通公众共同参与的专业性报道、由专家型公众参与的专业性报道。相应的，这也构成众筹新闻的五种常用模式。

对众筹新闻的发起者来说，众筹新闻的优势在于：与受众建立紧密联系；增强新闻对受众的满足程度；获得资金支持；增强记者的职业责任感。首先，众筹新闻重视受众对新闻的参与，受众不仅是新闻的消费者，也参与到新闻的生产过程中，这使记者和受众之间建立起紧密的联系。④ 在美国众筹新闻网站 Spot. us 上，记者和读者都是社区成员，读者一方面为报道筹资，另一方面对报道提出各种意见和建议，新闻把关权从编辑手中转移到

---

① Gerber E M, Hui J S, Kuo P Y. *Crowdfunding: Why People are Motivated to Post and Fund Projects on Crowdfunding Platforms*. Proceedings of the International Workshop on Design, Influence, and Social Technologies: Techniques, Impacts and Ethics, 2012.

② Mollick E. The Dynamics of Crowdfunding: An Exploratory Study. *Journal of Business Venturing*, 2014, 29(1): 1-16.

③ Muthukumaraswamy K. When the Media Meet Crowds of Wisdom: How Journalists are Tapping into Audience Expertise and Manpower for the Processes of Newsgathering. *Journalism Practice*, 2010, 4(1): 48-65.

④ Aitamurto T. The Impact of Crowdfunding on Journalism: Case Study of Spot. Us, a Platform for Community-funded Reporting. *Journalism Practice*, 2011, 5(4): 429-445.

读者那里，出现“编辑去中心化”和“新闻生产社会化”的趋势，媒体与受众之间的联系更加紧密。

其次，由于受众为新闻筹资并参与新闻生产，新闻选择和新闻生产的把关权由读者掌握，这就使得记者的选题必须适应读者的实际需要。研究发现，新闻对个人的价值是影响他们众筹意愿的关键因素，读者更喜欢为那些与自己的日常生活密切相关的新闻筹资。① 媒体和记者通过发起众筹，可以对受众的信息需求和支付意愿进行前期市场调研，众筹模式下读者对单独一篇报道做出评价，这比以往对一份报纸、一个频道做市场调查更加严格。

再次，众筹新闻为记者从事报道提供资金，扩展了记者进行新闻报道的空间。在传统的新闻生产模式下，记者的报道需要通过所属媒体机构的传播才能形成社会影响。在自媒体时代，记者可以通过社交媒体等渠道使新闻发挥影响，但是，记者的报道还是受到资金、时间、管理规则等因素的限制。众筹新闻模式中受众为记者提供报道资金，并通过群体智慧和群体合作协同记者进行新闻生产，在资金、时间、知识、技术等方面帮助记者进行新闻生产，有效扩展记者的新闻报道空间。

最后，受众出于社会责任感参与众筹新闻，这会增强记者的职业责任感。众筹新闻大多属于捐赠型众筹模式，参与者并没有从众筹中获得任何实际的物质回报，他们基于公民社会中公民的社会责任感参与众筹新闻，高质量的公共新闻对民生至关重要，筹资者可能对具体的报道并不感兴趣，但他们希望为社会公共利益做出贡献。研究发现，众筹对参与者的回报是社会资本的提升，如社区参与感和社区认同感。② 在传统媒体衰退的大背景下，众筹新闻的非营利性使其成为公共新闻的新范式，受众对新闻的严肃参与会增强记者的职业责任感，并在记者和读者之间形成良性互动。

对受众来说，他们参与众筹新闻的原因主要有：参与公共生活；建立社区感；利他主义的慈善活动。在产品众筹中，参与者可以优先获得产品或服务，这是吸引公众参与众筹的重要原因。③ 但是在众筹新闻中，新闻产品对受众的吸引力不高，受众参与新闻众筹并不仅仅是因为他对新闻感兴趣，希望这条新闻在自己的帮助下能够生产出来，受众更多地是受到利他主义的动机激励，愿意帮助他人实现他们的目标，受众认为这是一项社会慈善活动。④ 有学者对新闻众筹网站 Spot. us 进行研究发现，在筹资后参与者甚至不会回到该网站，也不会阅读自己资助的报道，大多数筹资者并没有在网站页面上留言或评论，也没有与记者、编辑们进行互动。⑤ 受众愿意参与众筹新闻并非出于现实的物质回报，他们支

① Jian L, Usher N. Crowd-Funded Journalism. *Journal of Computer-Mediated Communication*, 2014, 19(2): 155-170.

② Bannerman S. Crowdfunding Culture. *Journal of Mobile Culture*, 2013, 7: 1.

③ Agrawal A K, Catalini C, Goldfarb A. Some Simple Economics of Crowdfunding. *National Bureau of Economic Research*, 2013.

④ Gerber E M, Hui J S, Kuo P Y. *Crowdfunding: Why People are Motivated to Post and Fund Projects on Crowdfunding Platforms*. Proceedings of the International Workshop on Design, Influence, and Social Technologies: Techniques, Impacts and Ethics, 2012.

⑤ Aitamurto T. The Impact of Crowdfunding on Journalism: Case Study of Spot. Us, a Platform for Community-funded Reporting. *Journalism Practice*, 2011, 5(4): 429-445.

持记者们的报道更多是出于对公共生活的参与感，希望建立充满信任感的社区生活，利他主义精神激励公众支持众筹新闻模式。

国外近期发表的众筹模式研究中，研究者对有助于众筹成功的要素进行研究，发现以下因素对众筹的成败有重要影响：

①非营利项目更容易成功。研究发现，与企业、个人或其他组织相比，非营利组织的众筹项目更容易达到融资额，而且融资额一般比预期额高出200%。[①] 原因在于，非营利众筹项目对受众的参与度要求较低，并且更加重视产品，这使它们的项目更容易融资成功。

②与受众日常生活有关的报道更容易众筹成功。在众筹新闻中，公众更喜欢资助能够指导自己日常生活的新闻报道，如公共健康报道、本地市政建设报道等，而不是政治、政府报道等环境监测类新闻。但矛盾之处在于，政治新闻和环境监测类新闻却是记者更愿意报道的新闻类型。[②]

③筹资规模大的项目容易失败，筹资规模小的项目容易成功。有学者对Kickstarter上的48526个项目进行分析发现，成功筹资的项目23719个，成功率为48.1%。失败的项目大多筹资额较高，而小型项目更可能成功。[③] 其他学者运用旁观者效应解释这一现象，筹资额较大的项目需要更多人参与，当看到他人参与项目筹资后，原本打算筹资的人会认为自己没必要参与筹资，责任分散导致项目最后没能达到预定筹资额。[④]

④项目的准备程度和质量影响成功率。研究发现，发起者需要释放一些关于项目质量和前期准备方面的信号，比如在网页中加入视频介绍，显示项目进度更新状况，在项目介绍中不要出现拼写错误等。[⑤] 在发起者与筹资者之间存在信息不对称时，发起者准备得越充分，释放的质量信号越强烈，众筹项目成功的可能性越高。

⑤发起者的人口统计特征与社会网络影响众筹成败。71%的筹资者不关心发起者的新闻从业资历[⑥]；大多数发起者有全职工作，只是在业余时间进行众筹[⑦]；30岁以上的记者不愿意对新闻进行推销，而20多岁的记者则相反。[⑧] 发起者的社会网络呈现以下特点：

---

① Lambert T, Schwienbacher A. An Empirical Analysis of Crowdfunding. *Social Science Research Network*, 2010: 1-23.

② Jian L, Usher N. Crowd-Funded Journalism. *Journal of Computer-Mediated Communication*, 2014, 19(2): 155-170.

③ Mollick E. The Dynamics of Crowdfunding: An Exploratory Study. *Journal of Business Venturing*, 2014, 29(1): 1-16.

④ Kuppuswamy V, Bayus B L. Crowdfunding Creative Ideas: The Dynamics of Projects Backers in Kickstarter. *SSRN Electronic Journal*, 2013.

⑤ Mollick E. The Dynamics of Crowdfunding: An Exploratory Study. *Journal of Business Venturing*, 2014, 29(1): 1-16.

⑥ Jian L, Usher N. Crowd-Funded Journalism. *Journal of Computer-Mediated Communication*, 2014, 19(2): 155-170.

⑦ Hui J S, Greenberg M D, Gerber E M. *Understanding the Role of Community in Crowdfunding Work*. CSCW, 2014.

⑧ Aitamurto T. The Impact of Crowdfunding on Journalism: Case Study of Spot. Us, a Platform for Community-funded Reporting. *Journalism Practice*, 2011, 5(4): 429-445.

发起者与筹资者之间的平均距离为 4831 公里，75%以上的筹资来自距发起者 50 公里以外的地方，发起者的朋友和家人在众筹中非常重要①；成功的发起人具有更大的社交圈，但社交网络密度较小，多元化的社交网络有助于项目成功。

2.4 弹性理论

与均衡概念相似，弹性概念也来自物理学，在传媒经济学中，弹性指自变量的变化对因变量变化的影响程度。对需求和供给来说，价格、收入、相关品价格等多种因素都会影响到需求量和供给量，因而，有多种相应的弹性系数。比如，需求量对价格变化作出的反应称为需求的价格弹性，需求量对收入变化作出的反应称为需求的收入弹性，某一产品的需求量对另一产品价格变化作出的反应称为产品的交叉弹性。

2.4.1 需求的价格弹性

虽然存在着多种弹性，但基本思想相同，我们以需求价格弹性为例，研究弹性系数的相关概念。

需求的价格弹性表示，在其他条件保持不变的情况下，商品需求量对商品价格变动的反应程度。需求价格弹性等于商品价格变动率除以商品需求量变动率。用 P 表示商品价格，Q 表示商品需求量，ΔP 和 ΔQ 分别表示需求量和价格的变动量，则需求价格弹性表示为：

$$E_d=-\frac{\frac{\Delta Q}{Q}}{\frac{\Delta P}{P}}=-\frac{\Delta Q}{\Delta P}\cdot\frac{P}{Q}$$

在上式中，价格是自变量，需求量是因变量，根据需求法则，需求量与价格反方向变动，为了使弹性系数为正，要在算式前加上负号。需要注意的是，需求价格弹性并不是价格变化与需求量变化之比，而是价格变化率与需求量变化率之比。在具体计算时，可以采用中点弧公式计算，在计算价格由 P_1 变化为 P_2，引发需求量从 Q_1 变化为 Q_2 时的弹性系数，可以使用下式计算：

$$E_d=\frac{\Delta Q/[(Q_2+Q_1)/2]}{\Delta P/[(P_2+P_1)/2]}=\frac{\Delta Q}{\Delta P}\cdot\frac{(P_2+P_1)}{(Q_2+Q_1)}$$

2.4.2 弹性的类型

根据弹性的大小，有五种不同的弹性类型，分别为完全无弹性 $E_d=0$，缺乏弹性 $E_d<1$，单位弹性 $E_d=1$，富有弹性 $E_d>1$，无穷弹性 $E_d=\infty$。

完全无弹性表示商品的需求量不会对商品价格的变化做出任何反应，即无论商品价格如何变动，都不会影响商品需求量，完全无弹性在需求曲线上表现为一条垂直的直线，这

① Agrawal A, Catalini C, Goldfarb A. *Entrepreneurial Finance and the Flat-world Hypothesis: Evidence from Crowd-funding Entrepreneurs in the Arts*, 2010.

样的商品在现实生活中并不常见。无穷弹性表示商品价格的任何变化都会对需求量产生极大影响，价格的微小改变就会导致需求量发生极大变化，无穷弹性在需求曲线上表现为一条水平的直线，如图 2-6 所示。

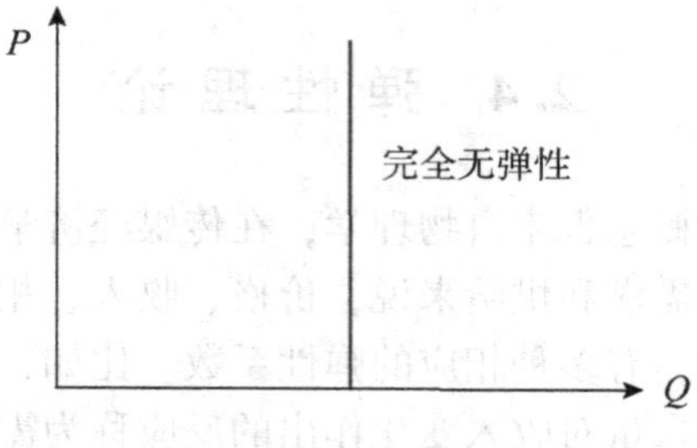

图 2-6　完全无弹性

缺乏弹性表示商品价格的变动率大于商品需求量的变动率，当商品价格变化后，商品需求量的调整幅度小于价格变动幅度。对这类商品而言，价格下降的幅度大于需求量增加的幅度，比如，某商品的价格下降 20%时，需求量只增加 5%。商品收入等于价格和销量的乘积，对缺乏价格弹性的商品，降低价格会引发收入下降，提高价格才能带来更高收入。在现实生活中人们经常说商品应该薄利多销，但并非所有商品都适合薄利多销，缺乏弹性的商品不能进行薄利多销，薄利多销反而会降低媒体的收入，如图 2-7 所示。

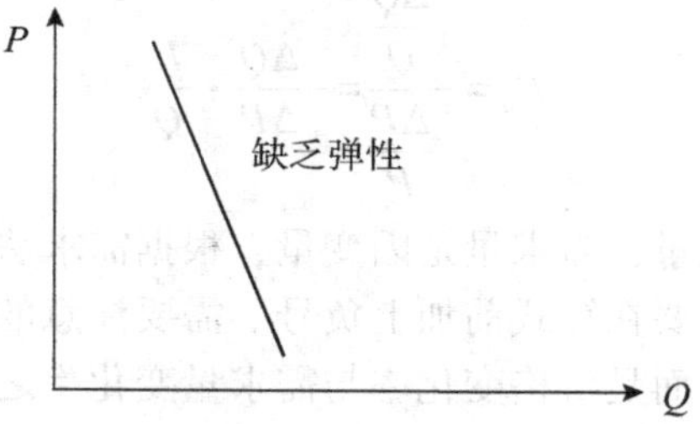

图 2-7　缺乏弹性

单位弹性指商品价格的变动率等于商品需求量的变动率，当商品价格一定幅度的变动时，需求量的变动幅度等于价格变动幅度。这类商品的价格变化不会影响收入，如图 2-8 所示。

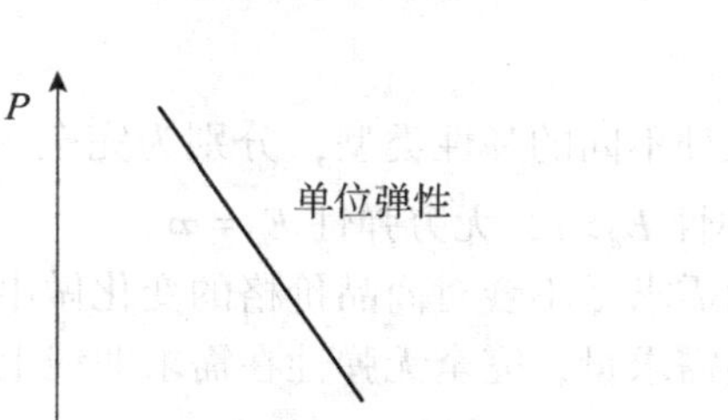

图 2-8　单位弹性

富有弹性表示商品价格的变动率小于商品需求量的变动率，当商品价格发生变化时，商品需求量的变动幅度大于价格变动幅度。这类商品需求量变动的幅度大于价格变动幅度，因此，对于富有弹性的商品来说，降低价格可以增加收入，提高价格会减少收入，这类产品适宜进行薄利多销，如图 2-9 所示。

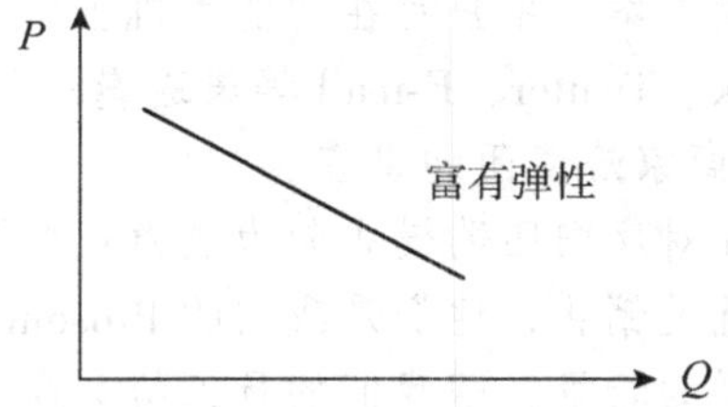

图 2-9 富有弹性

无穷弹性表示商品价格的任何变化都会对需求量产生极大影响，价格的微小改变就会导致需求量发生极大变化，无穷弹性在需求曲线上表现为一条水平的直线，如图 2-10 所示。

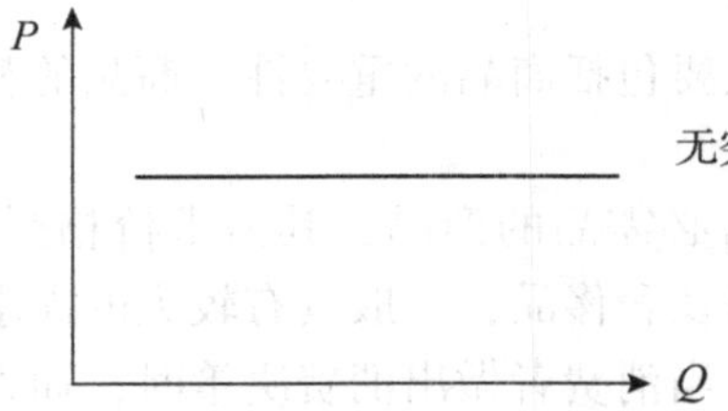

图 2-10 无穷弹性

考虑到需求价格弹性对商品价格决策的影响，可以看到，市场上参与团购的商品一般属于富有弹性的商品，通过降低产品价格、参与团购交易，商家提升了产品需求量，降价行为可以增加商家收入。如果富有弹性的同类产品不参加团购，则会使一部分消费者流失到竞争对手那里。

传统的团购通常由卖方发起，买方通过团购客户端购买团购产品，在这种团购模式下，买方比较被动，只能在卖方提供的产品类型和价格中进行选择。随着移动互联网技术的发展，买方也可以发起团购，具有相同需求的买方通过社交媒体将需求聚合起来，通过交易平台向卖方发出团购，卖方根据买方提供的交易条件选择是否接受交易。由买方发起的团购称为买方反向团购，买方反向团购下消费者占据主动地位，团购的灵活性和多样性会大大增强。还可以对买方反向团购进行拍卖，比如买方将团购产品发到交易平台后，卖方对该团购产品进行降价拍卖，价格最低者获得团购订单，这会进一步强化买方在团购中的优势地位，而那些不参与团购的卖方会进一步流失顾客。

本节案例

Loopt 的反向团购①

U-Deals 采用反向团购模式，将有共同需求的消费者聚集在一起，并将他们的需求积累起来，然后向目标卖家提供方案。用户可在智能手机上发起团购，也就是发布自己想要的团购服务，并通过 Facebook、Twitter、E-mail 等渠道邀请好友一道参与，当参与人数达到某阈值时，Loopt 就会联系商家洽谈团购事宜。

Loopt 的 CEO Sam Altman 对反向团购模式颇为满意："我们模式的一大亮点是不需要自己的销售团队，用户自己就是销售，他们是我们的 Prosumer。而商家也非常满意，在我们的测试中，经常会碰到这样的场景，即我们的员工给某商家打电话说'我们有一个 2000 美元的大单和 100 多个客户，你们愿意接受团购么'，商家的回应都非常热切。"

U-Deals 反向团购模式的最大优势是，利用 Prosumer 的力量省去了自己的销售团队，从而将原本"很重"、被指责不像互联网公司的传统团购模式"变轻"，使其业务发展更加低成本、更加灵活。

2.4.3 需求价格弹性的影响因素

影响需求价格弹性的因素主要包括商品的重要性、商品的替代性以及调节时间等。

(1)商品的重要性

对生活非常重要、属于生活必需品的商品，其需求价格弹性相对较小，而重要性较低、不属于生活必需品的商品以及奢侈品，一般具有较大的需求价格弹性。生活必需品的需求量受价格影响的程度很小，当消费者做出消费决策时，通常首先考虑生活必需品，而重要性较低的非必需品更容易受价格等因素的影响。

同时，商品开支占日常生活开支比例较小的商品，比商品开支占日常生活开支较大比例的商品，具有更小的需求价格弹性。商品开支占生活开支的比例很小，人们不会刻意控制在该产品上的支出，但对开支额占日常开支比例较大的商品，人们在做出消费决策时更有可能考虑产品价格。

这两方面因素结合起来可以解释，为什么在媒体产品消费中会出现"口红效应"，对很多人来说，媒体产品属于生活必需品，而且通常媒体产品支出在日常生活支出的比例不高，因此在经济状况出现波动时，人们可能会压缩其他商品开支，而较少压缩属于生活必需品且支出额并不高的传媒产品开支。

(2)商品的替代性

一般情况下，商品的替代品越多，替代性越高，商品的需求价格弹性就越大，因为一旦商品的价格出现变化，消费者可以很快找到商品的替代品。而如果商品替代品很少，替代性很低，商品的需求价格弹性通常较小，即便该商品价格出现较大变化，消费者也很难找到替代品。

① http：//www.leiphone.com/news/201406/loopt-u-deals.html，2017-07-02。

(3)调节时间

一般情况下，商品价格变化后，在较短时间内，消费者可能难以找到替代品，短时间内的需求价格弹性一般较小。但随着时间推移，人们可以找到替代该商品的其他商品，这时商品的需求价格弹性变大，价格调整对需求量的影响变大。

2.5 理论的应用

需求、供给、均衡、弹性等概念是传媒经济学中最核心的概念，利用这些概念和理论可以对很多传媒现象做出有说服力的解释，帮助人们更准确深刻地认识和理解这些现象。下面我们以几个问题作为分析对象，运用本章所学理论、概念研究这些问题。

2.5.1 BBC 为何不播广告

BBC 是世界知名的公共广播公司，BBC 在英国国内播出的公共广播频道没有广告，它的收入来自收视费，英国每个有电视机的家庭都要给 BBC 支付收视费。征收收视费是英国政府在皇家特许状中给予 BBC 的权利，皇家特许状每十年更新一次，尽管收视费制度遇到很多批评和质疑，但目前的皇家宪章仍然规定 BBC 有权征收收视费。

征收收视费是确保 BBC 公共广播公司属性的重要方式，有充足经费来源的 BBC 可以在很大程度上摆脱来自商业压力的影响，将更多资源投入到优质节目生产上，BBC 也创作了大量高品质的节目内容。除此之外，从商业角度考虑，英国政府不支持 BBC 刊登广告也有极为现实的原因。如果允许 BBC 播广告，可能会导致英国媒体广告价格下降，并降低英国广播电视业广告总收入。皮考克委员会在 1986 年调查发现，电视广告的需求缺乏弹性。因此，当 BBC 和商业广播公司进行广告竞争时，会降低英国广播电视业的广告价格，并可能导致英国广播电视业广告总收入的下降。①

如图 2-11 所示，假如 BBC 开始经营广告，它主要影响供给而非需求。当 BBC 经营广

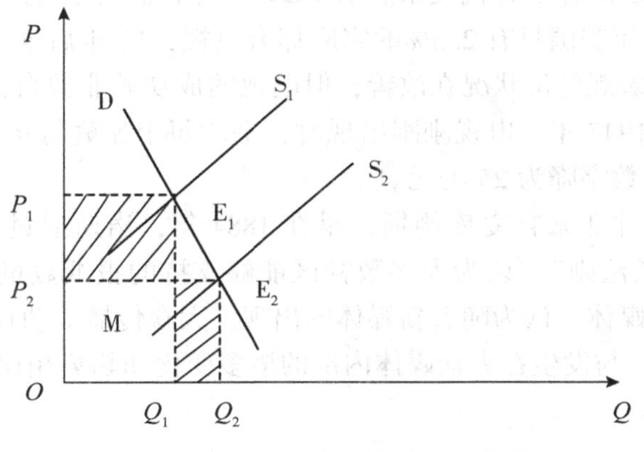

图 2-11 BBC 经营广告的影响

① [加]柯林·霍普金斯、斯图亚特·麦克法蒂耶、亚当·费恩：《媒介经济学：经济学在新媒介与传统媒介中的运用》，支庭荣、吴非译，暨南大学出版社 2005 年版，第 22 页。

告后，市场广告供给水平提高，供给曲线向右移动。均衡数量增加，均衡价格下降，广告收入从四边形 $OP_1E_1Q_1$ 变为四边形 $OP_2E_2Q_2$。将重合部分 M 略去，图中上半部分画阴影的四边形面积大于下半部分画阴影的四边形面积，说明英国广播电视业广告总收入减少了。

因此，从经济层面看，如果 BBC 经营广告，会使 BBC 得到一定的经济收益。但英国广播电视业的广告供给会大幅增加，在总需求相对稳定的前提下，供给量的增加会导致价格下降，对英国媒体行业整体而言，广告总收入可能会因此下降。

2.5.2 相对常数理论①

相对常数理论(Principle of Relative Constancy，简称 PRC)主要研究社会在媒体产品上的消费问题，该理论由议程设置理论的奠基者麦库姆斯于 1972 年在《市场中的大众媒体》一文中提出，这一理论描述大众媒体花费与宏观经济状况之间的关系，认为大众传媒支出在宏观经济中占据着一个相对固定的比例。② PRC 有两个假设："常数假设"和"功能等同假设"。常数假设指消费者和广告商的媒体支出水平取决于宏观经济状况，经济状况的任何变动都会引起大众传媒支出的同步变动。功能等同假设指，如果常数假设成立，那么不同媒体之间将分割市场份额，一家媒体市场份额的增加必然以另一家媒体市场份额的下降为代价。在经济繁荣发展阶段，媒体市场的蛋糕会变大，每家媒体无需改变市场份额就能增加收入。如果一些媒体的增速高于经济增长速度，它将占据竞争对手的市场份额。从经济学角度讲，功能等同假设认为媒体产品之间存在替代关系。

从两个假设出发，PRC 得到两种关系，首先是大众媒体花费和宏观经济状况之间的关系。PRC 认为宏观经济状况决定了大众媒体市场的规模，消费者花费在大众媒体上的支出占总支出中的固定比例，麦库姆斯认为约占 5%。麦库姆斯使用 1929—1968 年的数据检验消费者和广告主的媒体支出。在 1929 年，大众媒体支出占消费者总支出的 3.46%，1968 年为 3.14%，均值为 3.04%，标准差小于 0.2。

其次，各种媒体之间存在替代关系。从 1929 年到 1968 年，电视作为新媒体在美国得到接受和普及，1947 年美国只有 2.5%的家庭拥有电视，12 年后这一数字上升到 85.5%。麦库姆斯认为，尽管宏观经济状况在改善，但电视的成功并非源自消费者新投入的资金，而是来自电影支出。1947 年，电视刚刚出现时，平均每个家庭每年在电影上的花费为 45 美元，1959 年，这一数字降为 25 美元。

PRC 的思想源头并非来自麦库姆斯，早在 1884 年，诺斯通过分析大众媒体统计数据，提出了"报纸增长法则"，认为大多数社区能够支持的报纸数量有限。随后，斯克利普斯把它推广到所有媒体，认为随着新媒体的出现，大众传播活动日趋复杂，但其经济支持模式却相对稳定。③ 与发生在大众媒体内部的诸多变化和趋势相比，大众媒体花费与宏

① 本小节部分内容以"相对常数理论的困境和发展趋向"为题，发表于《编辑之友》2015 年第 11 期。

② Maxwell McCombs. Mass Media in the Marketplace. *Journalism Monographs*, 1972: 24.

③ Maxwell McCombs, Jack Nolan. The Relative Constancy Approach to Consumer Spending for Media. *Journal of Media Economics*, 1992: 43-52.

观经济状况的关系却较为稳定。

在麦库姆斯提出这一理论后，产生了大量实证研究成果，有些支持 PRC；更多研究则从各方面对 PRC 提出批评。PRC 面临的最大困境在于缺乏经济学理论的支持，PRC 的常数假设和功能等同假设都面临经济学理论的挑战。

首先，常数假设缺乏支持。PRC 假设消费者花费在大众媒体上的支出在宏观经济中的比重为常数，但却没有明确指出什么是宏观经济和常数，以及为什么大众媒体支出是常数。麦库姆斯在 1972 年的文章中用国民生产总值(GNP)表示宏观经济，但 GNP 只能解释媒体支出中 34%的变化。在随后的研究中，研究者用收入表示宏观经济，但用收入表示的媒介支出下降了 0.32%。

在常数是相对额还是绝对额上，一直存在争论。麦库姆斯用媒介消费占收入的百分比表示常数，但经济学上一般使用具体金额而非百分比。因为百分比并不能准确地表示媒介支出的具体变化，媒介支出相对额容易受到经济状况、市场结构、政治形势等因素的影响。①

在 1967—1968 年，媒介支出在 GNP 中的比重从 4.15%下降到 4.02%，但消费者的总支出却增加了 18.7 亿美元，原因在于 GNP 的增长。而且，相对额的微小变化意味着绝对额的巨大差异。麦库姆斯使用 1929—1968 年的数据，得到 40 年间媒介支出均值为 3.04%，标准差为 0.19。但是，以 1994 年美国人均可支配收入计算，0.19 的标准差约合 94 亿美元，是 1994 年斯克里普斯集团、甘乃特集团、大都会公司的总运营额。用绝对额和相对额表示常数，可能会得到不同的结论，而这种不统一将削弱 PRC 的有效性。

另外，PRC 假设收入是唯一影响媒介花费的因素。但是，收入只是影响需求的因素之一，价格、人口、失业率、利率等因素都会影响消费者对媒体的需求。② 而且，影响不同类型的媒体的因素也不尽相同。麦库姆斯认为在整体水平上约有 5%的收入用于大众媒介支出，但消费者收入不同，媒介支出的百分比也不同。高收入者媒介支出占收入的比例低于低收入者媒介支出占收入的比例，但高收入者媒介支出的绝对额却高于低收入者的绝对额。PRC 排除了这些影响因素的作用，单纯考虑收入对媒介支出的影响，降低了理论的解释力。

同时，PRC 一直没有回答为什么消费者的媒介支出占总收入的比例为常数。尽管经验研究证明了在一定时期内媒介支出相对稳定，但是从更长远的视角看，人们增加了大众媒介支出。大众媒体是工业化、城市化的产物。从更长期的视角看，媒介支出不是保持不变，而是显著增加。由于人们在工作中和空余时间中接触大众媒体的时间增多了，如果假设花费在媒体上的时间越多，媒介支出越多，那么无论是相对额还是绝对额，消费者的媒介支出都会增加，而非固定不变。③

---

① Stephen Lacy, Ghee-Yough Noh. Theory, Economics, Measurment, and the Principle of Relative Constancy. *The Journal of Media Economics*, 1997, 10(3), 3-16.

② Michel Dupagne. Beyond the Principle of Relative Constancy: Determinants of Consumer Mass Media Expenditures in Belgium. *The Journal of Media Economics*, 1997, 10(2), 3-19.

③ David Pearce Demers. Relative Constancy Hypothesis, Structural Pluralism, and National Advertising Expenditures. *The Journal of Media Economics*, 1994, 7(4), 31-48.

其次，媒体功能等同假设也屡遭质疑。PRC 假设媒体之间只存在替代性，而且不同媒体之间存在完全替代关系。但是，这一假设过于简单，而且并不符合实际。大量研究发现，新媒体与旧媒体之间不仅存在替代关系，也存在互补关系。① PRC 认为新媒体建立在对旧媒体替代的基础上，但新媒体可能扩大了整个媒体市场规模，增加了消费者的媒介支出总额。

随着新媒体的出现和应用，消费者在大众媒介上的支出不再是常数，这使得传媒经济学家开始从理论上怀疑 PRC。诺兰以录像带为例，从功能角度解释媒介支出增加的原因，认为新媒体与旧媒体之间存在竞争关系还是互补关系，是解释媒介支出行为的关键。通过控制变量后发现，使用录像带的消费者增加了媒介支出。早期用户把录像带看作电视的互补品，而后期用户把录像带看作电视的竞争品。媒体支出增加的原因不是收入的作用，而是媒体的技术特征以及市场竞争关系。②

如表 2-1 所示，以广告支出为例，中国的广告市场在"文化大革命"结束后开始恢复，并一直保持着较高的增长率。同时，中国的 GDP 也保持着高速增长。按照相对常数假设的预测，广告支出应该占 GDP 固定不变的比例。然而，对 1991—2011 年的 GDP 和全国广告营业额之比进行分析后发现，在 2004 年之前，广告占 GDP 的比例一直呈现上升趋势。这与相对常数理论的假设不相符合。

表 2-1　**1991—2011 年广告占 GDP 比例**

	GDP(百亿元)	广告营业额(亿元)	广告占 GDP 比例
1991 年	217. 815	35	0. 16%
1992 年	269. 235	68	0. 25%
1993 年	353. 339	134	0. 38%
1994 年	481. 979	200	0. 42%
1995 年	607. 937	273	0. 45%
1996 年	711. 766	367	0. 52%
1997 年	789. 730	462	0. 59%
1998 年	844. 023	538	0. 64%
1999 年	896. 771	622	0. 69%
2000 年	992. 146	713	0. 72%
2001 年	1096. 552	795	0. 73%
2002 年	1203. 327	903	0. 75%
2003 年	1358. 228	1079	0. 79%

① John Dimmick. The Theory of the Niche and Spending on Mass Media: The Case of the "Video Revolution". *The Journal of Media Economics*, 1997, 10(3), 33-43.

② Ghee-Yough Noh, August E. Grant: Media Functionality and the Principle of Relative Constancy: An Explanation of the VCR Aberration. *The Journal of Media Economics*, 1997, 10(3), 17-31.

续表

	GDP(百亿元)	广告营业额(亿元)	广告占 GDP 比例
2004 年	1598.783	1265	0.79%
2005 年	1849.374	1416	0.77%
2006 年	2163.144	1573	0.73%
2007 年	2658.103	1741	0.66%
2008 年	3140.454	1899	0.61%
2009 年	3409.028	2041	0.60%
2010 年	4015.128	2340	0.58%
2011 年	4731.041	3126	0.66%

资料来源：国家统计局、中国广告协会

苏林森博士对我国不同省份的媒介消费情况进行分析，发现工业化水平、城镇化水平、人均可支配收入与广告密度、媒介消费密度呈正相关关系。在不同省份，媒介消费占总消费的比例并不固定，从跨地区角度来看，相对常数假设并不成立。① 同时，我国的媒介消费从改革开放之后才真正开始，分析数据可以发现，在 2004 年之前，广告支出占 GDP 的比例一直在增加。从跨时间角度来看，相对常数假设同样不成立。因此，我国学者应该从我们的媒介消费实际出发，探索媒介消费行为的规律。

PRC 也缺乏经济学理论的支持。从供求理论来看，商品之间的关系有两种，一种是互补关系，另一种是替代关系。关系不同，一种商品价格变化对另一种商品需求量的影响不同。PRC 认为不同类型的媒介产品之间只存在替代关系，却忽视了媒介产品之间可能存在的互补关系。

由于有多个因素共同影响媒介商品需求，PRC 只考虑收入因素的作用，自然难以对媒介支出作出准确的解释。今后应当运用包含价格、时间等因素的多变量模型，考察不同因素对媒介商品需求的影响程度。

最后，从弹性理论看，对媒体产品而言，短期价格弹性通常小于长期价格弹性。因为，当媒体产品价格发生变化时，消费者需要一定的时间来适应价格变化。因此，价格变化初期，需求量不会马上改变，只有经过一段适应时间后，需求量才会有较大改变。这也可以解释为什么国外学者发现，短期内消费者的媒介支出经常突破 PRC 的预测，而长期来看，消费者的媒介支出却相对稳定。

2.5.3 科斯的频率资源分配观

罗纳德·科斯(Ronald Coase，我国港台地区也译为寇斯或高斯)是新制度经济学(New Institutional Economics)的开创者，1991 年诺贝尔经济学奖得主，他开创的新制度经济学影

① 苏林森：《城市化、工业化和收入水平对媒介消费水平的影响》，载《国际新闻界》2009 年第 2 期。

响深远。诺贝尔经济学奖评奖委员会说，科斯“为我们了解经济运行方式做出了突破性贡献”①。另一位新制度经济学家、2009 年诺贝尔经济学奖得主威廉姆森教授认为，新制度经济学是“经济制度研究中出现了文艺复兴”②。自科斯获得诺贝尔奖以来，先后有三位新制度经济学家荣获诺贝尔经济学奖③，新制度经济学的影响力由此可略见一斑。

科斯 1910 年出生于伦敦，1929 年进入伦敦经济学院学习商学，由于得到了 1931—1932 年的卡塞尔奖学金，科斯决定去美国考察工业组织经济问题，这次考察意义重大，让科斯备感困惑的是一个看似简单的问题，如果所有的工作都可以由市场组织完成的话，为什么会有企业？经过一年多的思考，科斯提出了后来让自己得到诺贝尔奖的交易成本理论。大学毕业后，科斯把基于本科毕业论文的这篇名为“企业的性质”的文章在 1934 年投寄给《经济学季刊》杂志，并于 1937 年发表，但这篇影响深远的文章在当时并没有引起反响。科斯向来反对忽视实际现象的“黑板经济学”，他的研究始终和现实密切相关，20 世纪 40 年代在英国期间，科斯集中精力研究了英国的广播业，出版了研究 BBC 的著作《英国的广播业：对垄断的研究》(*British Broadcasting*：*A Study in Monopoly*)，并发表了数篇研究英国广播业的论文。

1951 年科斯移居美国，1958—1959 年在斯坦福大学行为科学高级研究中心期间，全力研究美国广播频率分配问题，写作了《联邦通信委员会》(*Federal Communication Commission*)一文，并于 1959 年发表在《法律与经济学》(*Journal of Law and Economics*)杂志，这篇文章被认为是将美国无线电频率改由拍卖方式分配的最重要的理论依据。④ 这篇文章提出，应该通过市场手段来分配频率资源，用价格机制配置频率。运用价格机制分配商品在经济学界是常识，但科斯的高明之处在于他提出了后来被命名为“科斯定理”(Coase Theorem)的理论，他认为，如果没有交易成本(Transaction Cost)，那么把频率的产权分配给谁都可以，市场自身会通过转让、交易实现资源配置的最优化。科斯说，“对广播业而言，频率干扰(无论是同一频率干扰还是相邻频率干扰)可以通过界定权利的办法解决，权利一旦界定，市场机制将带来最优结果”⑤。这一观点在当时引起极大争议，美国经济学研究重镇芝加哥大学的众多学者都认为科斯的观点是错误的，但科斯不为所动。于是，1960 年在《法律与经济学》杂志主编迪雷克托的家中，科斯与米尔顿·弗里德曼(1976 年诺贝尔经济学奖得主)、乔治·斯蒂格勒(1982 年诺贝尔经济学奖得主)、马丁·贝利等众多经济学专家展开了一场激烈的辩论。起初，大家都认为科斯是错误的，但当辩论进行到一半时，米尔顿·弗里德曼突然转而赞同科斯，并开始当场批驳反对科斯的观点，一番辩论之后，这些人纷纷败下阵来。参与那天辩论的凯赛尔后来说，“要找到另一位像科斯那样对经济体制的运行有如此洞察力的经济学家，只有去找亚当·斯密

① 易宪容：《新制度经济学的奠基人——科斯评传》，山西经济出版社 1998 年版，第 1 页。

② [美]奥利弗·威廉姆森：《资本主义经济制度》，段毅才、王伟译，商务印书馆 2002 年版，第 27 页。

③ 分别为 1991 年获奖者罗纳德·科斯、1993 年获奖者道格拉斯·诺斯及 2009 年获奖者奥利弗·威廉姆森。

④ 王盈勋：《传播新制度经济学：理论基础》，中华传播学会 2007 年年会论文。

⑤ Coase R. Federal Communication Commission. *Journal of Law and Economics*, 1959(2).

了"①。科斯的好友、华人经济学家张五常也说，"在许多方面，《联邦通信委员会》一文是科斯的杰作。不仅它的学术成就无人可超越，而且它还第一次阐述了后来所谓的科斯定理"②。随后，科斯为了进一步阐述他的观点，于次年发表了另一篇使他荣获诺贝尔经济学奖的文章《社会成本问题》。

根据孟纳德编辑的科斯著作目录，科斯共有5本专著，83篇文章。其中有2本著作论述传媒，分别是《英国的广播业：垄断的研究》和《教育电视：由谁付费?》，有13篇文章研究传媒。③ 这些文章涉及面很广，对英国广播业的发展、BBC的创立及运营机制、美国联邦通信委员会、频率资源分配、商品市场与言论市场、广告言论、付费打歌等问题均有研究。从科斯的文章中可以看到，他对传媒领域的相关研究始终保持着关注，我国台湾学者冯建三认为，"科斯是主流经济学人当中，论述传媒最早也最多的人。但英语或中文的传播学界，几乎对他少有闻问"④。在内地新闻传播学界，尚未对科斯的传媒论述展开深入研究，只有昝廷全教授的文章《诺贝尔经济学奖获得者与传媒经济研究》和喻国明教授编著的《传媒经济学教程》中论及科斯的传媒论述。为什么对传媒有较多关注的新制度经济学及其代表人物科斯被新闻传播学界长期忽视？我国台湾学者王盈勋认为有三个原因：一是未能区分新旧制度经济学的差异；二是将新制度经济学与新古典主义经济学相混淆；三是左翼意识盘踞台湾传播学界的经济分析。⑤

频率资源如何分配，这是科斯长期关注的问题，自20世纪40年代在英国研究广播时，科斯就开始对频率分配问题产生兴趣，50年代到美国后，科斯对联邦通信委员会的频率分配做了深入研究。

传统观点认为，频率资源属于公共资源，由全体国民共同拥有，频率资源应该服务于公共利益，而非个人利益。由于一个地区的频率资源是稀缺的，不足以让每一个想拥有频率的人都有机会得到，如果不对频率进行管制，势必导致众多使用者竞相使用频率，产生频率之间的干扰。因而，为了消除频率干扰，并让频率持有者能够服务于公共利益，必须由政府对频率予以管制，合理分配频率以实现公共利益。正如20世纪20年代美国商业部部长胡佛所说，广播业理想的状况是管制机构充当交通警察的角色。

然而，科斯对这种解释并不满意。他认为，这样的看法误解了问题的本质。如果由于频率具有稀缺性便需要政府分配，那么除了空气、阳光等少数几种自然资源外，经济体系中几乎每种资源都是稀缺的。劳动、土地、资本、技术、时间等都具有稀缺性，但是这些经济资源却并不需要政府的分配，它们经由市场机制的作用可以得到合理配置。何以频率却由于稀缺性而需要政府分配？在市场经济中，资源的分配应该由市场价格机制完成，而不是由政府分配。

科斯进一步说，如果对频率的管理是基于频率的稀缺性，那么是否可以认为当频率不

① 张五常：《经济解释》，商务印书馆2002年版，第423页。

② 张五常：《经济解释》，商务印书馆2002年版，第423页。

③ 王盈勋：《传播新制度经济学：理论基础》，中华传播学会2007年年会论文。

④ 冯建三：《科斯的传媒论述：与激进的反政府论对话》，载《台湾社会研究季刊》2007年12月号。

⑤ 王盈勋：《传播新制度经济学：理论基础》，中华传播学会2007年年会论文。

稀缺时就不需要政府管制？在数字化技术发展之前，频率的确存在稀缺性，但随着数字化技术的迅猛发展，数字电视、有线电视、卫星电视、网络电视等传播载体越来越普及，频率在今天已经不再稀缺。如果仍以频率的稀缺性作为管制频率的理论依据，那么这一理论的基础已经开始动摇。

针对管制可以解决频率之间相互干扰的观点，科斯表示这是错误理解了问题的本质。美国广播业在20世纪20年代开始迅速发展，私人电台如同雨后春笋般兴起，从1920年匹兹堡KDKA电台创办起，到1922年底已有500余座电台，电台数量过多，频率之间相互干扰的现象极为严重，商务部部长胡佛面临解决电台干扰这一问题，经过多次与政府相关部门和广播业代表协商，最终在1927年由总统柯立芝批准通过了《无线电法》，并成立了联邦无线电委员会（Federal Radio Commission），按照当时对公共事业共同的管制标准"公共利益、便利与必需"（Public Interest、Convenient and Necessity）的原则运作。

对于频率之间的干扰现象，科斯认为这并不是市场竞争的失败，而是没有对频率建立产权。解决这一问题的办法不是管制，而是创建对频率的产权，一旦创立频率的产权，频率干扰问题便迎刃而解。

其实，最早提出由市场机制分配频率的并非科斯，而是赫泽尔，早在1951年，赫泽尔就提出应该把频率分配给出价最高者。科斯也承认："有时候说我是最先提出用价格机制分配频率的人，但事实并非如此。最早提出的人是赫泽尔，他的文章在1951年发表于《芝加哥法学评论》。当我最初看到这篇文章时，我觉得这是很正常的分配方法，他受了艾伦·迪莱克特和米尔顿·弗里德曼的影响。"①赫泽尔关于频率分配的文章得到了FCC首席经济学家、传播政治经济学学者史麦塞的回应，史麦塞反对在广播业中使用价格机制，他认为拍卖对广播频率并不实际，只是经济学家的自娱自乐，市场机制的作用需要完全竞争的电子市场假设。②

科斯认为史麦塞的反驳理由是无力的，而赫泽尔的观点更正确。科斯说，虽然频率的总量有限，但运用于不同用途的频率数量可变，不仅电台需要频率，警察、军队、政府、气象局等机构也需要频率。如果让需要频率的组织或个人在市场中对频率竞价付费，便可以很好地解决频率干扰这一问题。

科斯说，如果政府管制频率的主要原因是防止频率干扰，那么解决办法是建立频率的产权规则。权利的界定是市场交易的基础，所有的产权安排都会影响人们利用资源的能力，但要保证人们的所得大于所失。权利一旦界定，市场机制将带来最优结果。政府管制频率的目标不应该是最小化干扰，而应该是让频率带来最大化产出。③ 如果有两家相邻的电台之间产生频率干扰，运用产权和价格机制将能很好地解决这一问题。假设受到干扰的电台有权要求对方停止干扰，它既可以行使这一权利，也可以放弃这一权利。那么它在什么情况下会放弃要求对方停止干扰的权利？只要干扰者对被干扰者提出赔偿，赔偿金额大

① Thomas W. Hazlett, Assigning Property Rights to Radio Spectrum Users: Why Did FCC License Auctions Take 67 Years? *The Journal of Law and Economics*, 1998(2).

② Thomas W. Hazlett. Assigning Property Rights to Radio Spectrum Users: Why Did FCC License Auctions Take 67 Years? *The Journal of Law and Economics*. 1998(2).

③ Coase R. Federal Communication Commission. *Journal of Law and Economics*, 1959(2).

于被干扰者因干扰而遭受的损失，或大于被干扰者为了消除干扰而支付的金额，被干扰者将会选择放弃让对方停止干扰的权利。而干扰者为了获得继续运营的权利，也愿意对被干扰者进行赔偿，赔偿金额不能大于因停止干扰而造成的损失，或因干扰被禁止而造成的损失。反过来，如果干扰者有权进行干扰，结果也一样。这时，被干扰者会对干扰者支付一定金额，以使干扰者停止干扰。这一金额不能大于因受到干扰而遭受的损失，或为消除干扰而支付的金额。而干扰者只要得到大于干扰成本或因干扰被禁止而蒙受的损失数量的金额，即便它有权进行干扰，它也会放弃行使这一权利。由此可见，只要对频率的产权界定清楚，价格机制便会自发运作而使频率得到最优使用，根本不需要政府予以管制。而这一思想也是科斯定理的核心内容，即当不存在交易成本时，权利的初始安排对资源的优化配置没有影响。

科斯由此提出，不应认为广播从业者与其他商人不同。一旦初始权利界定清楚，就无需对使用者予以管制。权利的再次分配应该交由市场机制来完成。最简单的办法便是把频率交给出价最高者，将频率的二次分配交由市场机制进行。

但是，在科斯的理论中，交易只发生在两个个体之间，它们讨价还价、签订协议、监督协议等交易成本很低，频率的产权安排对资源配置没有影响。但是当参与人数变多时，交易成本就会越来越大，这时，电台之间的协商、谈判、签约、执行等成本会随之增大，这种情况下，即交易成本大于零的环境中，不同的产权安排将会带来不同的资源配置效率。有的产权安排会促进资源配置更趋优化，而有的产权安排会制约资源的配置。而在政府管制和价格机制作用之间权衡、选择的依据便是交易成本的高低，而“契约安排之间的竞争”正是新制度经济学的中心概念。

由此可见，科斯并不是一味地反对政府管制，他对两种资源配置方式优劣比较的主要依据是交易成本的高低。他说：“并不是说行政分配方式必然劣于市场机制，市场的运作不是无成本的，如果市场运作的成本超过行政运作的成本，那么我们可以接受行政分配带来的不灵活、缺乏相关知识和政治压力。”①而在频率分配工作中，政府管制有两方面的障碍，一是管制部门缺乏市场能提供的关于收益和成本的精确计算；二是管制部门天然地缺乏频率使用者及潜在使用者对频率使用的相关信息，也不了解频率使用者和消费者对产品和服务的偏好。② 这些信息都需要长期的调查研究才能获得，作为管制机构的FCC难以掌握分散在生产者和消费者手中的个人信息。如果管制者没有掌握这些市场信息的话，又怎能合理、有效地分配频率资源？“市场是最有效的资源分配者，无论管理者和官员们的知识多么丰富，意图何其善良，他们都不会优于市场。有效的市场不需要集中信息，价格由买卖方共同决定，使供求达到均衡。”③

事实上，FCC的频率管制带来了很多问题，比如FCC把价值数百万美元的频率免费给予部分电台，让电台得到高额利润，由于得来全不费工夫，这些频率持有者没有动力去有效利用频率。即便它们不能很好地利用频率，它们也不愿放弃频率执照，这一方面阻碍

---

① Coase R. Federal Communication Commission. *Journal of Law and Economics*, 1959(2).

② Coase R. Federal Communication Commission. *Journal of Law and Economics*, 1959(2).

③ Gerald R. Faulhaber, David J. Farber: Spectrum Management: Property Rights, Markets, and the Commons. *Working Paper*, 2002.

了其他人利用频率，同时又没有用频率给消费者提供任何有价值的服务，政府还因为免费授予频率而丧失了一大笔财政收入，这些收入本可以用来提供给公共广播或资助少数群体接触传媒。为了争夺执照，这些申请者还会组织各种游说活动来得到频率。而且，FCC对频率的使用有着严格的限制，频率持有者只拥有对频率的有限使用权，而没有所有权，这会阻碍持有者利用频率进行市场创新的激励。这些问题使频率难以真正实现公共利益。

科斯进一步发问，既然产权规则和价格机制可以在其他领域服务于公共利益，为何不能运用于广播领域？科斯关于使用市场价格机制分配频率的观点在当时并没有得到普遍的支持，直到1993年，美国国会同意授权FCC对频率进行拍卖，时任副总统的戈尔说，要“将许可证分配给认为其价值最大的人”。拍卖有两个限制，一是用于广播、电视的频率不进行拍卖，二是已分配的频率不进行拍卖。拍卖从1994年7月25日开始，经过47轮拍卖后于7月29日结束，净收入为6.17亿美元，到1996年5月5日，拍卖所得超过了200亿美元。①《纽约时报》发表文章认为美国首次频率拍卖是“历史上最伟大的拍卖”②。2003年5月15日，频率执照的买卖和出租也得到了批准，当天FCC以4：1的票数允许无线电频率执照持有者买卖或出租频率资源。据学者施奈德估计，美国境内1兆赫无线频率的价值约为10亿美元，用于电视的频率总价值约合4020亿美元。③ 进入21世纪，欧洲各国开始对3G频率进行拍卖，2000—2001年欧洲3G频率拍卖总额超过1000亿美元。仅英国在2000年三四月间的3G频率拍卖额就达到340亿美元。④

科斯关于频率分配的观点得到了美国管制机构的认同，价格机制可以解决频率干扰问题，也可以使频率的市场价值得以体现，但价格机制是否可以保证频率实现其公共利益和社会期望？恐怕还需再做考虑。事实上，“公共利益并不像其字面所示那样简单，公共利益是一个总被利用的概念，在市场环境下，各个利益群体试图利用公共利益概念来合法化和正当化其自身利益”⑤。频率拍卖可以保证频率被对之评价最高的人得到，从而最大化地实现频率的价值，从经济学角度来看，频率的确实现了最优配置，这也符合经济学家所认为的公共利益，即“让愿意出最高代价者取得频道的使用权，偿付最多的拍卖金到国库，再回馈给国家和社会”⑥。然而，频率的分配是一回事，频率的用途是另一回事。价格机制可以保证频率的最优分配，但却很难保证被最优分配的频率用于最能实现其价值的领域及用途。

---

① Thomas W. Hazlett. Assigning Property Rights to Radio Spectrum Users: Why Did FCC License Auctions Take 67 Years? *The Journal of Law and Economics*, 1998(2).

② [美]保尔·米格罗姆：《拍卖理论与实务》，杜黎、胡奇英等译，清华大学出版社2006年版，第2页。

③ 罗世宏：《广电媒体产权再管制论》，载《台湾社会研究季刊》2003年第50期。

④ [美]柯伦柏：《拍卖：理论与实践》，钟鸿钧译，中国人民大学出版社2006年版，第203页。

⑤ 夏倩芳：《公共利益界定与广播电视规制》，载《新闻与传播研究》2005年第1期。

⑥ McMillan: Why Auction the Spectrum. *Telecommunication Policy*, 1995(19). 转自林承宇：《当稀有可能不再稀有：重返广播电波频谱稀有性的规范理论》，载《传播管理与研究》2007年1月号。

2.5.4　央视广告招标①

中央电视台的广告招标活动始于1994年，此时，中国刚刚确立了市场经济体制的改革方向，距1979年媒体恢复刊登广告也不过15年的时间。出于拓宽收入的考虑，1994年央视开始尝试对1995年的广告进行招标，当年招标总收入达到3.3亿元。这一年的标王是山东的孔府宴酒，中标额为3079万元，这个数字在当时轰动一时，“喝孔府宴酒，做天下文章”成为当年最流行的广告词。自此之后的几年，央视广告招标额不断攀升。

从概念上讲，央视将出售广告时段的行为称为招标，在概念上不够准确，而应当称为拍卖。招标和拍卖在英文中是同一个单词“auction”，但在中文里招标和拍卖指的是两种不同的行为。招标是支付货币来购买特定商品或服务的行为，比如政府部门对办公设备进行招标，或是某单位要修建公寓，对建筑工程进行招标。在招标过程中，是招标方支付货币购买一定数量的商品或服务，能够中标的单位一般是报价较低的单位。由于招标的商品或服务一般不是现货，而是在未来一段时间才能交付的期货，比如工程建筑招标是对未来才能完工的商品进行交易。因此招标方不仅要考虑竞标者的报价，还要综合考虑竞标者的资质、信誉、实力、以往经验等多方面因素，最后中标的单位不一定是报价最低的单位，而可能是综合优势最强的单位，即招标遵循质优者得的原则。

而拍卖指的是出售商品换取货币的行为，比如索斯比拍卖行将某画家的画作进行拍卖。拍卖一般遵循出价最高者得到商品的原则，各个竞拍者对某一商品进行数轮竞拍，出价最高者得到商品。按照1996年7月5日通过的《中华人民共和国拍卖法》里的定义，拍卖是“以公开竞价的方式，将特定的物品或财产权利转让给最高应价者的买卖方式”。这样看来，央视广告招标并不是招标行为，而是拍卖行为。

首先，央视是在出售商品而不是购买商品，央视通过出售广告时段来获取货币，这符合拍卖的定义。其次，央视广告招标基本遵循着价高者得的原则，在符合条件的竞拍者中，央视通过设计拍卖方案，力图使广告资源的货币收入最大化，这符合拍卖的定义，而非招标的定义。招标遵循质优者得的原则，这意味着在考察投标企业时，不仅要考察其投标额，还要考察投标企业的性质、产品质量、市场口碑等多种因素。

因而，央视的广告招标行为应当被界定为广告拍卖行为，它在几个重要特征上更加符合拍卖行为的定义。在经济学中，拍卖行为和招标行为都被纳入拍卖理论之中，两者的分析思路相同。我们运用拍卖理论分析央视广告招标。

世界上主要存在四种拍卖形式，分别是英国式拍卖、荷兰式拍卖、密封第一价格拍卖和密封第二价格拍卖。英国式拍卖是最为流行的拍卖方式，竞拍方由低到高进行报价，商品由竞拍价格最高者得到，央视在广告招标中将这种拍卖方式称为明标。荷兰式拍卖与英国式拍卖相反，商品的主人先对商品定出一个较高的价格，然后由他逐渐降低价格，一旦有竞拍者同意该价格，则拍卖立即结束。荷兰式拍卖的优点是拍卖速度很快，一旦有人同意商品主人提出的价格，则拍卖立刻停止。这种拍卖方式最早用于拍卖鲜花，由于花朵保鲜期很短，因此要在最短时间内进行拍卖，于是人们发明了荷兰式拍卖，荷兰式拍卖也称为降价拍卖。密封第一价格拍卖是指，竞拍人将自己对商品的出价密封之后交给拍卖方，

① 本小节部分内容以“央视广告招标的经济学分析”为题，发表于《中国记者》2012年第9期。

出价最高者得到商品。央视将这种拍卖方式称为暗标，与明标相区分。密封第二价格拍卖由诺贝尔经济学奖得主维克里提出，它也是竞拍人将自己的出价密封后交给拍卖方，但与密封第一价格拍卖不同的是，出价最高的人在得到商品后，只需要支付出价第二高者的价格。

拍卖是一种非常古老的交易方式，早在古罗马时期就有了拍卖。在广播电视领域，对拍卖的研究最初起源于美国经济学家科斯对无线电频率分配的研究。从经济学角度看，央视广告招标收入的增加主要受到两方面因素的推动。一是中国宏观经济的飞速发展为广告收入增长提供了深层动力；二是央视广告招标机制的不断创新使广告收入连年提高。

宏观经济与广告收入之间存在着显著的相关关系，广告被称为国家宏观经济的晴雨表。改革开放尤其是1992年确立市场经济体制以来，中国经济飞速增长，并成为全世界第二大经济体，宏观经济的飞速发展为中国广告提供了根本性的推动力。作为一种依附性经济，广告收入的水平在很大程度上受制于一国经济的整体发展状况。对中国近年GDP的增长率和中国广告收入的增长率进行对比之后发现，两条曲线之间大体存在着对应关系。在2004年以前，中国广告收入的增长率高于中国GDP的增长率，2004年以后，GDP的增长率开始超过广告收入的增长率，2008年之后，GDP增长率和广告收入增长率之间的差距逐渐减小，2009年GDP增长率和广告收入增长率之间基本保持相同的增长率。宏观经济的整体向好为中国广告的发展奠定了基础，作为中国广告收入最高的媒体，央视自从开始进行广告招标之后，除了在1999—2000年前后招标收入出现下滑外，其广告招标额在近些年一直保持两位数以上的增长率，增速超过了中国GDP增速。

除宏观经济对广告收入的推动作用之外，央视广告招标机制的不断创新也是提升招标收入的重要推手。在开始进行招标的头几年，由于国家刚刚开始进行市场经济改革，央视和参与竞拍的企业缺乏招标投标的经验，央视招投标的方式比较简单，在1995年到1998年间，央视的广告招标方式以暗标为主，这种招标方式操作简单，但也存在一些问题。对企业来说，央视广告时段对企业带来的收益相对稳定，无论哪家企业得到这一广告时段，该时段广告为企业带来的价值基本相同。在激烈竞争的招标过程中，为了确保能够拿到广告时段，企业很有可能支付超出广告时段价值的价格。假设一段半分钟的央视广告最多能为企业带来100万元的收益，当估计到竞争对手的报价达到100万元时，企业就不应该继续提高竞标额。但在暗标竞拍的模式下，为了得到非常稀缺的广告时段，在激烈的竞争中企业很可能将竞拍额提高到超出广告价值的价格上，这样做虽然使企业赢得了广告时段，但得不偿失。因为这段半分钟的广告时段最多能为企业带来100万元的收益，任何超出这一数额的支付都会给企业带来损失。在市场化改革之初，人们并没有对这一问题有足够清醒的认识，央视最早的几家标王都在这个问题上栽了跟头。

央视广告招标的第一个标王是1995年的孔府宴酒，孔府宴酒以3079万元的大手笔荣获当年标王，当年央视广告招标的总收入为3.3亿元，这家企业为央视支付了近十分之一的广告招标收入，很显然，孔府宴酒为广告时段支付了超过其价值的价格，这家企业很快一蹶不振，孔府宴酒的一位管理人员说，“事情就是这样，一个小学生永远无法完成大学生的考试题”。在孔府宴酒之后，秦池酒厂以更高的价格成为1996年和1997年的央视广告标王，在1996年的央视广告招标会上，秦池酒厂刻意以66668888元的数字成为标王，第二年更是投入了3.212118亿元，这个看似精确的价格并没有基于任何分析，当记者问到为何制定这样一个价格时，该企业的负责人说，这是他们老总的手机号码。这家企业当时扬言，“1995 年，我们每天向中央电视台开进一辆桑塔纳，开出的是一辆豪华奥迪。今年，我们每天要开进一辆豪华奔驰，争取开出一辆加长林肯。”秦池酒厂在 1997 年的销售收入只有 6 亿多元，却将一半的总收入投入广告，无疑是一个完全错误的决定，这家企业的负责人在后来也不得不承认，3 亿元的招标是投资决策的失误。

自 1999 年开始，央视黄金段位广告招标由暗标改为明标。① 明标竞标时，投标企业通过公开竞价的方式竞争广告时段，明标在一定程度上可以避免暗标时代企业以天价中标的现象。但明标竞价的缺陷在于，明标容易使竞标企业之间进行串谋，联合压价，这种现象很容易发生在多回合拍卖中。在多次拍卖过程中，竞标者之间可以达成秘密协定，共同划分出各自的竞标范围，合谋的竞标者之间相互合作，在竞标中不竞拍其他竞标者的目标，不主动提高竞标价，让竞拍者以很低的价格拿到广告。央视在 1999 年开始进行明标招标后，没有认识到明标的这一漏洞，使广告招标收入连续两年下滑。1998 年央视广告招标收入为 28.8 亿元，1999 年下降到 26.8 亿元，2000 年下降到 19.2 亿元。排除其他因素的影响，招标方式的缺陷是导致广告收入下滑的重要原因。

在 1999 年的广告招标大会上，新闻联播后有 13 个 5 秒时长的广告板块，先通过明标招标定出 13 个入围者，然后在入围者中再次进行招标，决定播放顺序。上一年这一时段的广告价格在 700 万~800 万元，但进行明标招标之后，企业通过默契的配合，联手串谋压低广告价格。他们的做法是，在拍卖价格处在 750 万元左右时，还有 15 家左右的企业参与竞拍，由于竞拍企业的数目多于广告数，拍卖师便继续提高价格，当拍卖价格达到 800 万元时，串谋的企业同时退出竞拍，使得参与竞拍的企业数少于广告数。于是，拍卖师只好降低价格，将空余出来的几个广告时段再次进行拍卖。这时，联手的几家企业重新开始竞拍，最后的成交价格只有 500 万~600 万元。这次拍卖中企业发现了央视拍卖机制的漏洞，并充分地利用了这个漏洞，这给央视带来了很大的损失，央视当年广告招标收入下滑超过 7 个亿，仅为 19.2 亿元，退回到 1997 年以前的水平。主持那次拍卖的拍卖师林一平说，“那次，企业联合压价，广告价位怎么也拍不上去，电话另一头的台领导急了，说此前的拍卖不算”②。

由于明标和暗标都存在着一定的缺陷，央视在后来开始尝试将明标和暗标结合起来，形成混合拍卖的模式。2001 年开始，央视推出明标和暗标相结合的混合招标方式，并在随后将广告产品细分为明标招标产品，暗标招标产品，以及明标、暗标相结合的暗标入围、明标竞价的产品，并将广告时段进行了细分。到 2009 年，央视首次将招标资源分为“招标竞购资源”和“签约认购资源”两类，并将招标竞购资源确立为核心。2009 年，央视将晚七时报时广告设定为明标竞购产品，新闻联播前、焦点访谈后等广告时段为暗标竞购产品，而新闻联播与天气预报之间以及天气预报与焦点访谈之间的广告为暗标入围、明标竞购的产品。

新推出的暗标入围和明标竞价相结合的混合拍卖模式，可以避免单独一种竞价模式的

---

① 《CCTV 明年广告招标全部改为明标》，载《广告大观》1998 年第 10 期。

② 《拍卖师披露央视广告竞拍的唯一“拍了不算事件”》，http://Chinanews.com/n/2003-11-20/26/371087.html，2017-07-12。

弊端。在暗标入围阶段，为了提高入围的概率，企业会填报一个较高的价格。暗标入围之后，在入围价的基础上进行明标竞拍，这使得竞拍价格继续上升。为了防止竞标者串谋，央视对明标、暗标结合的广告产品做出规定，比如新闻联播与天气预报之间的广告有12条，为防止竞标者串谋压价，央视规定先采用暗标确定15家入围者，再用明标确定前6个位置选择权，后6个广告段位播出选择权按入围价由高到低排序，后3家淘汰。这种竞标设计可以有效防止竞拍企业之间的串谋行为。

从经济学角度考察央视广告招标20多年来的发展历程，可以看到招标机制的创新对广告招标结果的巨大影响，广告招标是央视和企业之间年复一年的博弈过程，没有完美的招标机制，也没有万全的竞标方式。招标机制的不断创新是中国媒体和中国企业在市场经济中共同学习和成长的过程，也是我国市场经济改革不断走向深化的过程。

本章习题

1. 请分析以下材料是如何体现需求法则的？

在第十届上海国际电影节反盗版宣传短片启动仪式上，导演冯小刚说："按照一般的规律，我两年拍一部电影，一部电影的酬劳基本在200万元左右。平均下来，我一年的收入也就100万元而已。按照我现在在内地导演中间的地位来说，我的收入别说是1000万元人民币，我觉得应该是1200万美元。但有了盗版就不可能，现在一部电影能拿200万元人民币已经算高的了，盗版让我的损失相当大。"（材料来源：《郑州晚报》，2007年4月19日）

2. 什么是市场均衡？市场均衡如何实现？

3. "薄利多销"适合哪种需求价格弹性的产品？为什么？

第三章
传媒市场结构：竞争性市场

根据竞争和垄断程度的不同，可以将传媒市场分为完全竞争市场、垄断竞争市场、寡头垄断市场和完全垄断市场四种类型。在不同的市场结构下，媒体组织有不同的市场行为，影响市场竞争程度的具体因素主要有以下几方面：

①媒体的数目。市场中媒体的数目越多，市场就越趋于竞争市场；媒体数目越少，越趋于垄断市场。

②产品差异化程度。产品越相似，市场越接近于竞争市场；产品差异化程度越高，市场越接近垄断。

③媒体控制产品价格的能力。媒体能够控制产品价格，则市场趋于垄断；媒体如果不能控制价格，则市场趋于竞争。

④进入或退出行业的难度。退出壁垒越高，市场趋于垄断；退出壁垒低，则市场趋于竞争。

表 3-1　市场类型的划分和特征①

市场和厂商的类型	厂商的数目	产品差别的程度	对价格控制的程度	进出一个行业的难易程度	接近哪种市场情况
完全竞争	很多	完全无差别	没有	很容易	一些农产品
垄断竞争	很多	有差别	有一些	比较容易	一些轻工产品、零售业
寡头	几个	有差别或无差别	相当程度	比较困难	钢铁、汽车
垄断	一个	唯一的产品，且无相近的替代品	很大程度，但经常受到管制	很困难，几乎不可能	公用事业，如水、电

在本章，我们首先分析影响传媒市场结构的产业环境，考察影响传媒市场结构的主要因素，然后分别考察完全竞争市场和垄断竞争市场。下一章再介绍寡头袭断市场和完全垄断市场。

① 高鸿业：《西方经济学》(第四版)，中国人民大学出版社 2007 年版，第 184 页。

3.1 市场结构分析

分析市场结构的主要工具是哈佛大学研究人员开发的 SCP 理论框架，哈佛学派以新古典学派的价格理论为基础，以实证研究为手段，按结构、行为、绩效对产业进行分析，构造了系统化的市场结构(Structure)—市场行为(Conduct)—市场绩效(Performance)的分析框架(简称 SCP 分析框架)。① 框架中着重突出市场结构的作用，分析程序是市场结构决定企业在市场中的行为，企业市场行为决定经济绩效。因此，改善市场绩效的方式就是通过产业政策调整市场结构。

3.1.1 媒体市场结构

媒体市场结构，是指媒体市场内竞争和垄断的相对程度。根据竞争和垄断程度的不同，划分为完全竞争市场、完全垄断市场、寡头垄断市场和垄断竞争市场。决定市场结构的因素主要有市场集中度、产品差别化、进入壁垒和退出壁垒等，下面分别进行分析。

(1)市场集中度

市场集中度用于表示在特定产业市场中买者或卖者所占的相对规模，市场集中度高，则竞争程度低。测量市场集中度的常用指标有行业集中度(Concentration Ratio)、赫芬达尔-赫希曼指数(Herfinder-Hirschman Index)、熵指数(Entropy Index)，等等。

行业集中度是最常用的衡量绝对集中度的指标。指行业内规模最大的前几位(通常取4位或8位)企业的有关数值 X(如产值、资产、销售额、产量等)占整个市场的份额。计算公式为：

$$CR_n = \sum_{i=1}^{n} X_i / \sum_{i=1}^{n} X_i$$

式中，CR_n 表示规模最大的前 n 位媒体的行业集中度；X_i 表示第 i 位的产值、产量、销售额或资产等数值；n 表示规模最大的前 n 位媒体的数目；N 表示媒体总数目。CRn 反映媒体市场垄断与集中的程度，集中度的数值可以采用销售额、广告或资产总额等指标。

赫芬达尔-赫希曼指数简称 H 指数，是某行业市场上所有企业的市场份额的平方和。H 指数考察了产业内的所有企业，由于平方和计算的放大性，H 指数可以真实地反映出每个企业的相对规模。计算公式为：

$$\text{H 指数} = \sum_{i=1}^{n} (X_i/X)^2 = \sum_{i=1}^{n} S_i^2$$

式中，X 表示媒体市场的总规模；X_i 表示第 i 位媒体的市场占有率；n 表示媒体数目。

当媒体市场中媒体数目非常多并且规模相近时，H 指数接近于零，市场竞争程度较高；在完全垄断的情况下，H 指数等于1；当所有媒体规模完全相同时，H 指数等于 $1/n$。

(2)产品差别化

产品差别化是指媒体采用多种方法，使消费者感知到该产品的独特之处，将该媒体与

① 苏东水：《产业经济学》，高等教育出版社 2000 年版，第 163 页。

其他同类媒体区分开来，进而形成顾客偏好与忠诚，使媒体在市场竞争中获得一定优势的一系列行为。

媒体产品差别化的途径是寻找细分市场，将媒体从竞争对手和替代产品的包围中分离出来。媒体通过扩大产品差别化的程度，可以保持或提高市场占有率，从而改变市场集中度水平。同时，产品差别化可以使消费者对媒体产生偏好甚至一定的忠诚度，这对新进入者和现有竞争对手会形成进入壁垒。新进入者必须付出更大努力，实现产品差异化，才能从现有媒体手中夺走消费者。因此，差别化程度越高，新媒体进入市场的壁垒也越高。

可以用需求的交叉弹性来度量产品差别化，微观经济学认为，两种产品的差异在于它们彼此的替代性。替代性高，则两者的差异较小，A 产品实行差异化，会导致 B 产品对其替代性降低。计算公式为：

$$\theta_{ij}=\frac{dqi/qi}{dpj/pj}$$

式中，θ_{ij}表示 i 产品需求量对 j 产品价格的交叉弹性；dqi/qi 表示 i 产品的需求变化率；dpj/pj 表示 j 产品的价格变化率。

对媒体产品而言，当 j 产品价格变化而 i 产品价格不变时，如果受众对 i 的需求有较大变化，说明 i 产品与 j 产品之间有较高的可替代性，两者差别不大。这个时候的 i 产品缺乏以差异化为基础的竞争优势。

(3)进入壁垒

进入壁垒是指潜在企业或新企业在同原有企业竞争中所遇到的障碍因素。广义上讲，规模经济、产品差别化、报复行动、资本需求、转换成本、分销渠道、政策法律都是构成进入壁垒的要素。

规模经济指产品的单位成本随总产量增加而降低。规模经济有多种来源，比如固定成本在产品间的分摊会带来规模经济，由于固定成本是无论生产多少单位产品都需要支付的成本，因而，随着产品产量的增加，平均分摊在每一单位产品上的成本会下降，在可变成本相对稳定的情况下，随着产量的增加，产品的平均成本会下降。另外，在资本密集型企业中，固定资本在总资本中的比重较大，由于固定成本较高，增加产出可以降低平均成本，在资本密集型企业中的规模经济效应更为显著。而原材料密集型或劳动力密集型企业中，大部分成本来自原材料或劳动力，这部分成本相对稳定，因此规模经济不显著。

(4)退出壁垒

退出壁垒是媒体退出现有市场时需要支付的成本。主要有沉没成本、资产专用性等。沉没成本是已经投入但无法回收的成本。由于媒体投入的这部分成本无法回收，所以决策时不需要考虑这些成本。沉没成本越大，退出壁垒越高。

资产专用性是指在某一特定的背景或关系中资产的价值最高，当该资产用于其他领域时，资产的价值下降。当媒体做出投资决策后，媒体将资源投给某项技术或产品，媒体很难完全回收投资。这时，投资对象可以利用这一点迫使媒体做出让步。当双方在一笔交易中都要投入专用性资产时，双方都担心在将来被迫接受对自己不利的合同条款，哪一方投入的专用性资产数量多，资产专用性程度高，它遇到套牢问题的可能性越大，退出壁垒也越高。

3.1.2 市场行为

市场行为有很多种类型，我们主要分析媒体的价格行为，特别是常见的价格制定策略。

(1)个性化定价

随着新技术尤其是互联网技术的发展，个性化定价成为许多媒体产品的定价方式。要对媒体产品进行个性化定价，首先要将产品个人化，使产品对消费者具有最大的价值。其次，要找到能从个性化服务中获取最大利润的定价机制。

在传统行业中，航空业长期进行个性化定价。航空公司会对机票进行个性化定制，机票价格取决于订票时间、飞行里程数、是否愿意受到限制、是公务出差还是私人出行等诸多因素。一般而言，休闲度假者有较大的需求价格弹性，而商务旅行者的价格弹性不大。度假者确定时间较早，可以买到折扣机票。而临时确定行程的商务旅行者只能购买较少折扣的机票甚至全价机票。但是在起飞之前的最后一段时间，航空公司可能会降低机票价格，与其让座位空着挣不到钱，还不如低价将座位卖出。

在互联网上，服务商可以通过分析消费者浏览和购买的历史记录，向消费者推荐其感兴趣的相关产品，并判断消费者的需求价格弹性。服务商可以获知每位消费者的需求价格弹性，并对不同消费者制定不同价格。比如，对需求价格弹性较高的消费者收取较低价格，而对需求价格弹性较低的消费者收取较高价格。服务商可以通过频繁调整价格，一方面促进产品销售，另一方面测试消费者对产品的需求价格弹性，如果降低价格可以增加销售收入，那么这样做便有利可图。

(2)高峰负荷定价

有报道说，可口可乐公司曾试图在自动售货机中加入一个芯片，当气温上升时，自动售货机将提高可乐价格。由于公众反对，可乐公司最终放弃了这一做法。这种定价思路称为高峰负荷定价，对同一商品制定不同价格的行为属于价格歧视，在消费的高峰时期，消费者将支付更高的价格。

电影院采用了高峰负荷定价法，在白天时段，电影票价通常较低。而在晚上则提高了票价。一些餐馆在生意冷清的时段会降低价格，而在用餐高峰期会提高价格。通信行业中也采用了这一方法，比如某手机套餐规定，晚上 11 点至次日清晨 7 点的电话费低于白天时间。

(3)金凤花式定价

这是一种划分产品系列的定价方式，这种定价方式认为，大多数消费者不愿面对极端，大部分人不愿意选择产品系列中的最高端产品或最低端产品，人们更多会选择中间层次的产品。比如一些饮料店会提供大杯、小杯两种选择。一些消费者会选择大杯，但很多消费者不能确定到底需要大杯还是小杯，结果，不少消费者选择小杯。如果该餐饮店有大杯、中杯和小杯三种，那么，一些不太确定的消费者将会选择中杯。实验发现，即便中杯的容量和价格与原先的大杯相同，也会有更多消费者选择中杯。通过增加一种很少有人消费的产品系列，可以出售比原先更多的产品，因为处在中间的产品相对而言变得更加容易接受。

西蒙森和阿莫斯・特维斯基描述了一个用微波炉进行的营销实验，当可供选择的集合仅包括一种 109.99 美元的廉价微波炉和 179.99 美元的中档微波炉时，顾客选择中档微波炉的几率是 45%。当增加了一种 199.99 美元的高档微波炉时，同样的中档微波炉被选择的几率是 60%。史密斯和内格尔提出，向产品系列中增加一种高档产品并不一定会使该产品有很高的销量。但是，它确实改变了购买者对产品系列中低价产品的看法，并且影响低端顾客向高端的产品靠拢。①

对于媒体产品而言，可以广泛地使用金凤花式定价。媒体可以将自己的信息产品分为高、中、低三个或更多版本，通过增加很少有人需要的高级版本，可以显著地促进中级版本产品的销售量，这种定价方式非常常见。比如，美国行为经济学家丹·艾瑞里举过这样一个例子，他在浏览《经济学人》杂志的网站时发现，该杂志提供三种订阅服务：单独订阅电子版，每年 59 美元；单独订阅印刷版，每年 125 美元；同时订阅电子版和印刷版，价格也是 125 美元。面临这样的情况，很多人可能会选择同时订阅电子版和印刷版，毕竟合订版的价格与单独订阅印刷版的价格相同。

丹·艾瑞里在麻省理工学院的斯隆商学院对 100 个学生做测试，结果发现，单订 59 美元电子版的有 16 人，没有人选择花费 125 美元单独订阅印刷版，而选择花费 125 美元订阅印刷版和电子版套餐的有 84 人。既然没有人选择单独订阅印刷版，那么是不是可以取消这一选项？丹·艾瑞里将无人选择的单独订阅印刷版这一选项去掉，这时，花费 59 美元单独订阅电子版的人数上升到 68 人，而愿意花费 125 美元订阅印刷版和电子版套餐的人下降到 32 人。②

在这一案例中，杂志社推出单独订阅印刷版服务的目的不是让消费者选择这一选项，而是通过将这一选项与套餐选项进行比较，促使更多消费者从选择单独订阅电子版转为订阅套餐版。通过增加产品种类，提供不同层次的产品类型，可以帮助媒体增加中高端产品的销售量。

(4)风险与定价

有时候，价格的高低不是绝对的，而是相对的。比如商场可能会在降价前提高商品价格，然后再打折，以便创造出一个较高的参考价格。如果消费者以较高的价格作为参考价格，那么消费者会把实际支付的价格看作一种收入。

大多数人是厌恶风险的，这就是说，对于具有相同期望收益的两笔收入，人们会选择没有风险的收入，而不愿选择有风险的收入。风险产生的原因是不确定性，而存在不确定性的原因是信息的不完备，我们无法知道所有与决策相关的各种信息。期望值是对不确定性事件所有结果的加权平均值，期望值衡量事件的平均结果。权数是每种事件发生的可能性，即事件发生的概率。

假设有两种工资支付方式，一是每月月底支付 1000 元，二是每月月底掷硬币，出现正面时支付 2000 元，反面时不予支付。由于掷硬币是独立事件，正反面出现的概率相同，各为 50%。因此，掷硬币的期望收益为 $2000\times0.5+0\times0.5=1000$ 元，掷硬币的期望收益和

① ［美］卡尔·夏皮罗、哈尔·瓦里安：《信息规则：网络经济的策略指导》，张帆译，中国人民大学出版社 2000 年版，第 63 页。

② ［美］丹·艾瑞里：《怪诞行为学：可预测的非理性》，赵德亮、夏蓓洁译，中信出版社 2010 年版，第 3 页。

每月支付固定工资的期望收益相等，均为 1000 元。但是实验结果表明，多数人宁愿选择每月支付 1000 元而不是掷硬币来决定收入，大多数人是风险厌恶者。

如果工作是连续不断、反复进行的，每月都会结算工资。那么期望收益就是工资的平均值，期望收益是一个非常重要的概念。仍以上例来说，如果工作持续时间很长，要多次发放工资。掷硬币定工资时，有时分文不得，有时可以得到 2000 元。两种可能性发生的概率相同，这样掷硬币定工资的期望值为 1000 元。

现在假设企业只给出掷硬币定工资这一种结算方式，工人要么接受掷硬币定工资，要么退出企业。如果工人退出，他的期望收益将为零。如果工人接受掷硬币定工资，他的期望收益将为 1000 元。接下来我们考察在何种情况下，人们追求期望收益最大化是合乎理性的行为。

假设有一个人打算购买某传媒公司的股票，该传媒公司正在研发某种新型传媒产品。如果研发成功，该公司股价上涨，会给这个人带来 20000 元收益；如果研发失败，该公司股价下降，会给这个人带来 10000 元的损失。这个人根据自己所掌握的信息认为，研发成功和失败的概率相同，均为 50%。这时，购买该公司股票的期望收益为 $20000\times0.5-10000\times0.5=5000$ 元。由于这个人并不知道传媒公司是否能成功研发出新产品，因此，传媒公司能否成功研发出新产品这一信息就具有经济价值。我们把这一价值称为完全信息的期望价值。它表示有关事件结果的准确信息对决策者期望收益的增加值。在这个例子中，完全信息的期望价值就是当此人得知传媒公司是否成功研发出新产品这一信息后，期望收益的增加值。需要注意的是，这一信息并不是传媒公司成功研发出新产品，而仅仅是说，传媒公司的研发有了结果，结果可以是成功，也可以是失败。而无论成功还是失败，这一信息本身都有其价值。

我们可以通过计算来确定完全信息的期望收益。首先，估计获得完全信息后的期望收益。其次，计算这一期望收益相对于先前期望收益的增加值。如果此人能够获得完全信息，不管该传媒公司能否成功研发出新产品，此人都能做出成功决策。如果研发成功，则购买股票，获得回报；如果研发失败，则不购买公司股票，避免损失。这时他的期望收益为 $20000\times0.5-0\times0.5=10000$ 元。这是他能够获取完全信息时的期望收益。需要注意的是，尽管这个人能够获得完全信息，但是他并不知道信息是什么，即他并不知道传媒公司是否成功研发出了新产品。如果传媒公司研发成功，他将购买股票，这种情况出现的概率是 0.5；如果研发失败，他将不购买其股票，这种情况出现的概率也是 0.5。但他并不知道研发结果到底是成功还是失败，他只知道研发活动最后有了确定的结果，与研发活动没有确定的结果相比，现在无论结果是成功还是失败，研发活动都从不确定性事件转为存在确定结果的事件。这时，他可以根据结果来做出购买还是不购买股票的决定。完全信息条件下的期望收益为 10000 元。

完全信息条件下的期望收益 10000 元与没有获得信息时的期望收益 5000 元的差额是完全信息的期望收益，完全信息的期望收益为 5000 元，它表示当此人得知准确信息后所增加的期望收益。也可以将其理解为此人为获取这一信息而能够支付的最大成本。研发结果这一信息具有经济价值，为了获取这一信息，此人最多可以向信息提供者支付 5000 元。

我们回到掷硬币定工资这一例子上来。尽管掷硬币和每月固定发放 1000 元的期望收益相同，但是大多数人可能宁愿选择每月支付 1000 元而不是掷硬币来决定收入，这是由于大多数人是风险厌恶者。从货币的边际效益角度看，货币的边际效益出现递减。假如第一个1000元带给我们100尤特尔效用，第二个1000元带给我们90尤特尔效用。那么，月底收到1000元工资，带给我们的效用为100尤特尔。掷硬币的期望值也为1000元，但是，第一个1000元带给我们100尤特尔效用，而第二个1000元只能带给我们90尤特尔效用，对两个1000元的效用平均计算后，只能得到95尤特尔的效用，小于在第一种情况下得到的100尤特尔效用。这说明人们并不一定追求期望收益最大化，而是追求期望效用最大化。在决定选择何种工资支付方式的时候，人们的选择取决于人们对风险的态度。

数学家冯·纽曼和经济学家摩根斯坦在20世纪50年代建立了冯·纽曼-摩根斯坦效用函数(von Neumann-Morgenstern Utility Function)，对这一问题进行了研究。根据他们的研究，理性的决策者追求期望效用最大化。和期望收益概念相似，期望效用指每种结果发生的概率与每种结果效用乘积的加总值。如前文掷硬币例子中第一个1000元的效用为100尤特尔，第二个1000元的期望效用为90尤特尔。那么掷硬币时1000元收入的期望效用为95尤特尔，小于固定工资时的100尤特尔。造成这种现象的原因在于人们认为每一单位货币的效用不同。在我们的例子中，固定工资和掷硬币定工资的方式具有相同的期望收益，但是很多人还是选择了固定工资，这说明期望效用在很多时候可以预测人们实际做出的选择。

本节案例

折扣券的经济学

折扣券是一种在很多行业使用的促销手段，它们可能会夹在商品包装中，刊登在报纸杂志上，在商店周边散发或通过团购App下载。特别是随着移动互联网的兴起，很多企业开始通过团购App散发优惠券。为什么散发优惠券？为什么不直接降低商品价格，从而节省散发优惠券的成本？

购物成本包括货币成本和时间成本，时间成本较高的消费者，愿意支付较多的货币以便节约时间。而时间成本较低的消费者，愿意花费较多的时间和较少的货币。我们可以假设，一个人的时间成本与他的财富正相关，换句话说，富裕者更在乎时间，而不富裕者更在乎金钱。为了节约时间，富裕者愿意支付更多的货币，这意味着富裕者缺乏需求价格弹性。相反，为了支付较少货币，不富裕者愿意支付更多时间，这意味着不富裕者富有需求价格弹性。

企业面临着两类消费者，一类是富有价格弹性的消费者，另一类是缺乏价格弹性的消费者。为了获取更大的利润，企业应该将这两类消费者分开，向他们提供不同的价格，对富有弹性的消费者提供较低价格，而对缺乏弹性的消费者提供较高价格。而区分这两类消费者的办法之一，就是提供优惠券。时间成本较低的消费者更可能花时间剪下优惠券，保存好优惠券，然后带到商家使用。收集、保存、使用优惠券都需要耗费时间，根据我们的假设，不富裕者的时间成本低，他们更有可能去收集、使用优惠券，而他们富有需求价格弹性，通过使用优惠券，他们可以支付更低的价格。而富裕者缺乏需求价格弹性，他们的时间成本高，不太经常使用优惠券，需要支付更高的价格。

进一步来说，商家之所以推出多种类型的产品供消费者选择，是因为它们难以测量每位消费者的支付意愿。商家无法知道消费者愿意为它的产品支付多少钱。如果它去询问消费者，消费者肯定会说出一个低于自己支付意愿的数字。因此，与其询问消费者的支付意愿，不如让消费者自己主动表达其支付意愿。通过对产品进行划分，具有不同支付意愿的消费者会主动选择自己需要的产品，并为之支付货币。在信息经济学中，这种做法称为信息甄别。通过发放优惠券，商家可以甄别出不同消费者的个人信息，并根据不同消费者的支付意愿进行针对性营销。

在互联网环境下，商家可以通过团购方式发放折扣券，那些愿意使用并且能够使用团购的消费者将得到更优惠的价格。在传统环境下，需求价格弹性是决定消费者使用折扣券的主要因素，而新技术环境下，在需求价格弹性之外，消费者对新技术的掌握程度和运用能力也成为影响他们使用折扣券的重要因素。

3.1.3 市场绩效

市场绩效是在特定的市场结构和市场行为条件下市场运行的实际效果。从短期来看，可以认为市场结构是既定的，市场结构从某种程度上决定了媒体的市场行为，而所有媒体的行为又决定了市场运行的实际效果。但长期来看，市场结构也处在变动中，市场行为和市场绩效会改变市场结构。

在对市场结构的基本性质进行简要分析后，我们开始考察不同性质的市场。

3.2 完全竞争市场

与其说完全竞争市场是一种现实的市场，不如说它更多是学者们构想出的理想型市场，完全竞争市场具有如下特征：产品同质化、价格接受者、完全信息、没有进入和退出成本。

产品同质化意味着市场上所有的产品完全相同，对于消费者来说购买哪家媒体的产品并不重要，这意味着消费者在购买产品时只考虑产品价格。价格接受者说明市场中存在大量买家和卖家，任何一家媒体都无法决定同质化产品的价格，价格由市场决定，任何一家媒体只能服从市场制定的价格。完全信息是一个很强的假设，该假设认为信息可以无摩擦地自由流动，不存在信息不对称现象，买卖双方拥有相同的信息，任何一方都不能利用信息优势获取利益。没有进入和退出成本说明任何机构或个人可以随意进出该市场，而不用支付任何成本。这也意味着任何参与者都无法通过市场套利。

可以看到，完全竞争市场的假设条件非常严格，在现实中没有完全符合以上四个假设的市场，经济学家一般认为某些农产品市场比较接近完全竞争市场。完全竞争市场是许多经济学家评判经济政策时的重要标准。

3.2.1 媒体产品的需求

在完全竞争市场上，由于生产者众多且产品同质，每家媒体只是市场价格的接受者，各家媒体面临着一条水平的需求曲线，如图 3-1 所示。媒体知道自己的产量太小以至于对整个市场没有任何影响。在生产媒体产品时会把市场价格看作既定的，媒体会在既定的价格水平下选择自己的产量。如果一家媒体将产品价格定在高于市场价格的水平上，由于产品同质且信息可以完全流动，不会有消费者选择购买这家媒体的产品，该媒体产品的需求会降为零。而当该媒体将产品价格定在等于市场价格水平时，由于市场价格不会受到它的影响，在既定价格水平下，媒体可以生产并销售出任意的数量。因此，媒体没有动力将产品价格定在低于市场价格的水平上。降价的目的是为了促进产品销售，在完全竞争市场中，媒体将产品价格定在市场价格水平时可以销售所能生产的任意数量，因此也就没有必要降价。换句话说，完全竞争市场中媒体面临无穷大的需求价格弹性，一旦提高价格将会使需求量下降为零，而一旦降低价格则使需求变为无穷大。完全富有弹性的需求曲线与横轴是水平的，因此，完全竞争市场中单个媒体的需求曲线是水平的。

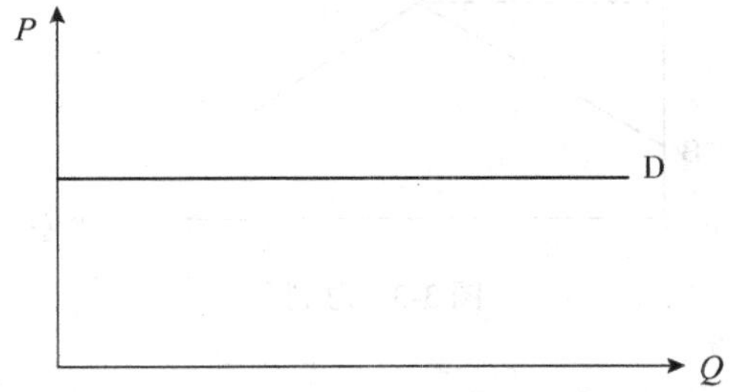

图 3-1　完全竞争市场中的媒体的需求曲线

但是，如图 3-2 所示，完全竞争市场中的行业需求曲线则向下倾斜，原因在于供求法则的作用。消费者会在低价时购买更多的媒体产品，而在高价时购买较少的媒体产品。但是单独一家媒体的需求曲线是水平的，因为任何一家媒体的产量不能影响整个市场的价格水平。

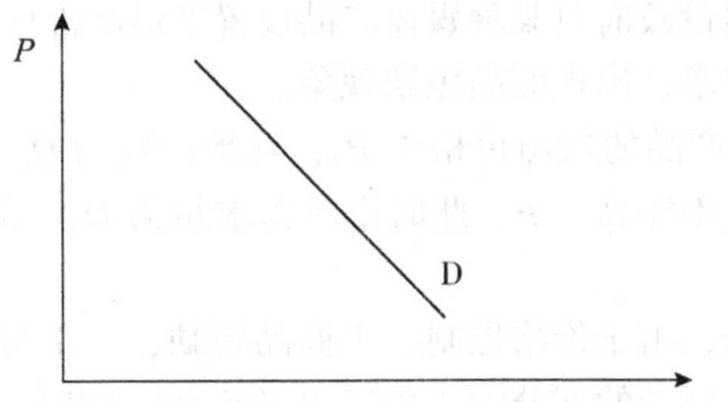

图 3-2　完全竞争市场的行业需求曲线

3.2.2　剩余、价格控制和配额制

剩余分为消费者剩余和生产者剩余，消费者剩余指消费者愿意支付的价格和实际支付价格之间的差额，表现在图形上是价格曲线之上、需求曲线之下的面积。生产者剩余是指

生产者得到的价格与它们愿意出售产品的最低价格之间的差额。通常用价格曲线之下、供给曲线之上的面积来表示。

在图 3-3 中，消费者剩余等于三角形 APE 部分的面积，这部分面积表示消费者作为一个整体所获得的福利。生产者剩余等于三角形 BPE 部分的面积，表示生产者作为整体所获得的福利。而将消费者剩余和生产者剩余加起来，就得到社会总剩余，总剩余衡量生产者和消费者净利益的总额。

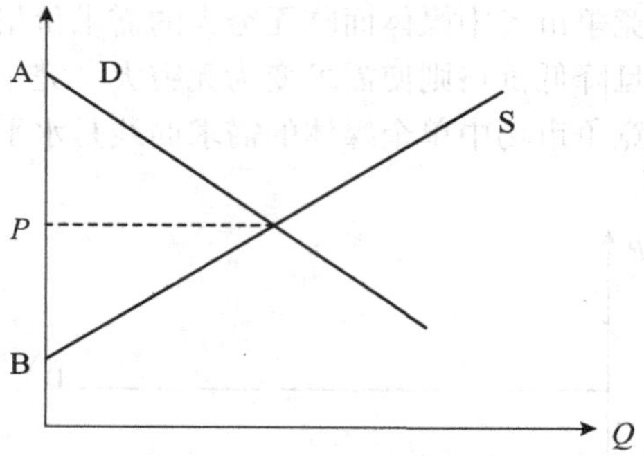

图 3-3 总剩余

从图 3-3 可以看到，如果消费者愿意支付的产品价格超过生产者愿意生产并销售的产品价格，那么，生产和销售这一单位产品便可以增加总剩余。在图形中表现为需求曲线位于供给曲线的上方。即在均衡产量之前，生产和销售额外一单位产品可以增加总剩余，而当产量超过均衡产量之后，额外增加一单位生产会减少总剩余。因此，当产量处于均衡状态时，总剩余最大化。通过考察总剩余在政府政策前后的变化，我们可以观察政府政策对生产者和消费者福利状况的影响。

通过运用消费者剩余和生产者剩余概念，可以更好地理解价格控制对媒体产品的影响。以最高限价为例，假设政府对某种媒体产品设置了最高价格，最高价格低于市场均衡价格，这会使产品供不应求，出现商品短缺现象。

在图 3-4 中，某媒体产品的均衡价格为 P_0，均衡产量为 Q_0。政府对该产品设置了价格上限，规定该产品价格不能高于 P。此时市场需求量为 Q_2，市场供给量为 Q_1，出现商品短缺。

首先考察消费者剩余，由于价格控制产生商品短缺，一部分消费者无法购买到商品，他们的消费者剩余减少，减少的部分为三角形 B 的面积。同时，由于商品价格从 P_0 下降到 P，那部分仍然能够购买到商品的消费者的剩余增加，因为在价格控制下他们对商品支付的价格下降。这部分消费者增加的剩余为矩形 A 的面积。因此，消费者作为一个整体，消费者剩余的变化量为 A−B，由于矩形 A 的面积大于三角形 B 的面积。因此，消费者剩余增加。

其次看生产者剩余的变化。由于价格控制降低了市场均衡价格，那些仍然在市场上生产商品的媒体不得不接受降低了的价格 P。因此，生产者减少了矩形 A 面积所代表的生产者剩余，同时，产量下降使得生产者剩余又损失了三角形 C 的部分。因此，生产者剩余

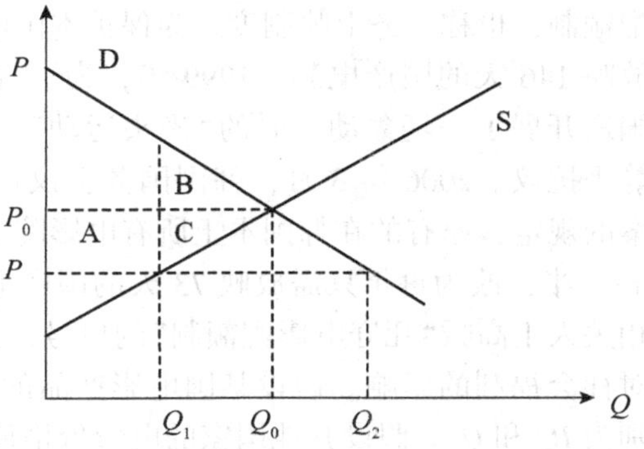

图 3-4　价格控制

的总损失为-(A+C)。价格控制使得生产者蒙受损失。

价格控制增加了消费者剩余，减少了生产者剩余。生产者剩余的损失是否可以为消费者剩余的增加所弥补？我们将消费者剩余和生产者剩余的变化量加总，可以得到价格控制对整个市场剩余的影响。消费者剩余的增加量为 A-B，生产者剩余的减少量为-(A+C)，因此，总剩余的变化为 A-B-(A+C)= -(B+C)，也就是说，总剩余减少了三角形 B 和 C 部分的面积。由于价格控制，市场总剩余减少，我们把这部分由价格控制而减少的剩余称为无谓损失。价格控制对消费者增加的好处小于对生产者增加的坏处。

在某些情况下，政府为增加消费者剩余，会通过价格控制来减少生产者剩余。但是，价格控制并不总能给消费者带来好处。如果需求缺乏弹性，那么价格控制会同时减少生产者剩余和消费者剩余。

以图 3-5 为例，由于需求缺乏弹性，需求曲线较为陡峭，价格控制产生商品短缺，那些无法购买到商品的消费者蒙受了巨大的损失，三角形 B 表示这部分消费者剩余的减少量。B 的面积大于因低价购买到商品而使消费者剩余增加的面积 A。缺乏价格弹性的商品通常是必需品，无法购买该产品的消费者就会因价格控制而遭受重大损失。在这种情况下，生产者和消费者的剩余都减少了。

再看配额制的影响。配额制是一些国家用来保护本国文化市场的政策。由于媒体产品

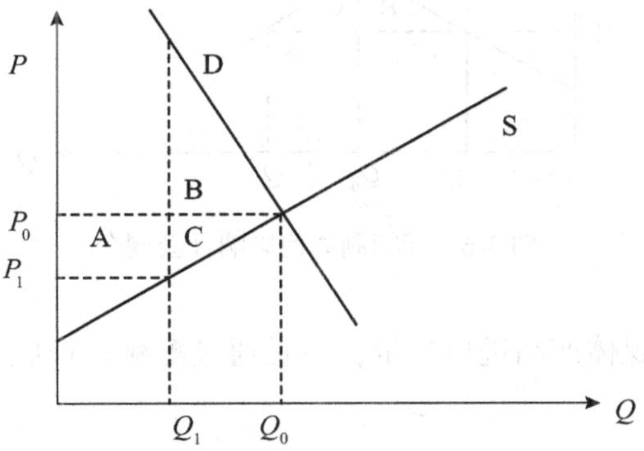

图 3-5　价格控制(缺乏弹性)

属于文化产品，具有较强的外部性，一些国家通过进口配额来保护本国文化产品市场。比如韩国等国家施行电影配额制，也称义务上映制度。为保护本国电影，韩国政府强制规定韩国电影院每年都必须放映146天的国产电影。1999年，为了抗议韩国加入WTO组织，开放外国电影配额，韩国还开展了一场轰动一时的“光头运动”，不少男性影人剃光头在汉城国厅、光华门等地静坐抗议。2006年3月，韩国国务会议通过了缩减电影配额制的改进案，根据这个改进案的规定，原有的在韩国本土所有电影院必须每年放映146天国产电影的“电影配额”被削掉一半，改为每年只需放映73天的国产电影。此举引发了韩国千名演员与导演及电影界相关人士高喊“死守电影配额制”的口号，并走上街头抗议。①

我们来看进口配额对社会福利的影响。假设某国电影产品的供求关系如图3-6所示，均衡价格和均衡数量分别为P_0和Q_0。假设其他国家的电影价格低于该国价格，为P_1，那么该国消费者愿意消费外国电影。当进行自由贸易时，该国电影价格降为P_1，本国生产量降为Q_s，需求量增加到Q_d，进口电影数量为Q_d-Q_s。在这种情况下，该国消费者剩余增加，增加额为梯形A的面积加三角形B和三角形C的面积。通过自由贸易，消费者剩余得以增加。但是该国生产者剩余却因自由贸易减少了梯形A的部分。生产者的产品不仅价格更低了，而且产量也更少了。

由于影视业具有较大的影响力，它们会对政府施加强大的压力，比如韩国影视界在1999年通过“光头运动”迫使政府保持配额。假设政府规定禁止进口影片，将配额降低为零，以保护本国文化市场安全。由于配额为零，国内影片价格从P_1上升为P_0。那些在P_0价格下消费影片的观众由于支付较高价格，使得消费者剩余减少了矩形A和B的部分。而那些在较高价格下不再消费影片的观众，消费者剩余减少的部分为三角形C。消费者剩余总的减少量为-(A+B+C)。对于影片商而言，影片价格和产量都提高了，生产者剩余增加了矩形A的部分。总剩余的变化量为-(A+B+C)+A=-(B+C)，这是由于配额引发的无谓损失。

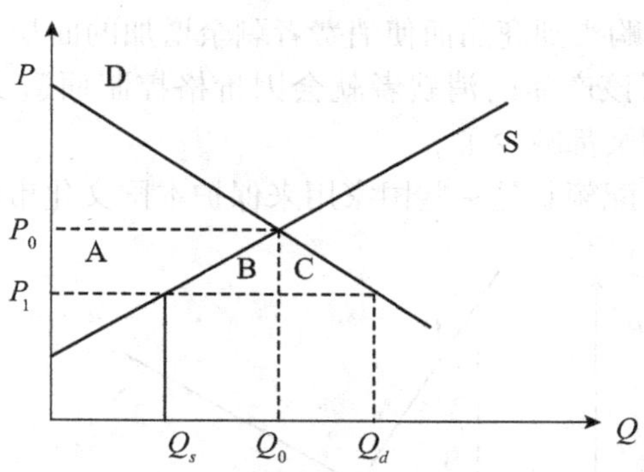

图3-6 配额制如何影响社会剩余

政府通常不会取消媒体产品进口数量，而是通过配额或征收关税等方式减少进口量，

① 相关资料及报道见 http://ent.sina.com.cn/f/krmovie/和 http://www.cinepedia.cn/w/%E9%9F%A9%E5%9B%BD%E7%94%B5%E5%BD%B1%E9%85%8D%E9%A2%9D%E5%88%B6/，2017-07-10。

以保护本国产品。如韩国的电影配额制，再如2008年我国广电总局发布的《广电总局关于加强电视动画片播出管理的通知》，该通知规定，自2008年5月1日起，全国各级电视台所有频道不得播出境外动画片、介绍境外动画片的资讯节目以及展示境外动画片的栏目的时段，由原来的17：00—20：00延长至17：00—21：00，中外合拍动画片在这一时段播出，需报广电总局批准。各动画频道在每天17：00—21：00必须播出国产动画片或国产动画栏目；各少儿频道、青少频道、儿童频道和其他以未成年人为主要对象的频道在这一时段必须播出国产动画片或自制的少儿节目，不得播出境内外影视剧。动画频道、少儿频道、青少频道、儿童频道和其他以未成年人为主要对象的频道，要严格执行每天国产动画片与引进动画片播出比例不低于7：3的规定。① 同年，广电总局要求，三分之一以上的省级和副省级电视台要开办少儿频道，国产动画片每季度播出数量不少于动画片总量的60%。这也是间接运用配额来保护本国市场。

我们分析该政策和同类政策对总剩余的影响。图3-7中，在自由贸易时，影视产品价格为P_1，进口数量为Q_d-Q_s。如果政府向外国影视作品征收关税，使影视品价格上升为P_0，这使得影视品需求量减少了Q_d-Q_{d1}，供给量增加了$Q_{s1}-Q_s$。进口量减少了$Q_{d1}-Q_{s1}$。征收关税降低了消费者剩余，减少量为梯形A、三角形B、矩形C以及三角形D的面积之和，为-(A+B+C+D)。生产者剩余增加了梯形A。政府税收收入为进口量与关税之积，为矩形C。总剩余的变化为-(A+B+C+D)+A+C=-(B+D)，三角形B和D的面积为总剩余减少额。

当政府运用配额限制进口时，消费者剩余和生产者剩余的变化相同。假设政府规定影视作品进口量不得超过$Q_{d1}-Q_{s1}$，外国出口商将会把这部分作品按P_0价格出售，消费者剩余和生产者剩余与征收关税相同，区别在于政府失去了税收收入(矩形C)，这部分剩余被外国出口商得到。与征收关税相比，配额限制对整个国家更为不利，原本可以由政府得到的税收收入被外国出口商获得。

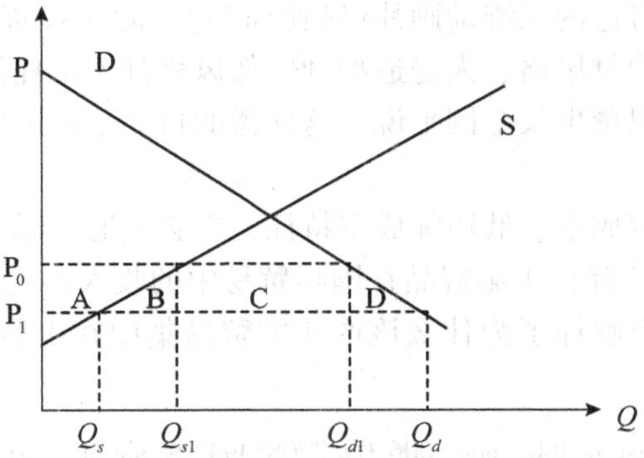

图3-7 关税对剩余的影响

① 《广电总局关于加强电视动画片播出管理的通知》，http：//www.gov.cn/gzdt/2008-02/19/content_893907.htm，2017-07-10。

《东南快报》报道，广电总局的规定实行后首次收视率调查显示，禁播境外动画片前的暑期收视率最高为2.3%，禁播境外动画片后，国产动画收视率最高为1.1%。福建少儿频道工作人员称，虽然相比较而言，收视率降低了，但是此收视率未跌破收视心理防线。① 对于延长1小时禁播时间的规定，上海电视台炫动卡通频道动漫部编播部主任陈嘉认为："这对保护和刺激本土动画片的发展非常有益。"但是，陈嘉告诉记者："每天连续4小时播放国产动画片对国产片片源的要求更高了。国产动画系列剧集比较少，有些只有二十几集，每日两集连播，很快就会播完。在引进剧越来越少的情况下，合拍片也没有大批冒出来的。目前，只有《中华小子》和《神兵小子》两部通过审批，可见国产片片源的压力，它们需要被更快地制作出来。" ②

3.2.3 文化贴现

文化贴现是影视类产品在国际贸易中经常出现的问题，"扎根于一种文化的特定的电视节目、电影或录像，在国内市场很具吸引力，因为国内市场的观众拥有相同的常识和生活方式；但在其他地方吸引力就会减退，因为那儿的观众很难认同这种风格、价值观、信仰、历史、神话、社会制度、自然环境和行为模式"③。一国生产的媒体产品在本国范围内可以得到消费者的理解和接受，但对于国外消费者而言，由于文化背景、语言、风俗、意识形态、价值观等多种因素影响，可能难以完全理解和接受该作品，外国观众会因此降低对作品的评价，他们的支付意愿也会下降。文化贴现广泛存在于各类媒体产品中，比如，多数中国观众必须通过字幕来观看外国影视剧，字幕翻译很难完全传达出原文的含义，这会增加观众理解内容的成本，减少观看乐趣。再如，中国戏剧等传统文化产品也较难为外国观众完全接受。被认为与国际接轨较好的纪录片《故宫》，收视率已经超过了一般电视剧的收视率，但是为了得到海外观众的认可，特将12集(每集50分钟版本)改编成两集(每集60分钟的国际版特辑)向海外发行和播映；曾获四川国际电视节纪录片大奖长达50分钟的《龙脊》，拿到国外却被剪辑成了10分钟的片子④；深圳环球数码媒体科技研究有限公司耗时五年打造的三维动画片《魔比斯环》，除了投资者与制作者是中国人外，这部影片从创意故事、题材风格、人物造型到影像风格都不带任何中国印象，且制作了中英文两个版本。环球数码董事长金国平说，这样做的目的是进入国际市场，因此该片有意不强调中国地域特色。⑤

影视作品具有高固定成本、低边际成本特征，它必须通过尽可能多的销售才能获取最大化利润，而"文化贴现"降低了影视品在国际贸易中的收入，"文化贴现的程度因不同的产品类型而各异，这一点解释了为什么该产业的贸易集中在少数几个产品的类型"⑥。闻

---

① http://info.broadcast.hc360.com/2006/09/27085494309.shtml，2017-07-10。

② http://news.xinhuanet.com/ent/2008-05/05/content_8106751.htm，2017-07-10。

③ [加]考林·霍斯金斯、斯图亚特·历克法蒂耶、亚当·费恩：《全球电视和电影：产业经济学导论》，刘丰海、张慧宇译，新华出版社2004年版，第45页。

④ 刘新传：《"文化贴现"与中国纪录片的出路》，载《当代传播》2011年第1期。

⑤ http://tieba.baidu.com/p/256853036，2017-07-12。

⑥ [加]考林·霍斯金斯、斯图亚特·历克法蒂耶、亚当·费恩：《全球电视和电影：产业经济学导论》，刘丰海、张慧宇译，新华出版社2004年版，第47页。

名世界的英国系列幽默剧《憨豆先生》几乎没有台词，这在一定程度上也是为了降低文化贴现。肢体语言的含义容易理解，但各国对幽默的理解则存在文化差异。

一些产品的“文化贴现”非常高，以至于国际贸易中交易的不是节目本身，而是节目形式。比如湖南卫视的《超级女声》是《美国偶像》的中国版，《中国好声音》《中国达人秀》模仿了欧美的一些节目，国外诸如《幸存者》《谁想成为百万富翁》等节目形式也出口到很多国家。由于“文化贴现”过高，节目形式代替节目内容，成为文化产品国际贸易的对象。

3.3　垄断竞争市场

在现实的媒体市场中，完全竞争和完全垄断都较为少见。现实中更多的市场类型是不完全竞争市场，根据竞争和垄断程度的不同可以分为垄断竞争和寡头垄断。垄断竞争接近于竞争这一端，而寡头垄断接近于垄断这一端。如果在某一区域性传媒市场中存在大量媒体，这些媒体生产同类产品，但产品之间存在差别，那么生产同类产品的媒体组成垄断竞争市场。由于产品存在差别，任何一家媒体对市场都有一定程度的控制力，但是由于产品之间存在很强的替代性，媒体对市场的控制程度非常有限。比如甲报价格从 1 元/份上涨到 2 元/份，可能仍然会有相当多的消费者选择甲报，但是当甲报价格从 2 元/份上涨到 5 元/份时，甲报的读者可能会大幅下降，因为读者会用其他媒体取代甲报。正是媒体市场具有垄断竞争市场的特点，各家媒体都力图实现产品差别化，因为产品差别化能够形成垄断力量，降低产品的需求弹性。

垄断竞争市场具有如下特点，首先，媒体生产有差别的产品，产品之间存在替代性。与完全竞争市场不同，垄断竞争市场上的媒体产品存在差别，媒体面临一条向下倾斜的需求曲线。产品差别可以体现在品牌、内容、形象、定位、发行渠道、促销手段等多方面。其次，市场上存在大量媒体，这使垄断竞争市场的竞争性较强。另外，媒体可以自由进出市场。同完全竞争市场一样，垄断竞争市场中媒体没有进入和退出成本。由于市场存在大量媒体，媒体的规模较小，当市场在短期内有经济利润时，会有新的媒体迅速进入市场，瓜分经济利润，这个过程一直持续到经济利润为零时停止。当市场处于亏损状态时，会有媒体迅速撤出市场，市场又会逐渐调整。

3.3.1　产品差别化模型

在垄断竞争市场，媒体之间为了获得经济利润而进行产品差别化。产品差别化的方式有很多，经济学家哈罗德·豪泰林提出过一个差异化模型——豪泰林模型，如图 3-8 所示。

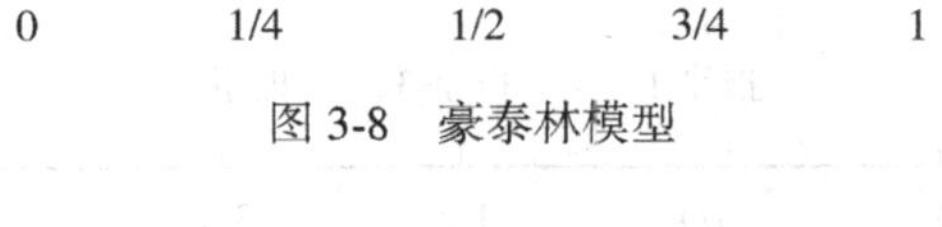

图 3-8　豪泰林模型

假设有一条直线街道，消费者均匀分布在街道上。有两家报亭决定在这条街道上设点经营。假设两家报亭完全无差异，它们出售的报刊种类、数量、价格等均相同。对消费者而言，他们认为两家报亭无差异，唯一决定他们选择哪家报亭的因素是到报亭的距离。那么，这两家追求利润最大化的报亭应该将位置确定在哪里？

如果在一开始的时候，两家报亭决定共同瓜分市场，一家报亭将地址定在街道的1/4处，另一家将地址定在街道的3/4处。从0点到中点的消费者选择到街道1/4处的报亭1购买报纸，而中点到1处的消费者选择到街道3/4处的报亭2购买报纸。假设两家报亭可以无成本移动，那么两家报亭此时并不处于均衡状态。两家报亭都有进一步移动自己位置的动力。报亭1会有向中点位置移动的动力，当它向中点移动时，位于它左边的消费者仍然会选择到报亭1处购买报纸。同时，报亭1还可以侵占部分位于中点右侧、原本属于报亭2范围的消费者。通过向中点移动，报亭1可以获得更多消费者。同理，报亭2也有向中点位置移动的动力，当它向中点移动时，位于它右边的消费者仍然会选择到报亭2处购买报纸。同时，报亭2还可以侵占部分位于中点左侧、原本属于报亭1范围的消费者。通过向中点移动，报亭2也可以获得更多消费者。这个过程不断持续，两家争取利润最大化的报亭不断移动的最终结果将是报亭1和报亭2都选择处于中点，每家报亭占有一半市场。

豪泰林模型可以解释很多现实中的媒体现象。比如，某一市场上有两家互相竞争的电台，一家定位在流行音乐，另一家定位在摇滚音乐。具有不同爱好的听众将会选择各自喜欢的电台。如果摇滚音乐电台向中间风格稍稍靠拢，它既不会失去自己原有的听众，还会得到一些新听众。同样，如果流行音乐电台也向中间风格稍作靠拢，在不失去原有听众的同时也会得到一些新听众。

近些年学界讨论的媒体趋同现象，也可以运用豪泰林模型加以解释。区域性市场上存在几家主要的竞争性媒体，媒体为了获得更高的发行量、收视率、收听率、点击率，纷纷向中间定位靠拢，不同定位的媒体之间为了争取有限的广告和受众资源，会向拥有最多消费者的方向靠拢，媒体之间重复不断的博弈行为使各媒体之间定位趋同。

当报亭市场出现第三家报亭时，情况又会有所变化。如图3-9所示，当市场上存在三家报亭时，会出现与两家报亭竞争时完全不同的局面。如果市场上存在3家报亭，将有一家报亭处于中间位置。和前面分析过的情形相同，两侧的报亭将会向中间靠拢，报亭1和报亭2向中间靠拢，可以在不失去原有消费者的同时，侵占报亭3的部分利益。但是，当报亭1和报亭2不断向中间靠拢以至于报亭3的利益被严重损害时，报亭3会跳向两侧，它可能会跳向报亭1的左侧，也可能会跳向报亭2的右侧。报亭3通过向两侧移动保护自己的利益。当报亭3跳向报亭2的右侧后，报亭2将处于中间位置，扮演原来报亭3的角色。报亭1和报亭3又会向中间靠拢，侵占现在处于中间位置的报亭2的利益。报亭2在利益被严重侵犯时又会跳向报亭1的左侧或报亭3的右侧，又会开始新一轮的竞争循环。只要有三家报亭竞争，就会出现报亭位置不断跳动的有趣现象。

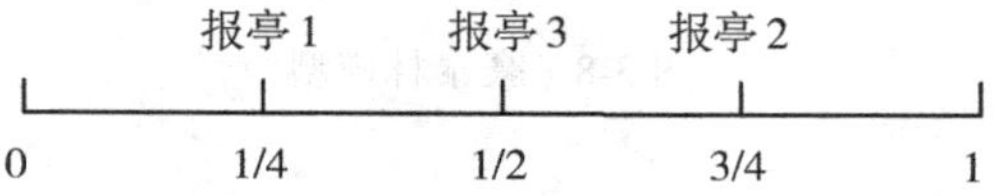

图3-9 三家报亭竞争

3.3.2 广告与信号传递

垄断竞争市场上的媒体都在尽可能追求产品差别化，在垄断竞争市场，产品差别化可以通过投入广告来实现，在现实中，垄断竞争市场中的组织会通过投入广告实现产品差别化。

学者们对于广告的看法不尽相同。批评者认为广告会提高产品的成本，企业投入的巨额广告费最终要由消费者买单。在大多数商品中，刊登广告的商品价格一般高于不刊登广告的商品。通过投入大量广告，企业为其产品形成了一定程度的差异化，使其需求曲线变得陡峭，企业因此获得了更多利益。同时，广告削弱了产品竞争，损害了社会福利。一些批评家认为，消费社会中大量的广告为人们构造了许多虚假需求，广告中出现的商品并不一定是人们真正需要的商品，但是这些五光十色的广告为消费者创造了他们原本不存在的需求，使他们错误地认为这些商品是他们真正所需的，商品与消费者之间的关系出现了异化。正如马尔库塞所说，"为了特定的社会利益而从外部强加在个人身上的那些需要……是虚假的需要……现行的大多数需要，诸如休息、娱乐、按广告宣传来处世和消费、爱和恨别人之所爱和所恨，都属于虚假的需要这一范畴之列"①。在法兰克福学派激进的批评者眼中，文化工业产品是标准化的流水线产品，广告将公众的休闲娱乐时间变为资本主义制度再生产服务的时间，劳动者不仅在工作时间为资本主义体制工作，在休息时间同样为资本主义体制服务。美国传播政治经济学者达拉斯·史麦塞提出的受众商品论认为，"在垄断资本主义之下，以经济眼光来看，大众媒介的目的是招募足够的阅听人，阅听人工作的结果，就是为做广告的商品创造了需求，符合垄断资本主义广告商的目标。就在他们做这个工作时，阅听人同时也再生产了他们的劳动力"②。

广告的支持者们认为，广告具有很多积极作用。诺贝尔经济学奖获得者斯蒂格勒认为，消费者在购买商品时需要掌握大量关于商品质量、价格、性能等方面的信息，获取这些信息需要成本，而如果获取信息的成本超过了信息所带来的收益，那么消费者就没有动力去寻找信息。如果没有广告，不同质量、性能的产品就难以进行区分。如果广告给消费者带来的收益大于成本，那么广告可以降低消费者选择商品时面临的不确定性。同时，如果广告使得产品的需求量增加，成本下降，企业就能以更低的成本生产产品，并以更低的价格销售。这样消费者从低价中所得的大于广告支出，消费者福利得以改善。

支持广告的学者们认为，广告可以起到信号传递的重要作用。在垄断竞争市场上，存在着大量企业，生产具有差别化特征的多种产品。由于市场信息不对称，消费者难以确定产品的价格、质量、性能，企业要找到能够传递其产品信息的信号。投入高额广告可以使企业将难以观察的变量(价格、质量、性能)得以明确化。广告的批评者们认为广告中的产品并不一定存在显著的差别，企业投放的巨额广告费最后总要转嫁给消费者，这些批评并非无的放矢。但是，这些批评却忽略了一点，在垄断竞争市场上，广告是企业传递商品

① [美]赫伯特·马尔库塞：《单向度的人：发达工业社会意识形态研究》，刘继译，上海译文出版社2008年版，第6页。

② [美]达拉斯·史麦塞：《传播：西方马克思主义的盲点》，冯建三译，载《岛屿边缘》1992年第4期。

信息的重要途径，企业能够投入高额的广告费，是企业传递产品质量的重要信号。

我们假设投放广告的产品和没有投放广告的产品完全相同，在这种情况下，很多消费者还是会选择购买投放广告的商品。批评者们认为消费者的这种选择不够理性，但站在传递信息的角度来看，消费者的选择合乎理性。原因在于，广告，尤其是花巨资投放的广告，是传递产品信息的信号。投放广告对企业来说是一种成本，对于不同质量的产品而言，这种成本不同。对于高质量产品来说，企业在投放广告后，消费者会选择购买其产品。由于产品质量高、性能好，因此消费者还会继续购买企业的产品。因此，通过广告投放可以促进产品长期的高销售量，长期的高销售量可以降低投放广告的成本，如果广告增加的收入可以抵消投放广告的成本，那么刊登广告有利可图。相反，低质量、低性能的产品投放广告的成本更高，对于低质量产品来说，企业在投放广告后，消费者同样会选择购买其产品。由于产品质量差、性能低，企业知道消费者不会再次购买本企业产品。因此，广告投放不能促进产品长期的高销售量，企业投放广告的成本难以回收，广告增加的收入无法抵消投放广告的成本。因此，低质量产品刊登大量广告是得不偿失的。

假设市场上存在两家相互竞争的企业，一家企业的产品质量高，另一家企业的产品质量低。消费者也知道市场上既有高质量产品也有低质量产品，他们愿意为高质量产品支付较高价格，为低质量产品支付较低价格。但是消费者很难对两种产品进行区分。在这种情况下，消费者只愿意按照平均价格支付。假设消费者愿意为高质量产品支付10元，为低质量产品支付5元，高质量产品和低质量产品各占一半。当消费者难以区分这两种产品时，消费者愿意支付的价格为7.5元。这个价格低于高质量产品的价格，高于低质量产品价格。在这种情况下，低质量产品凭借信息不对称卖出高于实际价值的价格，而高质量产品却由于信息不对称遭受损失。这时，高质量产品有动力让消费者看到自己的质量，而低质量产品则不希望消费者看到自己的质量。在这种环境下，高质量产品要么选择退出市场，要么就要想办法把自己和低质量产品区分开来。

高质量产品将自己和低质量产品区分的一个办法是登广告。假设对高质量产品而言，刊登1000万元的广告可以吸引60万名消费者，每名消费者购买一单位产品，高质量产品的销售收入将增加600万元，1000万元的广告投放带来600万的预期收入。由于产品质量高，新增加的60万消费者将来还会继续选择购买该产品，以一年为期限，假设消费者每年购买一件该商品，新增加的60万名消费者在下一年还将购买60万件该商品，继续为企业带来600万元新增收入。高质量产品企业通过投放1000万元的广告，可以在这段时间获得1200万元的收益。用总收益减去广告支出成本，高质量产品可以获得200万元的新增利润。因此，对高质量产品而言，投放广告有利可图。

假设对低质量产品而言，刊登1000万广告也可以吸引60万名消费者，每名消费者购买一单位产品，低质量产品的销售收入将增加600万元，1000万广告投放也带来600万的预期收入。由于产品质量低，新增加的60万消费者在将来不会继续选择购买该产品。低质量产品企业通过投放1000万元的广告，在这段时间获得600万元的收益。用收益减去广告支出成本，低质量产品将会亏损400万元。因此，对低质量产品而言，投放广告是不利的。

因此，只要广告投放额是高质量产品愿意投放而低质量产品不愿投放的，那么选择投放广告的产品必然是高质量产品，不投放广告的产品肯定是低质量产品。原因在于不同质量产品投放广告的成本不同。回过头来看消费者的选择。批评者们认为，消费者仅仅依靠广告作为购买商品的依据是不理性的，但是通过上面的分析可以看到，消费者根据是否投放广告作为购买决策的依据基本符合理性假设，只不过还需要满足一个条件：高质量产品投放的广告费应该是低质量产品不愿意投放的，否则，低质量产品也可以通过投放广告误导消费者。

高质量产品之所以愿意投放广告，是因为它知道自己的产品质量高，它通过广告传递的不一定是产品的具体信息，而仅仅是传递产品质量这一最为重要的信息。低质量的产品不愿意投放广告的原因恰恰在于它知道自己的产品质量低，投放广告对它不利，它不能通过投放广告来传递这一信息。消费者则以产品是否投放足够的广告作为选择产品的依据。

这里的关键在于可以观察的行为必须反映出不可观察的变量的信息。消费者之所以用是否投放广告作为购买商品的依据，原因在于不同质量的产品投放广告的成本不同，而投放广告的成本这一行为又和产品质量正相关。产品质量这一难以观察的信息，就可以通过可观察的广告投放来加以评估。①

本章习题

1. 市场结构的分析框架是什么？市场结构、市场行为和市场绩效之间有什么关系？
2. 测量市场结构的指标有哪些？
3. 价格控制如何影响媒体市场剩余？
4. “文化贴现”如何影响影视产品的国际贸易？请列举几个“文化贴现”的例子。
5. 请用豪泰林模型解释媒体趋同现象。
6. 请举例分析广告的信号传递作用。

① 更多关于广告的信号传递作用的分析，参见张维迎《博弈与社会》（北京大学出版社 2013 年版）第 9 章的内容。

第四章 传媒市场结构：垄断性市场

4.1 寡头垄断市场

寡头垄断市场和垄断竞争市场的区别在于，垄断竞争市场中媒体数量较多，媒体对产品价格的控制力较小。寡头垄断市场的媒体数量较少，媒体对产品价格有较大控制力。

我们假设某一区域市场上有两家媒体，产品同质，两家媒体可以做出价格决策或产量决策。如果两家媒体同时做出决策，我们称这个博弈过程为同时博弈，如果一家先决策，另一家后决策，我们称这个博弈为序贯博弈。媒体可以选择进行价格博弈，也可以选择进行产量博弈。先做决策的媒体称为价格领导者或产量领导者，后做决策的媒体称为价格追随者或产量追随者。由此可以得到四种竞争策略类型：联合定产、产量领先、联合定价、价格同盟。

4.1.1 联合定产

联合定产是指寡头垄断市场上两家媒体同时做出产量决策，法国经济学家古诺在1838年首次提出这个理论模型。古诺模型假设市场上存在两家寡头媒体，生产同质产品，进行产量竞争。并且，媒体在选择产量时假设另一媒体的产量不会因为它的决策而变化。在竞争者产量固定不变的情况下，媒体应当选择能使自身利润最大化的产量。

假设市场中媒体1和媒体2同时进行产量决策，两家媒体产品同质，具有相同的需求函数，我们将需求的反函数写为 $P=a-bQ$，其中 $Q=Q_1+Q_2$。为简化问题，设边际成本为零，即 $MC_1=MC_2=0$。

媒体1的利润 $\pi_1=PQ=[a-b(Q_1+Q_2)]Q_1=aQ_1-bQ_1^2-bQ_1Q_2$。

为使媒体1的利润最大化，媒体1应使边际收益等于边际成本，即 $MR_1=MC_1=0$。媒体1的边际收益 MR_1 表示产量增量 ΔQ_1 引起的收益增量 $\Delta\pi_1$。用数学方式来表现，媒体1的利润最大化是对 Q_1 求一阶导数，使其为零。即 $a-2bQ_1-bQ_2=0$，$Q_1=\dfrac{a-bQ_2}{2b}$。对媒体2也可以做同样的分析，得到媒体2的最优产量 $Q_2=\dfrac{a-bQ_1}{2b}$。

Q_1、Q_2 分别表示能给媒体1和媒体2带来最大收益的产量，在寡头垄断市场，各家媒体的收益不仅取决于自己的产量，也受到对方产量的影响。可以看到，各家媒体的利润最大化产量是它对对方预期产量的函数，当对方产量增加时，减少自己的产量；当对方产量减少时，增加自己的产量。我们称这一函数为反应曲线。即对应于对手所做出的任一产量，媒体能使自身利益最大化的产量决策。当媒体1和媒体2对对方产量做出正确的预期时，两条反应曲线必然相交，我们将交点称为古诺均衡点，如图4-1所示。在这个点上，两家媒体对对方的产量做出了正确的预期，并得到了最大化利润。

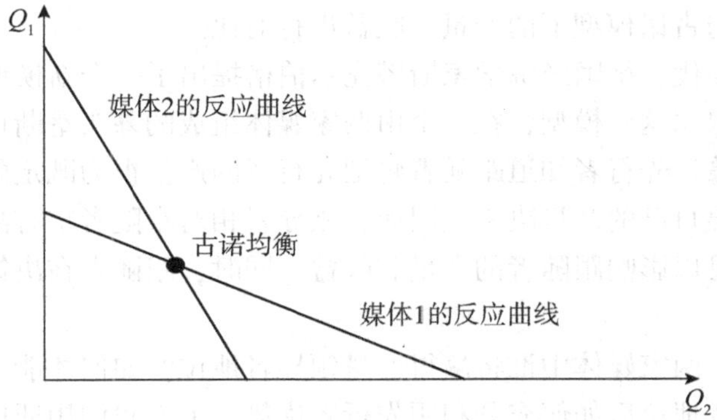

图4-1　两家媒体竞争的古诺均衡

根据 Q_1、Q_2，我们可以计算出媒体1和媒体2的利润最大化产量，将 Q_2 代入 Q_1 可得，$Q_1=\frac{a-bQ_2}{2b}=\frac{a-b\left(\frac{a-bQ_1}{2b}\right)}{2b}=\frac{a}{3b}$。同理可得 $Q_2=\frac{a}{3b}$。

此时，媒体1和媒体2的利润最大化产量均为$\frac{a}{3b}$，市场总产量为$\frac{2a}{3b}$。

媒体1的利润 $\pi_1=pQ_1=\frac{a(a-bQ)}{3b}=\frac{a\left[a-b\left(\frac{2a}{3b}\right)\right]}{3b}=\frac{a^2}{9b}$；

媒体2的利润 $\pi_2=pQ_2=\frac{a(a-bQ)}{3b}=\frac{a\left[a-b\left(\frac{2a}{3b}\right)\right]}{3b}=\frac{a^2}{9b}$。

此时两家媒体的利润均为$\frac{a^2}{9b}$，市场总利润为$\frac{2a^2}{9b}$。

媒体1的反应曲线表示在给定媒体2的产量时，媒体1所做出的最佳产量决策。媒体2的反应曲线表示在给定媒体1的产量时，媒体2的最佳产量决策。当两条反应曲线相交时，达到古诺均衡。这时，两家媒体均对对方的产量做出了正确的预期，并使自身利润最大化。从博弈论角度分析，处于古诺均衡点上的两家媒体达到了纳什均衡。即在给定对方策略后，局中人选择的是其所能选择的最佳策略。处于纳什均衡时，局中人的策略均为在给定对手行动后所能做出的最佳策略，因此，博弈双方都没有改变这种状态的动力。在古诺均衡时，媒体1和媒体2的产量均为在给定对手产量时能给自身带来最大利润的产量。因此，处于古诺均衡的媒体1和媒体2都没有改变这种状态的动力。

4.1.2 产量领先

古诺模型研究媒体 1 和媒体 2 同时做出产量决策时各媒体的收益，属于同时博弈，在现实中经常出现序贯博弈。以区域市场竞争的报刊为例，可能一家报纸先决定发行量，成为产量领导者，另一家报纸随后进行发行决策。我们考察这种情况下媒体 1 和媒体 2 的产量和收益，并将其与古诺模型下的产量、收益进行对比。

在 20 世纪 30 年代，德国经济学家斯塔克尔伯格提出了一个新模型，学者们称之为斯塔克尔伯格模型。根据这一模型，在一个由两家媒体组成的寡头垄断市场里，两家媒体一先一后做出产量决策，先行者知道跟随者将把先行者的产量视为既定的，跟随者在看到先行者的产量后再做出自己的产量决策。因而，领导者相对跟随者享有战略优势，通过调整自身产量，领导者可以影响跟随者的产量和收益。同时，跟随者在决策时只能将领导者的产量视为既定产量。

我们需要研究，两家媒体中谁将赢得产量领导者地位？如何才能赢得领导者地位，以及媒体在赢得领导者地位后如何充分利用先行者优势？下面我们用斯塔克尔伯格模型的一般表述形式进行分析。

如图 4-2 所示，假设媒体 1 和媒体 2 具有相同的需求函数，我们将两家媒体的需求反函数写为 $p=a-bQ$，两家媒体的边际成本均为零，$MC_1=MC_2=0$，媒体 1 是产量领导者，媒体 2 是产量跟随者。

为了做出利润最大化的产量决策，领导者媒体 1 必须要考虑追随者媒体 2 可能的决策。因此，我们首先分析追随者媒体 2 的产量决策。

媒体 2 的利润 $\pi_2=pQ_2=[a-b(Q_1+Q_2)]Q_2=aQ_2-bQ_1Q_2-bQ_2^2$。

要使报纸 2 的利润最大化，需使报纸 2 的边际收益等于边际成本，对 π_2 求一阶偏导数，令其为零。

即 $\text{Max}(\pi_2)=a-bQ_1-2bQ_2=0$，则 $Q_2=\dfrac{a-bQ_1}{2b}$。

可以看到，跟随者媒体 2 的利润最大化产量取决于领导者媒体 1 的产量。跟随者媒体 2 只能在领导者媒体 1 选择既定产量的条件下决定自己的利润最大化产量。因此，我们转而考察领导者媒体 1 的产量。

领导者媒体 1 知道自己的产量决策会影响媒体 2 的利润，在做出产量决策时，媒体 1 会考虑到这一点。

媒体 1 的利润 $\pi_1=pQ_1=[a-b(Q_1+Q_2)]Q_1=aQ_1-bQ_1^2-bQ_1\left(\dfrac{a-bQ_1}{2b}\right)=\dfrac{aQ_1}{2}-\dfrac{bQ_1^2}{2}$。

要使媒体 1 的利润最大化，需使媒体 1 的边际收益等于边际成本，对 π_1 求一阶偏导数，令其为零。

即 $\text{Max}(\pi_1)=\dfrac{a}{2}-bQ_1=0$，则 $Q_1=\dfrac{a}{2b}$。

领导者媒体 1 的利润最大化产量 $Q_1=\dfrac{a}{2b}$，跟随者媒体 2 在此基础上做出利润最大化的产量决策，根据 $Q_2=\frac{a-bQ_1}{2b}$ 可以得到媒体 2 的利润最大化产量 $Q_2=\frac{a-b\left(\frac{a}{2b}\right)}{2b}=\frac{a}{4b}$。

领导者媒体 1 的利润 $\pi_1=[a-b(Q_1+Q_2)]Q_1=\frac{a^2}{8b}$；

追随者媒体 2 的利润 $\pi_2=[a-b(Q_1+Q_2)]Q_2=\frac{a^2}{16b}$。

在斯塔克尔伯格模型中，产量领导者媒体 1 的产量 $Q_1=\frac{a}{2b}$，利润 $\pi_1=\frac{a^2}{8b}$。产量跟随者媒体 2 的产量 $Q_2=\frac{a}{4b}$，利润 $\pi_2=\frac{a^2}{16b}$。市场总产量 $Q_1=Q_1+Q_2=\frac{3a}{4b}$，市场总利润 $\pi=\pi_1+\pi_2=\frac{3a^2}{16b}$。

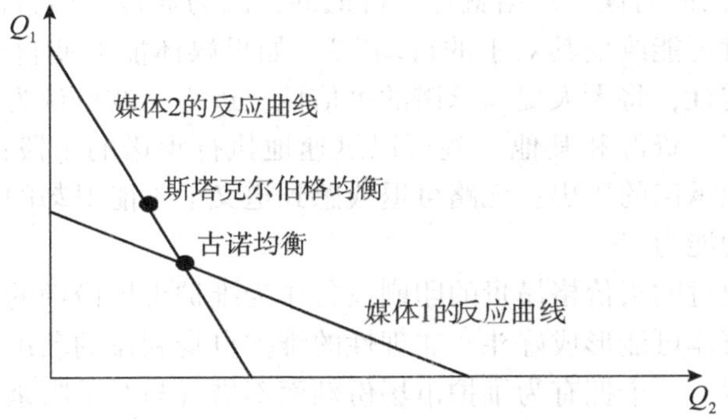

图 4-2 两家媒体竞争的斯塔克尔伯格均衡

在斯塔克尔伯格模型的一般形式中，领导者媒体 1 的产量是跟随者媒体 2 的 2 倍，利润也是跟随者的 2 倍。这一模型说明先行者能够在竞争中占据优势地位，为媒体带来竞争优势的行为称为“策略性行动”。在博弈论领域享有盛名的谢林教授对策略性行动的定义是，“一个策略性行动就是某人通过影响其他人对自己会如何行为的预期，以促使其他人采用对自己有利的选择的行为。是某人通过限制自己的行为来限制合作者的优势”①。策略性行动要取得成效，需要满足两个条件：首先，行动必须能够被对手观察到；其次，这一行动是不可逆转的。正如战略管理学者迈克·波特教授所言：“承诺的说服力与这种承诺受约束和不可逆转的程度有关。承诺的价值是作为威慑，而威慑的价值随着竞争对手看到承诺被履行的确定性而增加。”②

仍以上例分析，假如领导者媒体 1 选择了能带来最大化收益的产量，但是这一策略性

① [美]平狄克、鲁宾菲尔德：《微观经济学》(第四版)，张军等译，中国人民大学出版社 2000 年版，第 424 页。

② [美]迈克·波特：《竞争战略》，陈小悦译，华夏出版社 1997 年版，第 101 页。

行动没有被竞争对手媒体 2 观察到，媒体 2 在做出自己的策略性行动时没有考虑媒体 1 的行动，这会使序贯博弈变为同时博弈，这对双方来说是一场灾难——由于产量太多，产品价格下降，两家媒体面临巨大亏损。同时，两家媒体的策略性行动必须是不可逆转的，如果策略性行动可以逆转，会使参与者假装做出某一决策而诱使对方做出反应，然后根据对方反应重新调整策略，获得高额收益。然而，竞争对手能够辨别出这是一个陷阱，不会对此做出反应。这会使序贯博弈重新回到同时博弈。策略性行动要取得预期效果，必须具备可观察性和不可逆转性。

策略性行动可以分为承诺和威胁。承诺在本质上是无条件的策略性行动，即不论对手采取何种行动，承诺者在接下来的博弈中都将采取所承诺的行动。正如美国经济学家曼斯费尔德所言，"如果一个厂商能够使其竞争对手相信它将对某一特殊的策略举措进行明确的承诺，则它们就不会实施报复，因为它们确信它们从漫长的价格战中所损失的将大于所获得的。如果一个厂商能够使它的竞争对手相信它将对其竞争对手的策略举措进行报复的明确承诺，则它的竞争对手可能不会实施这种策略举措"①。法国经济学家梯若尔等认为，"当参与人多于一个人的时候，承诺就是有价值的，因为通过许诺自己按一给定系列行为进行行动，参与人就可能改变其对手的行动"②。如果媒体能够使自己的承诺具有明确的可观察性和不可逆转性，将大大提高承诺的可信性。迈克·波特认为，构成可靠承诺的主要因素有四类：资产、资源和其他一些可以迅速地执行承诺的手段；明确执行承诺的意图，包括坚定地兑现承诺的历史；无路可退或感到道义上不能退却的决心；发现依从某种与承诺有关的条件的能力。③

比如报社可以通过购买价格昂贵的印刷设备作为维护市场份额的明确承诺。在长期的市场竞争中，某家媒体可能形成好斗、非理性的维护自身利益的名声，这种名声会增加媒体履行承诺的可信性。一个拥有为维护市场份额而不惜冒与对手厮杀的名声的媒体，可以成功地向对手发出威胁。从这个意义上讲，明显的不理性也是一种有效的竞争策略。同时，获得实现承诺所需要的各种资源也会增加承诺的可信性。承诺的可信性在于媒体履行承诺的能力，如果没有履行承诺所需要的各种能力和资源，承诺就是不可信的。在竞争中，竞争者越是认为一个企业寻求兑现其承诺是一种不理智行为，就越会对该企业持谨慎态度。④

另一种策略性行动是威胁，威胁具有条件依存性，如报纸 1 对报纸 2 说："除非你降低发行量，否则我将扩大发行量，使我们双方利润下降。"通过威胁，报纸 1 改变了博弈的收益。报纸 1 对报纸 2 实施威胁，使得报纸 2 得到比原来低的收益。与承诺相同，报纸 1 是否会实施威胁，关键在于威胁是否具有可信性。

---

① [美]曼斯费尔德：《微观经济学》(第九版)，黄险峰等译，中国人民大学出版社 1999 年版，第 371 页。

② [美]朱·弗登伯格、[法]让·梯若尔：《博弈论》，黄涛等译，中国人民大学出版社 2002 年版，第 66 页。

③ [美]迈克·波特：《竞争战略》，陈小悦译，华夏出版社 1997 年版，第 102 页。

④ [美]迈克·波特：《竞争战略》，陈小悦译，华夏出版社 1997 年版，第 104 页。

延伸阅读

不可信的威胁①

假设报纸1是垄断者，报纸2试图进入报纸1的市场，我们研究报纸2的威胁是否具有可信性。假设报纸1和报纸2具有相同的需求的反函数 $x=13-p$，报纸1和报纸2的固定成本为6.25，可变成本为 x。

我们可以算出垄断者报纸1的利润 $\pi_1=(13-x)x-(x+6.25)=12x-x^2-6.25$。

报纸1的利润最大化发行量即对 x 求一阶导数，使其为零。$12-2x=0$，$x=6$。

报纸1的最大化利润 $\pi_1=12x-x^2-6.25=29.75$。

报纸2试图进入报纸1垄断的市场，报纸2是否会进入报纸1的市场，取决于报纸2能否在进入后获得利润。报纸2假设在它进入市场后，报纸1的发行量保持不变，这时，报纸2的发行量为 y，价格为 $13-6-y$，报纸2的利润 $\pi_2=(13-6-y)y-(y+6.25)=6y-y^2-6.25$。

同样可得报纸2的利润最大化发行量 $y=3$，利润 $\pi_2=2.75$。

报纸2在进入市场后，可以获得利润，因此，它将进入市场。然而，当报纸2打破垄断后，会使得报纸1的利润下降。

报纸1的利润 $\pi_1=(13-6-3)6-6-6.25=11.75$，比垄断时大幅降低。

因此，垄断者报纸1会采取行动阻止报纸2进入。假设报纸1将发行量从利润最大化发行量6单位提高到7单位，此时，进入者报纸2的利润 $\pi_2=(13-7-y)y-y-6.25=5y-y^2-6.25$。

通过对 y 计算一阶导数可以得到进入者报纸2的最大化利润发行量 $y=2.5$，此时进入者报纸2的利润 $\pi_2=5y-y^2-6.25=0$。

垄断者报纸1将发行量从利润最大化发行量6单位增加到7单位后，利润变为 $\pi_1=(13-7)7-7-6.25=28.75$。

垄断者通过增加发行量，降低了自身利润(从29.75降为28.75)，但却阻止了报纸2的进入。通过牺牲眼前的短期利益，垄断者报纸1阻止了进入者报纸2的进入企图，继续垄断市场并获取高额垄断收益。

根据以上分析可以看到，当报纸2不进入垄断者报纸1的市场时，垄断者的利润 $\pi_1=(13-x)x-(x+6.25)$，当报纸2进入垄断市场时，垄断者报纸1的利润 $\pi_1=(13-x-y)x-(x+6.25)$，进入者报纸2的利润 $\pi_2=(13-x-y)y-(y+6.25)$。由于垄断者决策在前，进入者的利润取决于垄断者的发行量。根据古诺模型，对于垄断者选择的任何一种发行量，进入者只能选择相应的最优发行量，进入者的发行量是垄断者发行量的反应函数，通过对报纸2的利润 $\pi_2=(13-x-y)y-(y+6.25)$ 计算一阶导数，使其为零，可以得到报纸2对报纸1发行量的最优反应。计算得到 $y=\dfrac{12-x}{2}$，这是报纸2对报纸1发行量的最优反应。这时

① [美]戴维·克雷普斯：《博弈论与经济模型》，邓方译，商务印书馆2006年版，第45~55页。

报纸 2 的最大化利润 $\pi_2=(13-x-y)y-(y+6.25)=y(12-x-y)-6.25=\frac{(12-x)^2}{4}-6.25$。

只有当利润大于零，即 $\frac{(12-x)^2}{4}-6.25>0$ 时，报纸 2 才会进入市场，此时 $x<7$；当利润小于零，即 $\frac{(12-x)^2}{4}-6.25<0$ 时，报纸 2 将不会进入市场，此时 $x\geqslant 7$。也就是说，当垄断者报纸 1 的发行量大于等于 7 时，进入者报纸 2 将不会进入市场，只有当垄断者报纸 1 的发行量小于 7 时，报纸 2 才会选择进入市场。

垄断者报纸 1 同样可以做出上述分析，当报纸 2 不进入市场时，垄断者将发行量定在 6 单位，获得高额垄断收益。当进入者试图打破垄断时，报纸 1 会将发行量提高到 7 单位，使进入者无利可图，从而打消进入的念头。垄断者在提高发行量后会减少收益，但当报纸 2 选择不进入市场后，报纸 1 可以降低发行量，继续获取垄断收益。我们可以将垄断者报纸 1 的利润表示如下：

$$\pi_1=\begin{cases}(13-x)x-(x+6.25)，\text{当 } x\geqslant 7\\ \left(13-x-\frac{12-x}{2}\right)x-(x+6.25)，\text{当 } x<7\end{cases}$$

为了考察威胁的可信度，假设进入者报纸 2 对垄断者报纸 1 发出威胁说："如果你不将发行量定为 4 单位，我将进入市场并发行 9 单位，这样会使报纸价格降为零，你将遭到巨大损失。如果你将发行量定为 4，我将同样选择 4 单位发行量。"

如果进入者履行其威胁，垄断者只能选择 4 单位发行量，根据需求反函数 $x=13-p$ 可知，当报纸 1 发行 4 单位时，如果报纸 2 发行 9 单位，会使报纸价格降为零，垄断者将受到巨大损失。如果垄断者将发行量定为 4 单位，进入者根据反应函数 $y=\frac{12-x}{2}$ 可以将发行量定为 4 单位，此时报纸价格 $p=13-4-4=5$，市场垄断者的利润 $\pi_1=(13-8)4-4-6.25=9.75$，市场进入者的利润 $\pi_2=(13-8)4-4-6.25=9.75$。两家报纸各获得一半的利润。可以看到，如果进入者报纸 2 履行威胁，垄断者报纸 1 将按照进入者的要求行动，得到收益 9.75，而不会继续垄断发行量，获得零收益。进入者也将遵守承诺，生产 4 单位报纸，与垄断者共同瓜分市场。

然而，这个案例中进入者的威胁是不可置信的。当垄断者受到进入者威胁时，垄断者可以将发行量提高到 7 单位，如果进入者试图威胁垄断者，垄断者将把发行量定为 7 单位，并对进入者发出威胁："如果你进入市场，你应该把发行量定为 6 单位。"这同样会使价格为零。但是，进入者的威胁是不可信的，如果进入者这样行动，不仅会使垄断者受到损失，同样也会使自己遭到损失。除非进入者宁愿承担高额损失，否则，进入者的威胁不具有可信性。在斯塔克尔伯格模型里，先行者一方享有巨大的竞争优势，跟随者只能在领导者造成的既定事实下追求自身利益最大化，领导者的这种优势使跟随者的威胁不具有可信性，跟随者只能面对先行者造成的既定事实，并在此条件下作出相应的反应。

4.1.3 联合定价

在联合定产和产量领导模型中，生产同质化产品的两家媒体选择产量作为竞争手段，但我们发现，市场中竞争的媒体之间经常进行价格竞争，价格战一度成为媒体竞争的利器。当媒体选择价格作为竞争手段时，博弈均衡会和产量竞争时完全不同。我们依次研究同质化产品和差异化产品的价格竞争。

首先考察同质化产品的价格竞争。19 世纪法国经济学家伯特兰建立了一个简单的模型，这一模型假设媒体生产同质化产品，选择价格作为竞争手段。我们假设有两家报纸 1 和 2，它们的产品同质，将进行价格战。由于两家报纸生产完全同质的产品，在这个价格博弈中，报纸在制定价格时必须考虑竞争对手可能制定的价格。通过简单的分析可以得出，这个价格博弈的唯一均衡是两家报纸均把价格定在边际成本处，两家报纸获得零利润。

假设两家报纸均以高于边际成本的价格出售产品，由于产品无差异，消费者自然会选择购买价格低的报纸，两家报纸都有降价的冲动。如果一方选择不降价，就会把自己的市场让给对手。而如果选择降价，则有可能占领对手的市场。通过对价格进行微小的下调，降价的报纸会迅速占领对方市场，提高市场份额。只要报纸的价格高于边际成本，两家报纸就都有不断降价的动力，这个过程会一直持续到报纸的价格等于边际成本时为止。这时，两家报纸的利润均为零。当价格等于边际成本时，如果一家报纸继续降价，虽然会占据对手的市场，但由于每份报纸的价格低于边际成本，降价会给报纸带来亏损。因此，只有当两家报纸把价格定在边际成本处，才不会有偏离这一价格的动力。这个价格博弈中唯一的纳什均衡在价格等于边际成本时出现。

那么，是否可能存在另一种均衡，即两家报纸共同制定出高于边际成本的价格，两家报纸形成价格串谋？在伯特兰模型中这种均衡并不存在。如果两家报纸形成价格串谋，假设报纸 1 试图维持价格串谋，但此时报纸 2 会考虑到，只要降价就能占领对手市场，因此，报纸 2 会选择降价。报纸 1 会发现报纸 2 的行动，并立刻做出降价反应。因为每一家报纸都很清楚，在这种情况下，只要自己把价格微微下调，就能获得整个市场。因而，两家报纸都有抢在对手之前降价的冲动，这使得高于边际成本的价格无法维持下去。

伯特兰模型具有极大的实际价值，两家生产同质产品的报纸相互竞争的结果与完全竞争市场的结果相同。假设两家报纸具有相同的需求反函数 $p=30-Q$，边际成本均为 6，即 $MC_1=MC_2=6$。可分别计算同时决定产量时和同时决定价格时的结果。

当报纸 1 和报纸 2 同时决定产量时，报纸 1 的收益 $\pi_1=pQ=[30-(Q_1+Q_2)]Q_1-6=30Q_1-Q_1Q_2-Q_1^2-6$。

当报纸 1 的边际收益等于边际成本时利润最大化，此时求导数，使其为零，可得 $30-2Q_1-Q_2=6$，解得 $Q_1=\dfrac{24-Q_2}{2}$。

同样可得报纸 2 的利润最大化发行量 $Q_2=\dfrac{24-Q_1}{2}$。

合并两式可以算出 $Q_1=Q_2=8$，此时报纸的价格 $P=30-16=14$，两家报纸的利润 $\pi_1=\pi_2=pQ=(30-Q)Q-6=106$。

当报纸 1 和报纸 2 同时决定价格时，根据前面的分析，唯一的纳什均衡出现在两家报纸将价格定在边际成本处时，即 $p_1=p_2=MC_1=MC_2=6$，此时两家报纸的利润为零，发行量 $Q=30-p=24$，$Q_1=Q_2=12$。

对联合定价和联合定产进行比较可以发现，相对于价格竞争，两家生产同质化产品的报纸进行发行量竞争时，报纸的发行量较少，价格较高，利润较高。如果两家报纸进行价格竞争，会导致报纸发行量增加，价格下降，利润为零。这一结果给生产同质化产品的媒体带来启示，即寡头垄断的媒体市场中，生产同质化产品的媒体不应采取价格竞争的方式，这会导致两败俱伤。同时，进行价格竞争也无法使两家媒体形成价格串谋，因为总是存在着背叛同盟的动力。价格竞争只能导致整个市场的低利润。因此，同质化的媒体应在产量领域进行竞争，并应当尽可能地作为产量领导者占据市场先发优势。

如果寡头垄断的区域性市场中两家报纸生产的产品不同，价格竞争的均衡结果也会发生变化。假设报纸 1 和报纸 2 的需求曲线分别为 $Q_1=20-P_1+P_2$，$Q_2=20+P_1-P_2$，边际成本为零，$MC_1=MC_2=0$。① 两家报纸进行价格竞争。

当两家报纸同时进行价格决策时，报纸 1 的利润 $\pi_1=p_1Q_1=20p_1-p_1^2+p_1p_2$。

当边际成本等于边际收益时报纸 1 的利润最大化，对 p_1 计算一阶导数，使其为零，得 $20-2p_1+p_2=0$，解得 $p_1=10+\frac{p_2}{2}$，同样的方法求出 $p_2=10+\frac{p_1}{2}$。将两式合并得 $p_1=p_2=20$，将 p_1、p_2 代入需求函数得 $Q_1=Q_2=20$，两家报纸的利润 $\pi_1=\pi_2=400$。

当两家报纸一先一后进行价格竞争时，博弈结果会发生变化。假设报纸 1 先决定价格，报纸 2 后决定价格。

与斯塔克尔伯格模型相似，报纸 2 在进行价格决策时，会将报纸 1 的价格视为既定的，报纸 2 根据报纸 1 的价格决定自己的价格。对于报纸 1 制定的每一个价格，报纸 2 需要寻找能为自己带来最大化收益的价格。因此，报纸 2 的价格是对报纸 1 价格的反应函数。与前面的分析相同，我们可以算出报纸 2 对报纸 1 价格的反应函数为 $p_2=10+\frac{p_1}{2}$，报纸 1 在制定自己的价格时，会将报纸 2 的反应考虑在内。

计算报纸 1 的利润 $\pi_1=\left[20-p_1+\left(10+\frac{p_1}{2}\right)\right]p_1=30p_1-\frac{p_1^2}{2}$。

计算报纸 1 的价格 $30-p_1=0$，求得 $p_1=30$；将 p_1 代入 $p_2=10+\frac{p_1}{2}$，求得 $p_2=25$；将 p_1、p_2 代入需求函数 $Q_1=20-P_1+P_2$ 和 $Q_2=20+P_1-P_2$，算出 $Q_1=15$，$Q_2=25$。

两家报纸的利润分别为 $\pi_1=p_1Q_1=30\times15=450$，$\pi_2=p_2Q_2=25\times25=625$。

我们看到了与斯塔克尔伯格模型不同的结果，在价格竞争中，先行者明显处于不利地位，先行者价格高，产量低，利润少。而价格追随者利用后发优势，制定出比先行者更低的价格，获取更高利润。价格追随者能够获得比产量追随者更有利的结果，原因在于，价格追随者可以在先行者制定出价格后降低产品价格，从而获得更大的市场利益。

按照这一分析，两家寡头报纸进行价格竞争时，双方都没有首先制定价格的动力，因为先行并不能带来任何优势，双方只能同时做出价格决策。如果两家寡头报纸串通形成价格联盟，将会获得更高的利润。

---

① [美]平狄克、鲁宾菲尔德：《微观经济学》(第四版)，张军等译，中国人民大学出版社 2000 年版，第 405 页。

4.1.4　价格同盟

当两家报纸形成价格同盟时，报纸价格会更高，报纸的发行量更少，利润更高。相互勾结形成价格同盟为两家报纸带来了更大的收益。然而，价格卡特尔极不稳定，即便两家报纸之间能够形成价格同盟，但博弈双方都有背离这一同盟的动力。当一家报纸决心维持价格同盟时，另一家总有背离这一同盟的动力。

假设报纸 1 和报纸 2 的需求曲线分别为 $Q_{=}24-2P_1+P_2$，$Q_2=24-2P_2+P_1$。两家报纸的边际成本为零。① 在同时定产的古诺均衡中，报纸 1 的利润 $\pi_1=(24-2p_1+p_2)=24p_1-2p_1^2+p_1p_2$，价格 $p_1=6+\frac{p_2}{4}$，同样可得报纸 2 价格 $p_2=6+\frac{p_1}{4}$。解得 $p_1=p_2=8$。两家报纸的利润 $\pi_1=\pi_2=16\times8=128$。当两家报纸形成价格同盟时，两家报纸的利润 $\pi=(24-p)p=24p-p^2$，按照同样的方法解得价格 $p=12$，报纸 1 和报纸 2 的需求 $Q_1=Q_2=12$。求得利润 $\pi_1=\pi_2=12\times12=144$。

如图 4-3 所示，现在假设报纸 1 将价格从 8 提高到串谋价格 12，如果报纸 2 也提高到串谋价格，两家报纸的利润均从 128 单位提高到 144 单位。但是，如果报纸 2 仍然定价为 8，这时报纸 2 获得的利润 $\pi_2=p_2Q_2=(24-2\times8+12)\times8=160$，而报纸 1 的利润 $\pi_1=p_1Q_1=(24-2\times12+8)\times12=96$。

因此，如果报纸 1 将价格定为 12 而报纸 2 将价格保持为 8，报纸 2 的利润将从 128 单位增加到 160 单位，净增 32 单位。而它增加的这部分利润正是报纸 1 所丧失的利润(128−96=32)。因此，报纸 2 通过选择低价，得到更高的利润。同样，报纸 1 也只有在维持低价时才能获得更高利润。我们用博弈论中的收益矩阵来表示。

		报纸 1	
		定价为 8	定价为 12
报纸 2	定价为 8	128 128	96 160
	定价为 12	160 96	144 144

图 4-3　报纸收益矩阵

从博弈论的收益矩阵中可以看到，两家报纸的优势策略均为将价格定为 8，对报纸 1 而言，无论报纸 2 定价为 8 或是 12，报纸 1 的最优定价总是 8。对报纸 2 而言也同样如此。双方将价格定在 12 可获得高利润，但两家报纸都有降低价格以获得更高利润的动力，但这样做的结果是双方只能获得低利润，两家报纸陷入博弈论中的“囚徒困境”。

---

① [美]平狄克、鲁宾菲尔德：《微观经济学》(第四版)，张军等译，中国人民大学出版社 2000 年版，第 386~390 页。

4.2 完全垄断市场

完全垄断和完全竞争相反，完全竞争市场有无数家媒体，而完全垄断市场上只有唯一一家媒体，完全垄断市场上，一家媒体控制了产品的全部生产。完全垄断市场中的媒体是价格制定者，任何其他外界机构组织都很难进入该市场，完全垄断媒体所生产的产品也很少有替代品。

4.2.1 完全垄断的形成

第一，资源的垄断控制。如果一家媒体控制了生产某种产品的全部资源，它将成为垄断者。比如英国在很长时期只有 BBC 一家媒体垄断了对频率资源的使用。

第二，政府特许权。某些情况下，政府通过颁发执照的方式限制进入某一行业的人数，比如历史上很多国家的出版物需要经过政府的许可，未经许可发行属于非法出版。BBC 仍然是英国唯一一个由政府颁发许可证允许其收取执照费的公共广播公司。作为政府给予特许权的前提，企业同意政府对其经营活动进行管理和控制，比如英国政府在皇家宪章中就对 BBC 提出了许多具体要求。

第三，规模经济导致垄断。在存在规模经济的行业容易形成垄断，如自来水、天然气、电力、地铁、有线电视等就属于规模经济产生的垄断。以有线电视为例，有线电视在严格意义上不是完全垄断的市场结构，但是它有一个很显著的特征，就是规模经济。有线电视网络的固定成本很高，但它的平均成本则会随着边际成本的下降而急剧下降，从而使得平均成本成为一条向右下方倾斜的曲线，而且边际成本总是小于平均成本。这样的市场很容易由一家或少数几家公司满足整个市场，控制整个行业，进而形成垄断。

第四，拥有专利或知识产权。专利、知识产权或版权是政府保护创造者在一段时间内垄断所创造产品的收益。如果没有版权、专利的保护，人们将会失去从事创造性活动的动力。但是也要考虑另外一个问题，对垄断者的版权或专利进行保护的边界在哪里？对专利或版权的过度保护是否可能损害知识的扩散？或者说，保护专利和版权的好处是否可能被垄断的损害所抵消？

4.2.2 价格歧视

当媒体以不同价格出售相同产品时，就会出现价格歧视。需要注意的是，价格有差异并不一定是歧视，价格歧视的关键在于价格差异是否能够反映成本差异。如果同一产品价格不同，但价格差异没有反映出成本差异，才能称为价格歧视。

价格歧视可以分为三类：一级价格歧视、二级价格歧视和三级价格歧视，还有几种与价格歧视密切相关的定价方法。

(1)一级价格歧视

一级价格歧视(First-degree Price Discrimination)是指媒体按照每一位消费者愿意支付的最高价格收取费用，媒体通过各种方式获知消费者愿意为某一商品支付的最高价格，并对每一单位产品都按消费者所愿意支付的最高价格出售，该价格称为保留价格。一级价格歧视又叫完全价格歧视，在这种价格歧视中，消费者对每一单位产品都支付了最高价格，媒体得到消费者的全部剩余。

比如，某影视公司制作出一部电视剧，向电视台出售播放权，各家电视台的支付意愿和支付能力均不相同，假设有8家电视台，它们愿意为这部电视剧支付的最高价格依次为800万元、700万元、600万元、500万元、400万元、300万元、200万元、100万元，如果这部电视剧分别以这些电视台愿意支付的最高价格进行出售，那么这时就是一级价格歧视。在一级价格歧视下，8家电视台都为这部电视剧支付了最高价格，消费者剩余为零，该影视公司获取了全部剩余，实现了利润最大化。

一般而言，很难完全实现一级价格歧视。媒体很难向每个消费者制定一个价格，也很难获知每位消费者的保留价格是多少。媒体产品的贸易可以在一定程度上实现一级价格歧视，比如在出口电视节目时，美国电视节目对不同国家有不同的出口价格。在1995年，为获得一部美国情景剧，英国BBC需要支付10万美元；德国需要支付8万美元；法国需要支付6万美元；西班牙需要支付3万美元；墨西哥需要支付1万美元；埃及需要支付1200美元；津巴布韦需要支付250美元；而阿鲁巴岛只需支付100美元。①

在传媒经济学中，价格歧视是一个中性的概念，它没有任何价值判断，价格歧视不同于性别歧视、种族歧视、地区歧视等。不能简单地认为它是损害消费者利益的行为。其实，在某些情况下，价格歧视可以增加消费者的福利，使消费者和生产者双方都得益。

以刚才所举的电视剧出口为例，当存在价格歧视时，8家电视台都可以买到电视剧，但如果没有价格歧视，制作方制定单一价格出售产品，那么这时，支付意愿较低的电视台可能无法支付这笔费用。比如，制作方将价格定为300万元，那么只愿意支付200万元和100万元的两家电视台就无法购买该产品。因此，在这一案例中，价格歧视对支付意愿较低的消费者有利。同时，价格歧视也有利于制作方，如果按照单一价格销售，那么制作方只能以单一价格出售产品，假设价格定在400万元，这时只能把产品卖给支付意愿在400万元以上的五家电视台，共获取收入2000万元。但当把产品以不同价格出售给八家电视台时，制作方的收入为3600万元。

(2)二级价格歧视

二级价格歧视(Second Degree Price Discrimination)是指垄断者根据消费者购买的数量制定不同的价格。这种价格歧视比较普遍，比如水、电、天然气等实行的分段定价。一般来说，二级价格歧视采取价格随购买数量变化而变化的定价方式，实行二级价格歧视能够获得比单一价格更高的利润。

假设电话公司针对不同的通话时间进行价格歧视，如果消费者每月通话量小于Q_1，将按照P_1的价格收费。对于每月通话时间超出Q_1的部分，电话公司收取更低的价格P_2，对应通话时间为Q_2。如果通话时间超过Q_2，电话公司将对这部分时间收取更低的价格P_3，对应的每月通话时间为Q_3部分。随着通话时间的增加，话费价格逐渐下降，这是典型的二级价格歧视。

---

① [加]柯林·霍斯金斯、斯图亚特·麦克法蒂耶、亚当·芬恩：《媒介经济学：经济学在新媒介与传统媒介中的应用》，支庭荣、吴非译，暨南大学出版社2005年版，第172页。

可以看到，通过对不同消费数量收取不同价格，电话公司可以获得更大的利润。如果不实行价格歧视，电话公司若要出售 Q_3 单位的产品，则必须把价格降低到 P_3。实行价格歧视后，电话公司可以获取更高收益。如果电话公司对每一个通话时间分别收取一个价格，二级价格歧视就成为一级价格歧视。

(3)三级价格歧视

三级价格歧视(Third Degree Price Discrimination)是指媒体根据消费者不同的需求价格弹性，把消费者分成两个或两个以上的类别。在不同的市场收取不同的价格。要实行三级价格歧视，消费者必须具有不同的需求价格弹性。三级价格歧视在生活中非常常见，比如影院对不同群体收取不同票价；比如餐饮店散发的优惠券；与三级价格歧视密切相关的还有不同时间收取不同价格的定价方式。比如先出版的精装本书籍价格要比后出版的平装本价格高，精装本和平装本之间的价格差异并没有完全反映出成本差异。我们在前文中分析过的折扣券、团购案例都属于三级价格歧视的应用。

4.2.3 其他定价方式

(1)吸脂定价

吸脂定价(Cream Skimming)和三级价格歧视很相似，或者说它是三级价格歧视的一种类型。吸脂定价通常用于为新产品定价，吸脂定价是指为新产品制定很高的价格，随着时间推移，逐渐降低产品价格的定价方式。它其实是按照时间对消费者进行分类，不同消费者在不同时间有着不同的需求价格弹性。营销大师菲利普·科特勒认为，这一定价方式要求：首先，产品的质量和形象必须与该产品的价格一致，有相当多的顾客接受这种价格下的产品；其次，生产较少产品的成本不能太高，以致抵消高价带来的好处；最后，竞争者不能很容易地进入市场，以同样价格参加竞争。①

很多商品的价格会随时间的推移而变化，比如图书、电影等。一般来说，为了获得更高收益，出版社会先推出精装本图书，精装本图书价格比较高，过一段时间再推出低价的平装本图书。精装本和平装本的成本差异并没有它们的价格差异大，它们的价格差异是一种价格歧视。购买精装本的可能是作者的粉丝，希望尽早看到偶像的作品；或者可能是打算收藏该书的人，精装本可以比平装本保存得更久，而且质地更好；另外，图书馆、资料室等单位也希望购买精装本，一是便于收藏，二是使用时间更加长久。这些消费者的共同之处在于，它们的需求价格弹性较低。通过先出版精装本，出版社可以获取需求弹性较低的这部分市场的利润。而在一段时间之后再推出平装本，原因在于这部分图书主要是为了满足需求价格弹性较高的消费者。图书市场是典型的时间价格歧视。

还有电影，首轮电影价格最高，随后的场次的价格逐渐降低，然后，DVD、VCD 等相继发行。不久，电影可能会出现在有线频道，随后在免费电视台播出。这也是时间价格歧视。对电影院而言，即便是同一天，不同时间的票价也不一样。比如早上的场次价格最

① [美]菲利普·科特勒:《市场营销原理》(第七版)，赵平译，清华大学出版社 1999 年版，第 259 页。

低，中午开始升高，晚间票价最高。

本节案例

电影发行窗口①

一部典型的好莱坞电影会首先在美国国内影院市场上映2~3个月，2012年好莱坞电影北美票房收入(含加拿大市场)达108亿美元，尽管票房收入已不是好莱坞电影最大的收入来源，但其起着举足轻重的作用，电影票房越高，后续窗口发行时影片的价值也越大。

在影院放映结束后，制片厂便会以DVD、蓝光碟等形式发行电影音像产品。早在1986年，好莱坞大制片厂从电影音像租售取得的收入便超过了国内票房收入，成为最重要的收入来源。

而音像发行之后，好莱坞电影会进入电视窗口发行。2005年，好莱坞六大制片厂通过将它们的电影和电视剧授权给电视台，取得了177亿美元收入。而按照利润率从高到低排列，电视窗口又可细分为几个层次。

首先是按次付费点播，其次是付费有线电视，如HBO、Showtime、Starz等主要的付费电影频道，大约在影院发行之后9个月开始播出，片商根据电影的票房收入向频道收取授权费，平均一部电影700万美元左右，大片则可能高达2000~2500万美元。随后电影将授权给电视网播出，其窗口期持续12~18个月，通常一部电影的授权费在300~1500万美元，取决于影片的投资规模、票房表现和重播的次数。

而最后电影会进入辛迪加市场，授权给地方电视频道播出，在最大的地方电视市场，一部大片在5年授权期内的收入可达500万美元。

好莱坞电影的海外发行也大致沿着这样的轨迹进行，正是依靠这样一套成熟的扩窗体系，一部电影能创造巨大的播映收入。

(2)渗透定价

渗透定价也是新产品常见的定价方式。它是指先用很低的价格进入市场，占据市场份额之后，逐渐提高价格。这一定价方式要求：第一，市场必须对价格十分敏感，市场能够在低价格下迅速增长；第二，生产和分销成本必须随销售量增加而下降；第三，低价格要能够阻止竞争。②

当产品需要反复购买时，渗透定价就是一种有效的定价方式。网络上一些软件也使用渗透定价方式。软件可以有一段试用期，这期间不收费或者收很低的费用，而且软件的功能也受到限制。随着使用者越来越习惯使用该软件，经营商将会开始收费或提高价格。一些App也采用渗透定价的方法，在进入市场阶段对用户进行补贴，扩大市场规模，等拥

---

① http://news.mtime.com/2014/03/10/1525085.html，2017-07-12。

② [美]菲利普·科特勒：《市场营销原理》(第七版)，赵平译，清华大学出版社1999年版，第259页。

有一定用户市场后，逐渐减少补贴并提高价格。

本节案例

“滴滴”与“快的”的补贴之争①

“打车补贴”这个从未出现过的名词在2013年下半年出现，开始时的奖励对象主要是出租车司机，如果说这还是为了推广软件的话，那么2014年初开始的“补贴大战”，在外人看来，完全就是“烧钱”。

1月10日，“滴滴打车”软件在32个城市开通微信支付，使用微信支付，乘客车费立减10元，司机立奖10元。

1月20日，“快的打车”和支付宝宣布，乘客车费返现10元，司机奖励10元。

1月21日，“快的打车”和支付宝再次提升力度，司机奖励增至15元。

2月10日，“滴滴打车”宣布对乘客补贴降至5元。

2月10日，“快的打车”表示奖励不变，乘客每单仍可得到10元奖励。

2月17日，“滴滴打车”宣布，乘客奖10元，每天3次；北京、上海、深圳、杭州的司机每单奖10元，每天10单，其他城市的司机每天前5单每单奖5元，后5单每单奖10元。新乘客首单立减15元，新司机首单立奖50元。

2月17日，“快的打车”和支付宝也宣布，乘客每单立减11元。司机北京每天奖10单，高峰期每单奖11元(每天5笔)，非高峰期每单奖5元(每天5笔)；上海、杭州、广州、深圳每天奖10单。

2月18日，“滴滴打车”开启“游戏补贴”模式：使用“滴滴打车”并且进行微信支付每次能随机获得12元至20元不等的补贴，每天3次。

2月18日，“快的打车”表示，用“快的打车”并用支付宝付款的，每单最少给乘客减免13元，每天2次。同时称，“后续无论什么情况，只要对手调了，我们‘永远比对手多补贴1块钱’的政策都会自动快速生效”。

“滴滴打车”还宣布，每周使用“滴滴打车”微信支付车费10次以上的用户，赠送时下最热门微信游戏“全民飞机大战”中的大礼包一个。马上，“快的打车”就承诺，用支付宝支付车费5次，可获赠淘宝天猫平台的退货保障卡一张。同时，“快的打车”还提供用积分兑换网易电影、网易印象派、锦江之星、汉庭酒店、抠电影、格瓦拉等的优惠券。

2014年5月16日，“滴滴打车”通过其官方微博对外宣布，已经持续了4个多月的“打车立减”活动自17日凌晨起取消用户端的补贴，司机端仍然维持北京每单补贴5元，广州、上海、深圳、杭州每单补贴3元，每天均10单。几乎同时，“快的打车”亦对外宣布，从17日起停止打车用户端补贴，对司机端则继续补贴。

---

① 《媒体盘点“滴滴”“快的”大战始末》，http：//news. xinhuanet. com/politics/2014-02/23/c_126176469. htm，2017-07-12；《滴滴与快的的打车之争》，http：//www. chinesemedia. com. cn/index. php/Article/view/id/677，2017-07-12；《滴滴快的暂停乘客端现金补贴》，http：//finance. sina. com. cn/roll/20140518/033019142648. shtml，2017-07-12。

“滴滴打车”联合创始人兼营销总监吴睿表示，自 2014 年 1 月 10 日起，“滴滴打车”与微信支付投入 10 多亿元开展奖励活动。通过这次活动，超过 1 亿的“滴滴”用户逐渐养成了“手机叫车+微信支付”的出行习惯，补贴预期目标基本达成。

对于近期多次升级补贴政策，“快的打车”负责人表示，这是为了培养用户使用打车软件叫车的习惯，“从现在来看，近期的各种奖励活动效果非常明显，无论是知名度还是订单量都有大幅提升，我们还会把握住这个机会，坚持这一策略”。而“滴滴打车”运营副总裁张晶也表示，此次仅是与腾讯集团多个部门合作的一个开始，未来“滴滴打车”与微信的营销活动还将继续深入。

2015 年 2 月，“快的打车”与“滴滴打车”联合发布声明称实现战略合并，两家公司的补贴之战终于告一段落。

(3)捆绑销售

捆绑销售也称搭售，是指媒体要求消费者在购买它的一种产品时必须购买另一种产品。商品一件一件单独出售，叫零售；商品打包同时出售，称为捆绑销售或搭售；商品既可以单独出售又可以捆绑搭售，称为混合销售。

捆绑销售主要在消费者有不同的需求，而且媒体不能进行价格歧视时使用。媒体通过对商品进行捆绑销售，可以得到比零售更高的利润。因此，媒体进行捆绑销售的前提是这样做可以增加它的利润。我们以电影为例进行分析。

假设有一家电影公司出租两部电影，影片 A 和影片 B，为了使问题简单化，假设只有两家电影院，每家电影院对这两部电影愿意支付的价格分别如表 4-1 所示。

表 4-1　影片出租价格

	影片 A	影片 B
电影院 1	10000 元	7000 元
电影院 2	8000 元	8500 元

可以看到，如果两部影片分开单独出租，电影院 1 愿意为 A 支付 10000 元，为 B 支付 7000 元；电影院 2 愿意为 A 支付 8000 元，为 B 支付 8500 元。如果电影公司把两部影片分开单独出租，那么，A 的出租价格应该是 8000 元，B 的出租价格应该是 7000 元。因为如果电影公司把 A 的出租价格提高到 10000 元，电影院 2 将不会出租这部片子，电影公司只得到 10000 元收入，低于 8000 元时向两家影院出租得到 16000 元。因此，在两部影片单独出租时，电影公司得到的总收入为 2×(8000+7000)= 30000 元。

但是如果电影公司要求两家电影院必须同时租这两部影片，否则就不给它们电影拷贝的时候，这时电影公司的定价应该是多少？

电影院 1 对这两部片子的总估价为 17000 元，电影院 2 对两部影片的总估价是 16500 元，因此，电影公司可以把影片 A 和 B 捆绑起来出租给电影院，出租价格为 16500 元，而它将会得到 33000 元的总收入。比两部电影分开出租多了 3000 元。

捆绑出租有利可图的原因在于两家电影院对影片的评价相反。两家影院对这两部电影的评价是负相关关系。电影院 1 对 A 的评价比电影院 2 对 A 的评价高，但是电影院 2 对 B 的评价比电影院 1 对 B 的评价高。这是电影公司能够以捆绑销售方式获取更大利润的原因。现在我们假设两家电影院对这两部电影的评价是正相关时的情形。

如表 4-2 所示，电影院 1 愿意为 A 支付 10000 元，为 B 支付 6000 元；电影院 2 愿意为 A 支付 8000 元，为 B 支付 5000 元。如果电影公司将两部电影捆绑出售，只能将价格定在 13000 元，电影公司共获得 26000 元收入，与单独出租时的收益相同。

表 4-2 **影片出租价格**

	A	B
电影院 1	10000 元	6000 元
电影院 2	8000 元	5000 元

因此，捆绑销售的前提条件是消费者的需求呈负相关。对影片 A 评价较高的消费者，对影片 B 的评价较低；而对影片 A 评价较低的消费者，对影片 B 的评价较高。满足这一条件时，才能运用捆绑销售策略。

在电视节目市场上，尤其是在付费电视节目市场，捆绑销售是一种非常有效的定价策略。因为电视市场非常符合捆绑销售的条件，电视市场上消费者的需求必然呈负相关，对某些节目评价高的观众对另一些节目的评价必然比较低。而且，消费者一天的时间只有 24 小时，只能选择收看有限的电视节目。因此，对一个或几个电视节目评价较高的消费者，必然对另外一些节目的评价较低，根本原因在于时间的稀缺性。即便受众对某一节目的评价较高，由于他收看电视的时间有限，不可能把感兴趣的节目全部看完。因而，他只能对一部分节目支付较高价格，对另一些节目支付较低价格。因此电视节目市场是一个适用捆绑销售策略的市场。

下面结合零售、捆绑销售、混合销售三种方式对付费电视节目定价做简要分析。

数字电视节目可以零售也可打包出售，也就是捆绑销售，我们以两个频道为例来研究不同销售方式的利润。

假设有两个付费频道，一个是欧洲足球，另一个是家庭影院。假设有两个观众，甲和乙。表 4-3 显示他们愿意为每个频道支付的价格。

表 4-3 **消费者支付意愿**

	欧洲足球频道	家庭影院频道	总支出
甲	100 元	70 元	170 元
乙	80 元	85 元	165 元

如表 4-4 所示，我们暂时假设节目运营商以零边际成本向这两位用户提供节目，如果运营商使用零售定价方式，那么，欧洲足球频道的价格应该是 80 元，家庭影院的价格应该是 70 元。运营商总收益 300 元。如果运营商以捆绑销售方式出售频道，它可以把频道打包，将两个频道打成一个节目包，以 165 元的价格向两位观众出售，得到 330 元的收

入。捆绑销售比零售的收入更高。在这个例子中，两位观众的需求呈负相关，通过打包，运营商侵占了消费者剩余。

现在我们使用混合销售的方式，来看看利润的变化。混合销售时，既可以把产品单独零售，也可以把产品打包出售。我们仍然假设运营商是一个追求利润最大化的组织。它要先计算出消费者愿意支出的总价格，观众甲愿意为两个频道支出170元，观众乙愿意支出165元。打包价格应该等于消费者所愿意支付的最高价格，为170元，观众甲选择购买打包频道。而零售价格应该是观众乙愿意支出较高费用的节目价格，为85元。在这时，运营商会提出，单独收看一个频道需要支出85元，打包购买价格为170元。观众甲选择打包购买，因为170元这个价格正好等于他的保留价格。对观众乙而言，170元超出了保留价格，他不会选择打包购买，而会选择支付85元购买家庭影院频道，这个价格正好等于他的保留价格。而此时运营商的总收入为170+85=255元，低于零售方式和捆绑定价方式。这说明当消费者对产品的保留价格（即消费者愿意并能够支付的最高价格）相似时，捆绑销售的收入较高。

表4-4　　销售方式利润比较

	欧洲足球频道	家庭影院频道	价格	利润
零售	80元	70元		300元
捆绑销售			165元	330元
混合销售	85元	85元	170元	255元

当消费者的保留价格差异比较大时，会发生什么变化？现在假设观众乙不再喜欢看足球，观众乙对足球频道的保留价格从80元降低到20元。两位观众的新支付价格如表4-5所示。

表4-5　　消费者支付意愿

	欧洲足球频道	家庭影院频道	总支出
观众甲	100元	70元	170元
观众乙	20元	85元	105元

可以看到，和原先相比，两位观众保留价格的差异变大了。如表4-6所示，我们仍然假设节目运营商以零边际成本向这两位用户提供节目，如果运营商使用零售定价方式，那么，欧洲足球频道的价格应该是100元，因为如果是20元的话，运营商只能得到40元的总收入，因此，运营商会将价格定为100元。家庭影院的价格应该是70元，运营商总收益240元。如果运营商以捆绑销售方式出售频道，它可以把频道打包，把两个频道打成一个节目包，以105元的价格向两位观众出售，得到210元收入。可以看到，零售的收入高于捆绑的收入。

但如果运营商采用混合出售的方法会产生多少收入？观众甲的保留价格是170元，比乙高。因此，运营商会把打包价格定在170元，甲选择打包购买。而乙较高的保留价格为85元，因此，运营商会把零售价格定在85元，观众乙只能购买家庭影院频道。这时运营商的总收益为255元。可以看到，当消费者的保留价格差异较大时，混合销售可以带来更高的收入。

表4-6 **销售方式利润比较**

	欧洲足球频道	家庭影院频道	价格	利润
零售	100元	70元		240元
捆绑销售			105元	210元
混合销售	85元	85元	170元	255元

我们观察存在边际成本时，各种销售方式的收益会有什么变化。假设运营商向每位消费者提供一个频道的边际成本为20元，我们来看在这种情况下哪种销售方式更有利，两位观众的支付价格如表4-7所示。

表4-7 **消费者支付意愿**

	欧洲足球频道	家庭影院频道	总支出
观众甲	100元	70元	170元
观众乙	20元	85元	105元

和前面的分析一样，如果运营商采用零售方式，则欧洲足球频道售价为100元，家庭影院售价为70元，欧洲足球频道卖给观众甲，家庭影院频道卖给两位观众。运营商总收入240元。每个频道的边际成本为20元，共计60元，运营商的利润为180元。如果使用捆绑销售，只能按照105元出售，共收入210元。减去边际成本80元，运营商利润为130元。如果运营商采用混合出售，频道打包价格170元，卖给观众甲；零售节目85元，观众乙购买家庭影院频道，总收入255元。三个节目的成本为60元，运营商利润195元。可以看到，存在边际成本时，混合销售可以为运营商带来最大利润。

表4-8 **销售方式利润比较**

	欧洲足球频道	家庭影院频道	价格	利润
零售	100元	70元		180元
捆绑销售			105元	130元
混合销售	85元	85元	170元	195元

当存在边际成本，而且消费者的保留价格差异较大时，混合销售通常要比捆绑销售更加有利。原因在于，混合销售可以把一部分保留价格较低的消费者排除在外，从而降低成本。运营商通过对保留价格较高的消费者收取高价，让保留价格较高的消费者购买打包产

品，而保留价格较低的消费者只能购买零售产品，可以比捆绑销售方式更能降低成本。

通过分析，可以得出付费电视在制定节目价格时可以考虑的一般策略：当消费者对产品的保留价格相似时，捆绑销售的收入比较高；无论存不存在边际成本，当消费者的保留价格差异很大时，混合销售可以为运营商带来较高的利润。

本章习题

1. 联合定产和产量领导中两家媒体的产量和收入有何不同？
2. 什么是策略性行动？如何提高策略性行动的可信性？
3. 价格同盟中的媒体为何会陷入囚徒困境？
4. 什么是价格歧视？有哪几种主要的价格歧视，各自特点是什么？
5. 请举例分析吸脂定价和渗透定价。
6. 零售、捆绑销售和混合销售各自适用的范围是什么？

第五章
传媒博弈论

博弈论(Game Theory),是20世纪中叶发展起来的社会科学理论。1944年,冯·诺依曼和摩根斯坦合作的《博弈论与经济行为》奠定了这一学科的基础理论体系。随后这一学科迅速发展,1994年诺贝尔经济学奖授予三位研究博弈论的著名学者:纳什、海萨尼、泽尔腾。纳什是一位天才型的数学家,他在很年轻的时候就提出"纳什均衡"概念,好莱坞还以他的故事为原型,拍摄了电影《美丽心灵》。著名经济学家萨缪尔森曾说,"要想在现代社会做一个有文化的人,你必须对博弈论有一个大致了解。"1998年诺贝尔经济学奖获得者阿玛蒂亚·森也说,"博弈论和社会选择理论是20世纪社会科学最主要的成就"。博弈论研究策略性决策的制定过程,策略性行为指个人的收益不仅仅取决于自己的策略,同时还受竞争对手策略的影响。在制定对自己最有利的策略时,必须考虑到对方可能采取的策略,同时还要考虑对方在知道这一策略后的行动。博弈论是研究策略性行动应如何制定的理论。

博弈论不仅适用于经济领域,在政治、外交、军事、国际关系、社会生活等诸多领域,它都有极为广泛的运用。博弈论在很大程度上改变了经济学的研究范式。在传媒市场上,媒体之间的竞争与合作也属于策略性行为,媒体在制定策略行动时必须考虑竞争对手的反应。因此,在传媒经济学中也需要学习博弈论,用博弈论的视角研究传媒经济和传媒市场中的很多现象和问题。

5.1 博弈论的基本概念

5.1.1 博弈的元素

在任何一个博弈中都有几个元素:参与者、策略、信息、支付、均衡。参与博弈的主体叫做参与者,参与者指博弈中以最大化自身利益为目标的决策主体,参与者可以是自然人,也可以是各种组织,如:政府、企业、媒体组织。在两个人的博弈中,有两个参与者,叫做二人博弈;在三个人的博弈中,有三个参与者,叫做三人博弈。有几个人参与,就叫做几人博弈。为了简化分析,我们一般选择二人博弈。策略指参与者可以选择的行动方案,在不同的情况下,参与者应选择不同的策略性行为。信息是指参与者对对手特征、策略等情况的了解。参与者掌握的信息不同,博弈的类型也就不同。支付也叫做得益、收益,指各种策略行为给参与者带来的收益,收益取决于各个参与者策略行为的互动结果。均衡指参与者最优策略的组合,在均衡时,参与者都不会有改变策略的动力。

5.1.2 博弈的分类

根据不同的标准，可以将博弈分为不同的类型。根据博弈双方是否同时决策，可以将博弈分为静态博弈和动态博弈。静态博弈也叫做同时博弈，在静态博弈中，博弈双方同时采取策略性行动。如果一方先行动而另一方后行动，但是后行动一方不知道先行动一方的策略行为，也可以将这一博弈看作静态博弈。比如在央视广告招标的暗标阶段，各参与企业会相继投标，虽然企业投标是相继进行的，但由于后投标企业并不知道先投标企业的投标额，因此也可以将这一动态博弈看作静态博弈。动态博弈也叫序贯博弈，在动态博弈中，一方先行动，另一方后行动，而且后行动者可以观察到先行动者的行为。后行动者可以根据先行动者的策略采取相应的行为。

根据参与者是否了解各种情况下的支付信息，可以将博弈分为完全信息博弈和不完全信息博弈。完全信息指参与者完全了解其他参与人的策略、支付等信息。不完全信息指参与者并不完全了解其他参与者各种特征的信息。

将两种分类综合起来，可以得到四种博弈类型：完全信息静态博弈、完全信息动态博弈、不完全信息静态博弈和不完全信息动态博弈。

5.2 占优策略

占优策略(Dominant Strategy)是指无论竞争对手的行为如何，我都能做我所能做的最好的决策。博弈论研究策略性行为，在一些博弈中，当给定对手策略时我选择某策略是成功的，但如果对手选择另外的策略时，我选择该策略会减少我的收益。但是可能存在这样一些策略，即无论对手如何选择，该策略都能给我带来最大化收益，这种策略叫做占优策略。即无论对手如何选择，我都有最优策略可供选择。

假设两家报纸进行价格决策，在价格决策中，收益不仅取决于自己的行为，还会受到对手行为的影响。假设价格决策的收益如图 5-1 中的矩阵所示，用矩阵表示参与者的支付，是托马斯·谢林教授的发明，他说："假如真有人问我有没有对博弈论做出一点贡献，我会回答有的。若问是什么，我会说我发明了用一个矩阵反映双方得失的做法……我不认为这个发明可以申请专利，所以我免费奉送给各位使用。"①我们规定，表中每一象限内左下方数字为报纸 B 的收益，象限内右上方的数字为报纸 A 的收益。由图 5-1 可以看出，如果双方都选择高价，报纸 A 的收益为 3，报纸 B 的收益为 4；如果双方都选择低价，报纸 A 的收益为 1，报纸 2 的收益为 0；如果报纸 A 选择高价而报纸 B 选择低价，则报纸 A 的收益为 2，报纸 B 的收益为 3；如果报纸 A 选择低价而报纸 B 选择高价，则报纸 A 的收益为 2，报纸 B 的收益为 2。

两家进行价格决策的报纸应该如何决策？需要注意的是，在博弈论中每个参与者的收益不仅取决于自身的行动，也取决于对手的策略行动。因此，在制定自身策略行动时，必须考虑竞争对手可能的行动，并站在竞争对手的立场上思考竞争对手利益最大化的策略行动是什么，然后在此基础上制定自己的策略。

---

① 王则柯、李杰：《博弈论教程》，中国人民大学出版社 2004 年版，第 41 页。

首先看报纸A，报纸A的收益不仅取决于自己的决策，也受到报纸B的影响。可以看到，当报纸B选择高价时，报纸A选择高价可以得到比选择低价时更高的收益（选择高价时收益为3，选择低价时收益为2）。当报纸B选择低价时，报纸A选择高价仍然可以得到比选择低价更高的收益（选择高价时收益为2，选择低价时收益为1）。因此，无论报纸B如何定价，选择高价对报纸A都是最优的。

对报纸B也可作出同样的分析，报纸B的收益不仅取决于自己的决策，也受到报纸A的影响。当报纸A选择高价时，报纸B选择高价可以得到比选择低价更高的收益（选择高价时收益为4，选择低价时收益为3）。当报纸A选择低价时，报纸B选择高价仍然可以得到比选择低价更高的收益（选择高价时收益为2，选择低价时收益为0）。无论报纸A选择高价还是低价，报纸B选择高价都是最优的。因此，在这个博弈中，两家报纸都有占优策略。无论竞争对手的策略是什么，报纸A和报纸B都有能够实现自身利益最大化的策略，这种无论竞争对手如何行动，自己都有最佳反应的策略称为占优策略。

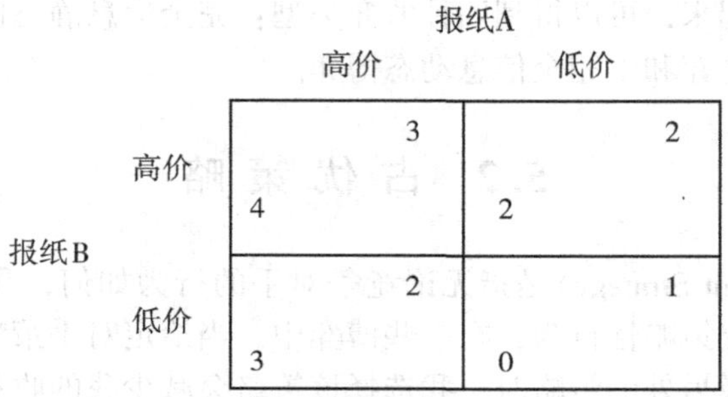

图5-1 价格博弈

再看一个例子，假如《三联生活周刊》和《南风窗》两家杂志正在决定下期的封面报道，这是一个典型的完全信息静态博弈。当《三联生活周刊》编辑部决定下期杂志的封面报道时，他们知道《南风窗》编辑部也在决定下期封面报道。当然，《南风窗》编辑部也知道《三联生活周刊》编辑部正在决定下期封面报道。同时，《三联生活周刊》编辑部也知道《南风窗》编辑部知道《三联生活周刊》正在决定下期封面报道，《南风窗》编辑部同样知道《三联生活周刊》编辑部知道他们知道这一点，双方具有相同的理性程度。

假设最近这段时间有两件时事非常适合做这两家杂志的封面报道，一件是食品安全，另一件是春运。两家杂志都知道对方会在这两个主题中进行选择。假设双方都知道会有30%的读者关注食品安全，70%的读者关注春运。如果两家杂志选择相同的主题，将有一半的读者选择《三联生活周刊》，另一半的读者选择《南风窗》。①

在这种情况下，两家杂志社应如何决策？先看《三联生活周刊》的决策，《三联生活周刊》会考虑，如果《南风窗》选择食品安全，那么《三联生活周刊》选择春运就可以得到70%的读者，如果选择食品安全将与对手共同瓜分市场，食品安全问题的读者市场的总规

① [美]阿维纳什·K. 迪克西特、巴里·J. 奈尔伯夫：《策略思维：商界、政界及日常生活中的策略竞争》，王尔山译，中国人民大学出版社2002年版，第54页。

模为 30%，《三联生活周刊》能得到 15%的读者。因此，如果《南风窗》选择食品安全，《三联生活周刊》将选择春运。如果《南风窗》选择春运，那么《三联生活周刊》选择春运将与对手瓜分市场，可以得到总规模为 70%的春运问题的读者市场的一半，即 35%的读者。如果《三联生活周刊》选择食品安全将得到 30%的读者。因此，如果《南风窗》选择春运，《三联生活周刊》也将选择春运。故而，在这个博弈中，《三联生活周刊》的优势策略是选择春运作为封面报道。无论《南风窗》选择什么主题作为封面报道，《三联生活周刊》选择春运作为封面报道都是最优的。

再看《南风窗》的决策，《南风窗》会考虑，如果《三联生活周刊》选择食品安全，那么《南风窗》选择春运就可以得到 70%的读者，如果《南风窗》选择食品安全将与对手共同瓜分市场，《南风窗》能得到 15%的读者。因此，如果《三联生活周刊》选择食品安全，《南风窗》将选择春运。如果《三联生活周刊》选择春运，那么《南风窗》选择春运将与对手瓜分市场，《南风窗》可以得到 35%的读者，如果《南风窗》选择食品安全将得到 30%的读者。因此，如果《三联生活周刊》选择春运，《南风窗》也将选择春运。因此，在这个博弈中《南风窗》的优势策略是选择春运作为封面报道。无论《三联生活周刊》选择什么主题作为封面报道，《南风窗》选择春运作为封面报道都是最优的。

我们可以将这个博弈用图 5-2 表示出来。

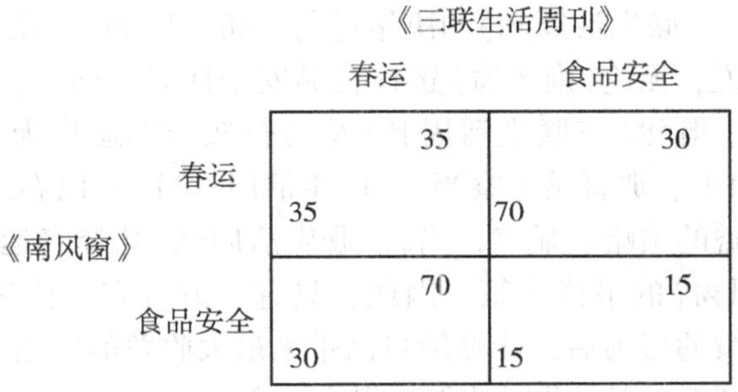

图 5-2 封面报道博弈

占优策略非常简单，如果参与博弈的媒体有占优策略，那么媒体的策略是立即选择占优策略。但是，在很多博弈中，并非所有的参与者都有占优策略。我们将杂志封面报道的例子稍作改动。假设其他条件不变，当两家杂志选择相同主题时，60%的读者选择《三联生活周刊》，40%的读者选择《南风窗》。我们考察这种情况下双方的策略。

先看《三联生活周刊》的决策，《三联生活周刊》会考虑，如果《南风窗》选择食品安全，那么《三联生活周刊》选择春运就可以得到 70%的读者，如果选择食品安全，将与对手共同瓜分总规模为 30%的食品安全问题的读者市场，由于 60%的读者选择购买《三联生活周刊》，《三联生活周刊》能得到总规模为 30%的食品安全问题的读者市场中的 60%，即 18%的读者。因此，如果《南风窗》选择食品安全，《三联生活周刊》将选择春运。如果《南风窗》选择春运，那么《三联生活周刊》选择春运将与对手瓜分总规模为 70%的春运问题的读者市场，可以得到总规模为 70%的春运问题的读者市场的 60%，即 42%的读者。如果选择食品安全将得到 30%的读者。因此，如果《南风窗》选择春运，《三联生活周刊》也将选择春运。在这个博弈中，《三联生活周刊》的占优策略无疑是选择春运作为封面报道。无论《南风窗》选择什么主题作为封面报道，《三联生活周刊》选择春运作为封面报道都是最优的。

但是《南风窗》则没有占优策略。《南风窗》会考虑，如果《三联生活周刊》选择食品安全作为封面报道，那么《南风窗》选择春运可以得到70%的读者，而选择食品安全将与对手共同瓜分总规模为30%的食品安全问题的读者市场，由于只有40%的读者选择《南风窗》，《南风窗》能得到总规模为30%的食品安全问题的读者市场中的40%，即12%的读者。因此，如果《三联生活周刊》选择食品安全，《南风窗》将选择春运。如果《三联生活周刊》选择春运，那么《南风窗》选择春运将与对手瓜分总规模为70%的春运问题的读者市场，《南风窗》可以得到总数为70%的春运问题的读者市场的40%，即28%的读者，如果选择食品安全将得到30%的读者。因此，如果《三联生活周刊》选择春运，《南风窗》将选择食品安全。因此，在这个博弈中《南风窗》没有占优策略，它的选择取决于竞争对手《三联生活周刊》的选择。当《三联生活周刊》选择食品安全时，《南风窗》选择春运，当《三联生活周刊》选择春运时，《南风窗》选择食品安全。

在没有占优策略的情况下，《南风窗》能否做出决策？在这个案例中，《南风窗》可以做出决策。尽管《南风窗》没有占优策略，但《三联生活周刊》有占优策略。《南风窗》可以分析《三联生活周刊》的策略，在此基础上制定自己的策略行动。

《南风窗》可以对《三联生活周刊》的决策进行分析。因为《三联生活周刊》的占优策略是选择春运，也就是说，无论《南风窗》选择食品安全还是春运，《三联生活周刊》都会选择春运作为封面报道。既然《三联生活周刊》总是会选择春运作为封面报道，那么《南风窗》的决策也变得很简单。那就是考察当《三联生活周刊》决定以春运作为封面报道时，能够给自己带来最大收益的策略。显然，当《三联生活周刊》选择春运问题作为封面报道时，选择食品安全是《南风窗》的最优决策。因此，只有一方具有占优策略时，另一方应该考察当对手做出占优决策的行为后，能够给自己带来最大收益的策略是什么，然后按照这个策略去行动。我们用图 5-3 表示此时的封面报道博弈。

		《三联生活周刊》	
		春运	食品安全
《南风窗》	春运	42 28	30 70
	食品安全	70 30	18 12

图 5-3 封面报道博弈(一)

但是，很多时候双方都没有占优策略，在这种情况下博弈的均衡不是一种，而是两种或更多种。我们对上例稍加改动，假设有 40%的读者选择食品安全，60%的读者选择春运，两家杂志主题相同时，一半读者选择《三联生活周刊》，另一半读者选择《南风窗》，其他条件保持不变。

先分析《三联生活周刊》的决策，当《南风窗》选择春运时，如果《三联生活周刊》选择春运，会获得30%的读者，选择食品安全会获得40%的读者。因此，当《南风窗》选择春运时，《三联生活周刊》会选择食品安全。当《南风窗》选择食品安全时，如果《三联生活周刊》选择春运将得到60%的读者，选择食品安全将得到20%的读者。因此，《南风窗》选择食品安全时，《三联生活周刊》会选择春运。可见，《三联生活周刊》这时没有占优策略。

再分析《南风窗》的决策。当《三联生活周刊》选择春运时，《南风窗》选择春运会得到30%的读者，选食品安全会得到40%的读者。因此，当《三联生活周刊》选择春运时，《南风窗》会选择食品安全。当《三联生活周刊》选择食品安全时，《南风窗》选择春运会得到60%的读者，选择食品安全会得到20%的读者。因此，当《三联生活周刊》选择食品安全时，《南风窗》会选择春运。同样，《南风窗》也没有占优策略。

这时的博弈有两种均衡，一种处于左下方，另一种处于右上方，即《三联生活周刊》选择春运主题而《南风窗》选择食品安全主题，或是《三联生活周刊》选择食品安全主题而《南风窗》选择春运主题。至于哪种均衡会出现，在缺乏更多信息的情况下无法做出判断。图5-4所示为此时的封面报道博弈。

		《三联生活周刊》	
		春运	食品安全
《南风窗》	春运	30 30	40 60
	食品安全	60 40	20 20

图5-4　封面报道博弈(二)

5.3　纳什均衡

如果参与博弈的媒体存在占优策略，那么博弈过程的分析较为简单。但是现实中很多媒体之间的博弈可能没有占优策略，这时我们需要运用纳什均衡(Nash Equilibrium)对博弈进行分析。

假设两家电视台决定安排16:00—18:00的节目，两家电视台可以安排娱乐节目也可以安排新闻节目。当两家电视台同时安排娱乐节目或新闻节目时，两家电视台共同分割某一类型的市场，双方都获得较低收视率。而当两家电视台选择不同类型的节目时，双方都可以获得较高收视率。用图5-5表示选择不同节目时博弈的支付。

对甲台而言，当乙台选择娱乐节目时，甲台选择娱乐节目的收视率为1%，选择新闻节目的收视率为3%。因此，当乙台选择娱乐节目时，甲台选择新闻节目。当乙台选择新闻节目时，甲台选择娱乐节目的收视率为3%，选择新闻节目的收视率为1%。因此，甲

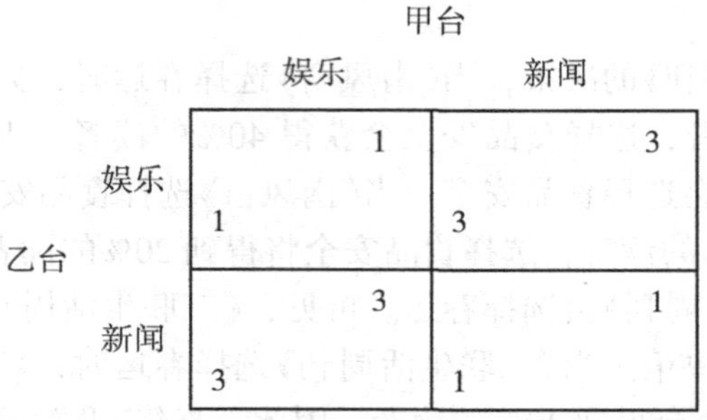

图 5-5 节目编排博弈(一)

台没有占优策略，它的收益受到乙台决策的影响。

由于这个博弈是对称的，对乙台来说也没有占优策略。当甲台选择娱乐节目时，乙台选择娱乐节目的收视率为 1%，选择新闻节目的收视率为 3%。因此，当甲台选择娱乐节目时，乙台选择新闻节目。当甲台选择新闻节目时，乙台选择娱乐节目的收视率为 3%，选择新闻节目的收视率为 1%。乙台的收益同样取决于竞争对手的策略。

在这个博弈中，当一方选择新闻节目时，另一方应该选择娱乐节目；而当一方选择娱乐节目时，另一方应该选择新闻节目。与前面分析的博弈不同，这个博弈没有占优策略。双方的收益取决于对方的决策，在对手选择某一策略时，自己选择另一策略才是最优的。这就是纳什均衡，即当对方做出选择后，我所做的是我能做的最好的策略。当甲台决定播出新闻节目时，乙台选择娱乐节目就是一个纳什均衡。因为在给定对手行为后，乙台选择娱乐节目是乙台所有策略中收益最大的策略。在给定对手策略的情况下，乙台没有进一步改变自身策略的激励。这个分析也适用于分析甲台。

因此，占优均衡是纳什均衡的特例。我们在分析寡头垄断市场中的古诺模型时，古诺模型就是一个纳什均衡，因为在古诺模型中，双方都把竞争对手的产量看作是给定的，在此基础上双方进行自己的产量决策。在古诺均衡处，双方都实现了在给定对手产量时，能够给自己带来最大化收益的产量水平。而达到均衡时，在给定对方决策的条件下，任何一方都没有进一步改变现状的动力。

对上面这个博弈而言，存在两个纳什均衡。右上方和左下方的支付都是纳什均衡。当两家电视台同时进行节目编排决策时，我们无法知道哪个纳什均衡会实现。两家电视台都有实现纳什均衡的动力，如果双方不幸选择相同的节目类型时，双方的收视率都会降低。这时，电视台可以通过释放信号的方式来表明自己的意图，比如通过节目预告的方式让对手知道自己的选择，从而使对手选择另外的节目类型。

5.4 策略行动

5.4.1 序贯博弈

在现实的传媒博弈中，很多博弈不是双方同时决策，而是博弈双方先后进行决策，这种博弈我们称为序贯博弈。比如在前面章节介绍的斯坦克尔伯格模型中，先行动一方占有优势地位。假设两家电视台进行节目编排，它们可以选择财经节目或娱乐节目，博弈的支付如图5-6所示。

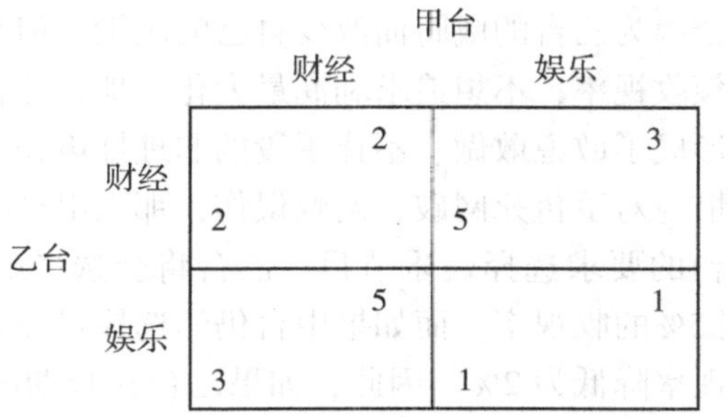

图5-6 节目编排博弈(二)

对甲台而言，当乙台选择财经节目时，甲台选择财经节目的收视率为2%，选择娱乐节目的收视率为3%。因此，当乙台选择财经节目时，甲台选择娱乐节目。当乙台选择娱乐节目时，甲台选择财经节目的收视率为5%，选择娱乐节目的收视率为1%。因此，当乙台选择娱乐节目时，甲台选择财经节目。

再看乙台。当甲台选择财经节目时，乙台选择财经节目的收视率为2%，选择娱乐节目的收视率为3%。因此，当甲台选择财经节目时，乙台选择娱乐节目。当甲台选择娱乐节目时，乙台选择财经节目的收视率为5%，选择娱乐节目的收视率为1%。因此，当甲台选择娱乐节目时，乙台选择财经节目。

根据我们前面的分析，这个博弈有两个纳什均衡。如图5-6所示，分别是左下方的甲台选择财经、乙台选择娱乐，以及右上方的甲台选择娱乐、乙台选择财经。当这两个电视台同时决策时，我们不知道哪个结果会出现。现在假设甲台先做出决策，乙台在看到甲台的决策后再进行决策。

甲台首先进行决策，在两个均衡中，甲台选择财经节目可以得到比选择娱乐节目更高的收视率，而且甲台也知道，乙台会根据甲台的决策进行决策。当甲台选择财经节目时，可以得到5%的收视率。这时，乙台选择娱乐节目能够得到3%的收视率，选择财经节目会使双方收视率都降为2%。由于乙台是理性的，因此甲台认为乙台会选择娱乐节目。在序贯博弈中，先行动的一方可能占据某种优势地位。

5.4.2 不可置信的威胁

参与博弈的媒体通过策略性行动给自己带来竞争中的优势地位。回到刚才的例子，通过率先行动，甲台获得了5%的高收视率，而乙台只能获得3%的低收视率。那么，处于不利地位的乙台有没有办法通过策略性行动改善自己的竞争地位？假设乙台对甲台发出威胁说："如果你不选择娱乐节目，我将通过选择财经节目，使你的收视率从5%下降到2%。"乙台试图通过使甲台选择娱乐节目，自己选择财经节目的方式，将收视率从3%提高为5%。这一策略性行动伴随着一个威胁，即如果甲台不选择娱乐节目而仍然选择财经节目，乙台将不惜降低自己的收视率，通过选择财经节目使甲台收视率下降到2%。那么，乙台的这个威胁可信吗？

显然，乙台的威胁是不可信的。因为当甲台选择财经节目时，乙台选择娱乐节目可以得到3%的收视率，而选择财经节目只能得到2%的收视率。因此乙台的威胁是不可信的。在这种情况下，甲台不会因为乙台的威胁而改变自己的决策。但是，如果乙台能够使甲台相信自己并不想追求高额收视率，不想追求利润最大化，那么乙台的威胁将是可信的。如果乙台在长期的竞争中形成了敢说敢做、不择手段的非理性声誉，为了打击对手不惜牺牲利润，为了兑现诺言不惜与对手鱼死网破、两败俱伤，那么甲台将会认为乙台的威胁是可信的。如果甲台按照乙台的要求选择娱乐节目，乙台将会选择财经节目，这样甲台得到3%的收视率，乙台得到5%的收视率。而如果甲台仍然选择财经节目，乙台通过选择财经节目，会使得甲台的收视率降低为2%。因此，如果乙台在长期的市场竞争中建立了一种非理性、不择手段的声誉，那么乙台的威胁便具有可信性。

5.4.3 遏制进入

在寡头垄断的媒体市场上，寡头会尽力遏制新进入者进入市场。为了遏制新进入者，寡头和新进入者之间将展开博弈。新进入者是否进入市场，取决于进入市场后是否有利可图。因此，寡头需要展开策略性行动，使新进入者认识到进入市场无利可图，从而打消进入市场的念头。

假设有一家新媒体试图进入市场，为了独享垄断利润，在位者要阻止其进入。假设进入市场的成本为3000万元。当进入者进入市场时，在位者既可以选择接纳也可以选择不接纳，如果接纳，在位者便保持原有产品产量、价格不变；如果不接纳，在位者便通过增加产量、降低价格的方式与进入者展开竞争。假设市场原有利润为1亿元，如果新进入者不进入市场，在位者便独享1亿元。如果在位者接纳进入者，两家媒体共同瓜分市场，在位者得到5000万元，新进入者得到5000万元，扣除3000万元的进入成本，进入者得到2000万元利润。如果在位者不接纳进入者，在位者和进入者展开竞争，在位者得到3000万元，进入者也得到3000万元，扣除3000万元进入成本，进入者的利润为零。① 这时的博弈支付矩阵如图5-7所示。

		在位者	
		接纳	不接纳
进入者	进入	5000 2000	3000 0
	不进入	10000 0	3500 0

图5-7 遏制进入(一)

① ［美］平狄克、鲁宾菲尔德：《微观经济学》(第四版)，张军等译，中国人民大学出版社2000年版，第428页。

进入者会考虑，当自己选择进入时，如果在位者选择接纳，自己将得到 2000 万元的利润；如果在位者选择不接纳，自己得到的利润为零。因此，进入者是否进入取决于在位者的策略，进入者会考虑在位者的策略。当进入者选择进入，在位者选择接纳时，在位者的利润为 5000 万元，而选择不接纳时在位者的利润仅为 3000 万元。由于接纳进入者会得到比不接纳进入者更多的利润，进入者预测在位者会接纳自己进入市场。这样进入者会选择进入市场。

此时，如果在位者发出威胁说，一旦进入者进入市场，自己将不会接纳。但是在位者的威胁并不可信，因为一旦进入者进入市场，接纳进入者符合在位者利益。在位者面临这种情况，仍然可以通过策略性行动改善自己的处境。由于垄断利润的存在，市场外总会有试图进入的竞争对手，在位者必须通过策略性行动遏制进入者的进入动机。在位者可以对阻止进入的生产能力进行投资，一旦有进入者进入市场，便使用这部分新投资的设备扩大产量，与对手进行竞争。而在接纳进入者或没有进入者时，这部分额外投资会减少利润。

假如为了阻止进入，在位者投资 3000 万元用于购买一台新印刷机。在没有进入者时，这台设备不投入使用。而一旦有进入者试图进入时，在位者便可通过增加版面、扩大发行量的方式阻止对手进入。这时的博弈支付矩阵如图 5-8 所示。

		在位者	
		接纳	不接纳
进入者	进入	2000 2000	3000 0
	不进入	7000 0	3500 0

图 5-8 遏制进入(二)

这时，如果进入者试图进入市场，在位者的威胁将具有可信性。在位者通过投资额外的印刷设备，可以遏制进入者。当进入者进入市场时，在位者选择接纳，只能得到 2000 万元利润，而在位者选择不接纳，则可得到 3000 万元利润。因此，进入者知道这时进入市场必然会面临在位者的报复。故而理性的进入者将不会选择进入市场。在位者遏制了进入者，继续独享市场，可获得 7000 万元的利润。

在位者通过投入额外的印刷设备，阻止了进入者。但在位者的利润由原先的 1 亿元下降到 7000 万元。在位者的这笔投资是否合算？如果博弈是无限次重复进行的，在位者虽然在短期减少了利润，但如果把进入者长时间遏制在市场之外，那么长时间的垄断利润可以抵消新投资的成本。在位者仍然可以获得高额利润。而且，通过投入额外的印刷设备，在位者可以向潜在的进入者发出信号，一旦有进入者试图进入市场，在位者可以轻易动用新增设备打击对手，这会减少进入者进入的动力。

5.5 理论的应用

5.5.1 报纸价格战

我们可以运用博弈论的基本理论分析前些年我国各地上演的报纸价格战。假设某市场有两家报纸，报纸 1 和报纸 2，它们保持原价和降价时的收益体现在图 5-9 中，两家报纸陷入“囚徒困境”。对两家报纸而言，保持原价是较优的策略，它们都可以得到 50 万元的收入。但是如果它们中的一家降价而另一家保持原价，则降价方的收入将增加到 100 万元，而保持原价的一家报纸会亏损 10 万元，因为它的市场被竞争对手抢走了。由于双方的收益都受到对方策略的影响，现在我们研究两家报纸分别可能采用的策略。

		报纸1	
		原价	降价
报纸2	原价	50 50	100 –10
	降价	–10 100	30 30

图 5-9 “囚徒困境”中的报纸价格战

首先考虑报纸 2 的策略。当报纸 1 保持原价时，报纸 2 保持原价能够得到 50 万元的收益，降低价格则会得到 100 万元收益，因此，如果报纸 1 保持原价，报纸 2 将会降价。当报纸 1 降价时，报纸 2 保持原价会损失 10 万元，降价会得到 30 万元，因此，如果报纸 1 降价，报纸 2 也将降价。可以看到，无论报纸 1 保持原价还是降价，对报纸 2 而言，降价都是能够带来更大收益的策略。换句话说，无论报纸 1 采用哪种策略，降价是报纸 2 的占优策略。同样，对报纸 1 而言，无论报纸 2 采用何种策略，降价也是它的占优策略。

可以看到，两家追求自身利益最大化的报纸之间将爆发价格战，而价格战的结果将是报纸的收益从保持原价时的各得 50 万元降低到各得 30 万元。两家报纸陷入“囚徒困境”。双方可以通过合作获取更高收益，但由于背叛对方可以得到高额回报，导致两家报纸相互背叛，陷入低收益的困境中。

但是，两家陷入“囚徒困境”的报纸可以走出困境。在只进行一次的价格博弈中，两家报纸都会选择降价，但是如果博弈多次重复进行，比如这两家报纸在同一个市场中竞争时间比较长，以前有过价格战的经历，对价格战的损害有深刻认识，双方彼此了解较多，对对方的竞争策略较为了解，那么，它们之间可能形成保持原价的默契。因为通过重复博弈会发现，与双方降价相比，保持原价是较优的策略。在博弈论中，如果价格博弈只进行一次，那么，理性的报社必然会降低价格来获得更高收益。但是，如果博弈需要重复进行多次，可能会有不同的结果，双方有可能维持较高的价格，获取更高收益。理性的报社会发现，针对首先降低价格的一方，可以进行“针锋相对”的还击。“针锋相对”策略是无限次重复博弈过程中平均收益最高的策略。

这一策略的分析思路如下：起初，双方都维持原价，各自获得50万元收益。但是，如果有一方发动降价，那么另一方将会采取针锋相对的报复行动，从而降低双方的收益。因此，如果双方都维持高价，各自会得到50万元收益。但只要有一方采取欺骗策略，在短期内它的收益虽然会增加到100万元，但是一旦对方发现这一行为，进行针锋相对的还击，会使双方收益一直保持在30万元的低水平上。由于博弈是无限次重复进行的，如果在以后的各轮博弈中双方继续进行价格战，多轮价格战给报纸带来的损失必然大于一次降价带来的收益。因此，仅仅是针锋相对所隐含的威胁就会使理性的报社不轻易发动价格战。在无限次重复博弈中，只要竞争对手相信对方可能采用针锋相对策略，就能保持合作。双方都意识到，当对手制定高价时，最好的做法是自己也同样保持高价。原因在于长期合作的期望收益肯定会大于一次降价带来的短期收益。所以，如果博弈是无限次重复进行的，那么理性的竞争者均会保持原价。

比如，在这个例子中，假设双方博弈4次，如果4次博弈中双方都保持合作，那么4次博弈分别给每一方带来200万元收益。如果一方在第一次博弈中背叛对方，获得100万元的高回报，但对方会在下一轮博弈中开始惩罚背叛者，使得在随后3轮博弈中背叛者只能获得30万元的低收益，后面3轮博弈中背叛者的收益为90万元，加上第1轮博弈中背叛对方得到的100万元，背叛者总共获得收益190万元，低于4轮博弈保持合作获得的收益200万元。因此，理性的参与者通过计算发现，与背叛对方相比，合作能够带来更高的回报。

交往的长期性也使背叛合作的行为无利可图。只要未来相对现在而言是重要的，即合作长期重复进行，那么诸如恶性竞争等背叛策略便不可取。这意味着，交往的长期性是引发合作的前提，合作的产生并非出于双方拥有共同利益，而是双方交往的长期性。交往长期反复、多次进行，双方才有合作的动力。而当交往是短期的或交往即将结束时，双方更有可能选择背叛对方。

针锋相对策略在长期可以使双方打成平手，运用这一策略的一方最坏的结果是遭到一次背叛，而在随后的每一次博弈中都能和对手打平。因此在长期博弈中，双方的胜负比例会越来越接近。这一策略的缺陷在于容易产生误解，而且一旦产生误解后，错误会反复出现，犹如回声一般。无论有意还是无意，只要一方犯错，对方就会进行惩罚。而在受到对手惩罚后，犯错一方也会进行反击，反击又会伴随着惩罚，惩罚又会引发下一次反击。

正如阿维纳什·K. 迪克西特和巴里·J. 奈尔伯夫所言："只要有可能出现误会，长期而言，以牙还牙策略会有一半时间合作，一半时间背叛。理由是，一旦出现误会，双方将问题复杂化与澄清误会的可能性一样大。这么一来，以牙还牙策略其实就跟扔硬币决定合作还是背叛的策略差不多，因为后者选择合作和背叛的几率也是相同的。"①

然而，在现实中博弈双方不会机械地使用针锋相对策略，如果一方由于偶然的意外背叛对方，引发对方反击后，背叛者可以选择宽容对方，不对对方的惩罚进行反击，或通过向对方作出解释从而引发对方合作。或当一方由于偶然原因背叛后，另一方可以选择宽容

---

① ［美］阿维纳什·K. 迪克西特、巴里·J. 奈尔伯夫：《策略思维：商界、政界及日常生活中的策略竞争》，王尔山译，中国人民大学出版2002年版，第86页。

背叛者，从而使双方回到合作的路径上。因而，当针锋相对策略引发相互冲突时，需要参与者提高辨别能力，弄清对方的反击是纯粹出于背叛还是对自己在上一轮行为的惩罚，对方是出于无意而背叛还是不愿继续合作而背叛。只有明白对方行为的动机后，才能进行有效的应对，促进双方长期合作。

本节案例

默多克的报纸博弈策略①

1994年，默多克的《纽约邮报》与其竞争对手《每日新闻》的售价均为每份40美分，默多克认为两报联合提高售价可以增加双方利润，便将《纽约邮报》售价提高到每份50美分，但是《每日新闻》却没有跟进提高售价，这使得《纽约邮报》的发行量和广告额明显下滑，默多克不得已只能将报价下降到原来水平，并宣布要进一步将报纸价格降至每份25美分，但《每日新闻》仍然不为所动。于是，默多克便将斯坦德岛市场上的报价降为每份25美分，这一降价行为冲击了《每日新闻》的市场份额，《每日新闻》明白默多克的目的不是打价格战，而是要求同时提价。于是《每日新闻》将售价提高到每份50美分，默多克随后也立即将《纽约邮报》价格提升为每份50美分。

默多克的每一步举措都符合针锋相对策略，首先与对手合作提高价格，但是对手不合作，于是他通过降价展开反击，但反击会使对手在随后进行更严厉的报复，使双方冲突升级，为了不让冲突激化，默多克只在局部市场上降价来反击对手，让对手明白默多克并不想打价格战，斯坦德岛上的降价只是对《每日新闻》在上一轮博弈中不合作的反击，这时《每日新闻》理解了默多克的策略，提高了报价，默多克也报之以提价，双方开始合作并且都得到了更高收益。

我们对针锋相对策略的分析只适用于无限次重复博弈。无限次重复博弈是指竞争对手之间无限次地重复相同的博弈，在这种情况下，理性的报社不会有背叛合作的动力，博弈的均衡是双方保持原价。但是，如果博弈是有限次重复博弈，那么情况将出现变化。

假设报纸1和报纸2的博弈只进行4次。第4次博弈是最后一次博弈，在第4次博弈时，无论采取什么策略，对手都无法进行报复。因此，第4次博弈的均衡与一次性博弈一样，在第4次博弈时，理性的报社将会选择降价，通过降低价格，报社将会得到100万元的收益。但是博弈双方都是理性的，它们都知道第4次博弈是最后一次博弈，因此，双方都会选择降价，从而使双方的收益降低到30万元。由此逆推到第3次博弈，由于双方都知道第4次博弈中对方会降价，因此，理性的报社在第3次博弈时将会选择降价，因为无论自己如何决策，第4次博弈时对方都会选择降价。因此，理性的报社会在第3次博弈时选择降价。由此一直可以推回到第1次博弈，由于在接下来的各次博弈中双方都会选择降价，因此在第1次博弈时，理性的双方将会不约而同地选择低价。可以得出，在有限次重复博弈中，理性的报社在博弈一开始就会选择低价。博弈双方之所以要进行合作，是因为合作可以带来进一步合作，但这要求双方在以后还有合作的机会。由于博弈次数是有限

① http：//www.doc88.com/p-2002465791195.html，2017-07-12。

的，在最后一次博弈时双方都不会有合作的动力，通过逆推法可以证明，这将使得双方的合作从一开始就无法进行。

同时还可以从这个角度来分析，假设第4次博弈是最后一次博弈，第4次博弈完成之后双方将不再进行博弈。如果报纸1在第4次博弈时考虑到它不会受到报纸2的报复而选择降价策略，于是它通过降价而得到100万元的收入。往后退回到第3次博弈，报纸2会考虑，不管它在第4次博弈时选择降价策略还是保持原价，报纸1都会选择降价，与其让报纸1率先降价，不如自己先降价。由此一直可以上推到第1轮，在博弈一开始的时候，理性的双方会不约而同地选择降价策略。

对于无限次重复博弈而言，可能的均衡是双方均保持原价。但对于有限次重复博弈而言，很有可能一开始就出现降价。一般而言，现实生活中的价格博弈都是有限次数博弈，那么，媒体博弈不应出现合作。但在现实中，有限次重复博弈的媒体之间仍然会产生合作。可能的原因有两个，首先，虽然媒体之间的博弈是有限次重复博弈，但是博弈双方都不知道哪一次博弈是最后一次。如果不知道哪一次博弈是最后一次博弈，那么有限次重复博弈就类似于无限次重复博弈，前面的逆推分析就不再起作用了。双方不知道博弈何时结束，都会认为在下一次还要和竞争对手进行博弈，因而这时的有限次重复博弈就类似于无限次重复博弈。由于担心受到对手的惩罚，理性的报社将不会选择降价，而是尽可能保持合作。因而，由于博弈次数不确定，在有限次重复博弈中，我们会看到双方保持原价而非打价格战的现象。

其次，博弈双方可能不一定是完全理性的，它们中的一方可能是有限理性的参与者，博弈的一方可能对另一方的理性程度有所怀疑，从而使双方摆脱了困境。比如报纸1认为报纸2在有限理性地采取针锋相对策略，即报纸2并不像报纸1一样了解博弈的时间范围和收益情况。报纸1认为，只要自己保持高价，采用针锋相对策略的报纸2将会选择高价，这使得报纸1愿意在尽可能长的时间里保持高价策略，在有限次重复博弈的最后一轮才开始采用低价策略，从而使双方在有限次重复博弈过程中获得接近于无限次重复博弈的收益。只要重复博弈的时间足够长，采取合作的期望收益必然会大于采取背叛策略的期望收益。因此，尽可能维持较高价格对双方都是有利的选择。

延伸阅读

合作的进化

《合作的进化》是美国著名学者、密歇根大学公共政策研究所的罗伯特·阿克塞尔罗德教授的作品，是行为科学领域和博弈论研究的重要文献。该书以合作的产生、合作的进化为主题，探讨在一个分散的群体中，合作是如何产生和维持的。此书以博弈论中的“囚徒困境”为对象，通过计算机模拟实验的方法，通过两轮实验，发现最成功的策略是“针锋相对”，而且这一结论具有推广价值，在人类社会的诸多领域，都可以发现针锋相对这一策略的优越性。

阿克塞尔罗德教授在一开始提出一个问题，即合作是如何在没有集权的利己主义者之间形成的？这是一个有趣的问题，根据经济学理论的假设，人是利己的，总是在追求自身的利益最大化。那么，追求自身利益最大化的个体之间如何才能形成合作？按照传统的观点，合作难以出现，除非有某个机构进行强制，否则，追求个体利益的利己主义者之间难以形成合作。即便产生合作，也时刻面临着背叛对方的动力。这就引出了三个问题①：第一，潜在的合作策略如何才能在不合作占优势的环境中取得最初的立足之地？第二，何种策略能在由其他各种简单和复杂的策略组成的多样化环境中脱颖而出？第三，在何种条件下，这样的策略一旦在群体中完全立足，就能抵御不合作策略的侵入？

在"囚徒困境"中，追求个体利益的主体之间如何产生合作？前面我们分析过，持续的交往是产生合作的关键。如果把下一步相对于当前的权重视为折扣系数 w，那么，可以得到命题一：如果折扣系数足够大，则不存在独立于对方所采用的策略的最优策略。②

这是由于，如果折扣系数大，说明未来相对于现在而言很重要，双方能够从未来的合作中得到更高的收益。在这种情况下，博弈双方必须考虑到对方所采用的策略，"囚徒困境"中的策略要给合作留有充分的空间，这是双方产生合作的关键。换句话说，双方合作的可能性取决于以后相遇的概率。以后相遇的概率大，则双方合作的可能性大，反之则反是。

阿克塞尔罗德教授通过计算机竞赛的办法进行实验，在第一轮实验中，有 14 位来自经济学、心理学、社会学、政治学、数学领域的专家提交计算机程序。这些程序和一个随机程序参加循环赛，每个程序都要和其他程序相遇，还要和自己以及随机程序相遇。随机程序以相等概率随机选择合作或背叛。每轮游戏有 200 次对局。合作时每人奖励 3 分，双方背叛时各给 1 分，一人背叛而另一人合作，背叛者得 5 分，合作者得 0 分。整个循环赛重复 5 次，共 12 万次对局，24 万种不同选择。优秀成绩的基准线是 600 分，相当于双方总是选择合作时的得分，差劣成绩以 200 分为基准，相当于从不合作时的得分。由加拿大多伦多大学的阿纳托尔·拉帕波特提出的"针锋相对"得分最高，它的平均得分是 504 分。

试验结果显示，名列前八位的规则都是善良的规则，即从不首先背叛。善良规则的平均得分在 472~504 分，而不善良即首先背叛对方的规则平均得分为 401 分。每个善良规则与其他七个善良规则及它们自身相遇时，得分大约为 600 分，因为这些规则之间长期保持合作，而区分善良规则相对名次的是它们与不善良规则相遇时的得分。阿克塞尔罗德教授的研究结果显示，有两个规则对谁获得第一名作用较大。影响前几名排名名次最大的是"唐宁策略"。③ 这一策略的规则是，如果对方不对自己的行为做出反应，唐宁将尝试背叛，如果对方做出反应，唐宁就选择合作。为了判断对方的反应，唐宁会估计对方在它合作后予以合作的概率和它背叛后仍然合作的概率，然后做出选择。如果这两个概率相似，唐宁将选择背叛。如果对方倾向于在唐宁合作后合作而不是在唐宁背叛后合作，那么唐宁将选择合作。甚至，在一些情况下唐宁会交替选择合作和背叛。

游戏一开始，唐宁并不知道对方在合作后仍然合作的概率和背叛后继续合作的概率，

① [美]罗伯特·阿克塞尔罗德：《合作的进化》，吴坚忠译，上海人民出版社 2007 年版，第 2 页。

② [美]罗伯特·阿克塞尔罗德：《合作的进化》，吴坚忠译，上海人民出版社 2007 年版，第 11 页。

③ [美]罗伯特·阿克塞尔罗德：《合作的进化》，吴坚忠译，上海人民出版社 2007 年版，第 23 页。

假设各为0.5，由于假设对方在开始时不反应，唐宁会在头两步选择背叛，而这会招致很多规则的惩罚，这也使唐宁成为决定前几名规则名次的关键。因此，对于善良规则而言，对背叛的反应在最后得分中非常关键，规则的宽容性非常重要。研究结果也显示，在所有善良规则中，得分最低的是最少宽容性的规则，这一规则是“弗里德曼规则”，它从不首先背叛，但一旦对方背叛，弗里德曼将一直选择背叛。

背叛与否会极大地影响最后的得分，因此，一方在背叛时必须考虑三个层次的效应①：第一，背叛的直接效果。也就是说，自己在背叛后能够得到什么，一般来说，背叛会使自己的收益增加。第二，同时还要考虑到背叛的间接效果，即对方是否会处罚背叛。一般而言，背叛总是会招来对方的惩罚，这是背叛的间接效果。第三，还要考虑到为了对对方的惩罚做出反应，比如需要重复背叛甚至扩大挑衅。一般而言，背叛者能够料到第一层和第二层效果，但很少会想到第三层效果。一旦背叛引起对方的惩罚，将使背叛升级、扩大，背叛者虽然获得短期收益，但可能损害了长期收益，背叛者到头来惩罚了自己。

在第一轮竞赛结束后，获胜者采用针锋相对策略，这一结果出乎很多人的意料，针锋相对是一个极其简单的策略，即在每一步重复对手在上一轮做出的决策，如果对方选择合作，那么针锋相对地选择合作，如果对方选择背叛，那么针锋相对地选择背叛。但针锋相对策略的背叛只有一次，一旦对方在下一轮重新选择合作，那么针锋相对策略又会选择合作。这一策略极其清晰、简单。在公布第一轮竞赛的结果后，阿克塞尔罗德教授又组织了第二次竞赛。由于第一次竞赛的得分、成败经验都予以公布，因此，第二次竞赛理应比第一次竞赛水平更高。第二次竞赛总共有62名参赛者，分布非常广泛，从10岁的计算机爱好者到计算机、生物学、经济学、心理学、数学、社会学、政治学、进化生物学等学科的教授，共有来自美国、英国、加拿大、挪威、瑞士、新西兰等国的多名参赛者组成。这一轮的获胜者仍然是阿纳托尔·拉帕波特提出的针锋相对策略。

第二次竞赛的结果进一步显示出针锋相对策略的优越性，实验中名列前15名的策略中，只有第8位的规则是不善良的，而在最后15名中，只有一个是善良规则。可见，规则的善良与否和得分密切相关。当然，这一结论建立在静态试验的基础上，如果参赛程序不同，结果又会如何？阿克塞尔罗德教授进行了生态学实验，发现不成功的规则会消失，而成功规则会不断延续，即一个规则的后代数量与得分成正比。生态学实验的结果是，最后11名规则在实验进行到第5代时只剩下一半，排名在中间的规则继续保持其规模，名列前茅的规则数量增加，到第50代时，名列最后1/3的规则消失了，大部分名列中间的规则数量开始下降，名列前1/3的规则数量继续增长。②

这个生态学实验说明，合作会带来成功，而占便宜虽然可以在短期得到较高收益，但这往往是走向自我毁灭的过程，因为从生态学角度看，不善良规则只能欺负“老实人”，而当这些被占便宜的策略逐渐消失后，不善良的规则便失去了自身赖以为生的土壤，这些规则破坏了自身生存的环境，自身也很快灭亡。

---

① [美]罗伯特·阿克塞尔罗德：《合作的进化》，吴坚忠译，上海人民出版社2007年版，第26页。

② [美]罗伯特·阿克塞尔罗德：《合作的进化》，吴坚忠译，上海人民出版社2007年版，第33页。

而得分最高的针锋相对策略从来不会破坏自身生存的环境，它的成功并不是建立在战胜对手的基础上，而是通过引出对方的合作，让自己和对方都获得成功。针锋相对策略具有三个明显的特点，当这三个特点得到满足时，这一策略就展现出它的优点①：第一，遇到针锋相对的可能性是显著的；第二，一旦遇到，针锋相对可以很容易地被识别出来；第三，一旦被识别出来，针锋相对策略的不可欺负性就会显示出来。由于针锋相对策略是一个极其清晰、明确的策略，一旦对手遇到它时，可以很容易地发现它，并且，要想和针锋相对策略进行合作，就不能背叛，一旦背叛将受到针锋相对策略的惩罚。同时，针锋相对策略具有宽容性，一旦对方合作，它将立即宽恕对方，报以合作。因此，任何一个策略要想和针锋相对策略友好相处，就必须和它合作。而一旦开始合作，就应该一直保持合作。

同时，针锋相对策略是一个善良的策略，因为它从不会背叛对方，有时候背叛的好处会很大，但是背叛对方也蕴含着巨大的风险，罗伯特·阿克塞尔罗德教授列出三点，首先，如果一个规则用背叛试探是否可以占便宜，它就得冒被那些可激怒的规则报复的危险。其次，双方的反击一旦开始，就很难自己解脱。最后，试图识别那些不反应的规则并放弃与它们合作的努力，经常错误的导致放弃与其他一些规则的合作，而这些规则可以被有耐心的规则挽救。②

现在假设一个场景，在一个集体中，集体中所有成员都采用一个策略，这时有没有人可能采用其他策略？进化论生物学家约翰·梅纳德·史密斯提出，如果一个个体选择的策略比集体中其他个体的策略收益更高，那么这个个体就能侵入这一集体。反过来，如果一个策略不能被其他策略侵入，那么它就是集体稳定的。在长期，可能发生各种变异，如果变异后的个体能够入侵集体，可以认为集体是不稳定的。但需要注意的是，集体稳定策略是指，在集体中新策略的个体间没有太多接触，如果新策略以小群体形式出现，情况将有很大不同。

既然针锋相对策略是一个优越的策略，那么它是一个集体稳定的策略吗？它在什么时候能被其他策略侵入？针锋相对策略能否侵入其他策略组成的集体？这就引申出下面几个命题。命题二：当且仅当 w 足够大时，“一报还一报”是集体稳定的。这个命题的证明很简单，在由“一报还一报”策略组成的集体中，个体之间相互合作，任何一个策略只能在背叛时得到较高收益，而随后只能得到较低收益。只要未来相对现在是重要的，即合作是长期进行的，那么背叛策略不能侵入针锋相对策略。

由此得到命题三：只有当折扣系数 w 足够大时，任何首先合作的策略才是集体稳定的。③ 首先合作的策略如针锋相对策略要想集体稳定，就不能被其他策略侵入，而背叛在第一步时能得到高收益，但随后会得到低收益。首先合作的策略要避免被背叛策略侵入，就要让合作保持较长时间，使对方一次背叛得到的收益被长期合作带来的收益抵消。

---

① [美]罗伯特·阿克塞尔罗德：《合作的进化》，吴坚忠译，上海人民出版社 2007 年版，第 36 页。

② [美]罗伯特·阿克塞尔罗德：《合作的进化》，吴坚忠译，上海人民出版社 2007 年版，第 36 页。

③ [美]罗伯特·阿克塞尔罗德：《合作的进化》，吴坚忠译，上海人民出版社 2007 年版，第 42 页。

命题四：对于善良的策略，如果是集体稳定的，它就必须能被对方的第一个背叛所激怒。① 如果善良的策略不能被对方的第一个背叛激怒，那么它就不是集体稳定的，因为背叛的策略会侵入它。

命题五：总是背叛策略总是集体稳定的。② 罗伯特·阿克塞尔罗德教授认为，这一命题对合作的进化有重要意义。在一个由“总是背叛”组成的集体中，任何合作的策略都无法生存，因为集体中的每个个体都选择背叛，单个个体的合作得不到任何回报，即任何策略都不可能得到比“总是背叛”更高的分数。因此，总是背叛策略的确是集体稳定的，虽然它的得分并不高。那么，在一个由总是背叛者组成的环境中，不能产生任何合作吗？如果是这样的话，那的确让人沮丧。但是，罗伯特·阿克塞尔罗德教授指出，当合作者是以个体的形式进入由总是背叛策略组成的集体时，的确困难重重。但新进入者如果以小群体的方式将会成功入侵由总是背叛策略组成的集体，因为合作者虽然不能和背叛者合作，但合作者之间可以通过相互合作获得更高分数，战胜背叛者。

以上几个命题共同组成了合作的进化，在合作长期持续时，成员之间必须考虑对方可能的决策，不存在独立于对方策略的最优策略。针锋相对策略之所以能够成为得分最高的策略，关键在于双方的合作是长期的。在这一条件下，针锋相对策略组成的集体是稳定的。而善良的策略要保持自身的稳定性，就必须能够识别那些不善良的策略，不能被不善良的策略所欺骗。因此，善良的策略必须能够对对方的第一个背叛作出反击。一旦针锋相对策略建立起来之后，任何形式的不善良策略都无法入侵针锋相对策略组成的集体，无论不善良的策略是以个体形式出现抑或以集体形式出现。这就构成了一幅不可逆转的合作进化的图像，合作不仅可能，而且不可逆转。合作在没有中央权威、外界干涉的情况下，通过不断的接触自发生成。

那么，如何在长期、持续的“囚徒困境”中增进合作，罗伯特·阿克塞尔罗德教授提出了几条建议③：第一，不要嫉妒。现实中很多人从零和博弈的角度思考和行动，他们认为他人受益意味着自己受损。因此，必须要通过战胜对方才能使自己得到收益。但现实中很多时候人们在进行正和博弈，对方受益并不意味着自己受损。当人们把自己的成功与别人的成功进行比较时，可能会嫉妒他人的成功。而在人们的行为相互影响的博弈过程中，削弱对手的同时也会损害自己的收益。当你获得成功的时候，对方也获得了成功，而当你嫉妒对方的成功，试图削弱对方的成功时，唯一的方法是不与对方合作。但问题在于，不与对方合作固然能够削弱对方的收益，但同时也会损害自己的收益，并引发一系列的矛盾和冲突。

正如罗伯特·阿克塞尔罗德教授所言，在正和博弈的“囚徒困境”中，要求自己做得比对方好是一个错误的目标，追求这一目标会导致危险的冲突。判断自己是否成功的标准

---

① [美]罗伯特·阿克塞尔罗德：《合作的进化》，吴坚忠译，上海人民出版社 2007 年版，第 43 页。

② [美]罗伯特·阿克塞尔罗德：《合作的进化》，吴坚忠译，上海人民出版社 2007 年版，第 43 页。

③ [美]罗伯特·阿克塞尔罗德：《合作的进化》，吴坚忠译，上海人民出版社 2007 年版，第 77 页。

不应该是与对方进行比较，而应该把自己的决策与在相同情况下其他人的决策进行比较，看看其他人在目前情况下是否能够比自己做得好。① 针锋相对策略的成功并不在于它在博弈中得到比对手更高的分数，恰恰相反，针锋相对策略在每一轮博弈中至多与对手打成平手，有些时候还会低于对手得分，因为针锋相对策略从来不会首先背叛对方，因此得不到背叛带来的高收益。针锋相对策略的成功不是依赖于战胜对手，而是通过引发对手的合作使双方共同获得高收益。在正和博弈中，如果与多人进行博弈，成功的前提并非是自己比对方做得好，而是通过引发对方的合作，让自己和对方同时获得高收益，甚至可以让对手得到比自己更高的收益。他人的成功并不意味着自己的失败，恰恰相反，他人的成功是自己成功的前提。

罗伯特·阿克塞尔罗德教授提出的第二条建议是，不要首先背叛。计算机实验的结果验证了这一点，在第一轮竞赛中，位列前八名的规则都是善良的，即它们从不首先背叛，而后七名规则无一善良。在第二轮竞赛中，前十五名规则中只有一个是不善良规则，名列第八位，后十五名规则中只有一个是善良规则。②

第三，对合作与背叛都要给予回报。③ 针锋相策略对在每一步重复对手在上一步的行为，具有极大的回报性。当对手合作时，针锋相对策略会回以合作，而当对手背叛时，针锋相对策略又会回以背叛。在这种情况下，对方可以很容易地识别出针锋相对策略，当对方识别出针锋相对策略后，所能做的最好的决策就是与之进行合作。针锋相对策略具有生态学优势，因为它会吸引越来越多的个体加入这一策略中来，在一个有很多个体选择针锋相对策略的环境中，新加入者最好的策略就是选择针锋相对策略。

第四，不要耍小聪明。④ 博弈中的参与者都是理性的追求自身利益的个体，它们时时刻刻在考虑如何实现自身利益，机会主义行为随处可见。参与者不断地思考着对方的决策，并基于对对方决策的分析而制定自己的策略。但是"囚徒困境"是一个正和博弈，而非零和博弈，对对手行为的推断非常困难。零和博弈中可以较为容易地推断出对手的行为，但是"囚徒困境"中自己的行为不仅会作用于对手，也会通过对手的行为反过来作用于自身。对手不是一个常数，而是一个根据自己的行为做出相应反应的变量。在零和博弈中，让对手猜测你的意图是有利的，对手越是猜测，他就越难以做出有效的行动，但是在长期反复进行的"囚徒困境"中，不应该隐瞒自己的行动，而应该主动表明自己合作的意图，以及自己的策略。让对方尽快认识到你的策略模式，进而使对方明白，在长期的交往中，最好的方式是合作，鼓励合作是成功的关键。

---

① [美]罗伯特·阿克塞尔罗德：《合作的进化》，吴坚忠译，上海人民出版社 2007 年版，第 78 页。

② [美]罗伯特·阿克塞尔罗德：《合作的进化》，吴坚忠译，上海人民出版社 2007 年版，第 80 页。

③ [美]罗伯特·阿克塞尔罗德：《合作的进化》，吴坚忠译，上海人民出版社 2007 年版，第 82 页。

④ [美]罗伯特·阿克塞尔罗德：《合作的进化》，吴坚忠译，上海人民出版社 2007 年版，第 84 页。

5.5.2　最惠价格同盟

在传媒经济学领域，媒体可以通过合作获得高收益，但很多情况下，媒体之间的合作可能损害消费者的利益。在大多数国家，企业之间相互勾结成立卡特尔是违法的，政府会对市场垄断或价格控制进行管制。不能结成正式的卡特尔组织，一些企业会以竞争的名义形成卡特尔。这些价格同盟的形式非常隐蔽，以至于一些时候人们会认为它们在促进竞争，最常见的价格同盟是最惠价格同盟。

比如一些合同中的最惠条款："卖方声明，本协议中各项条款是卖方现在给予经销商和制造商最优惠的条款，今后如卖方向任何其他经销商或制造商销售产品时提供比本协议更有利于买方的条件时，卖方应立即以书面通知经销商，并向经销商提供此项更有利的条件。"这一条款对买方有利吗？

类似的最惠条款很常见，比如喜达屋酒店及度假酒店国际集团做出的"最优惠房价保证"：喜达屋酒店及度假酒店国际集团保证喜达屋旗下商标网站将提供所有喜达屋旗下商标酒店的最优惠房价。"最优惠房价保证"适用于由喜达屋和/或其子公司及关联机构拥有、管理或运营，并以下列品牌之一进行经营的任何酒店、度假酒店，以及其他临时住宿设施：喜来登、威斯汀、福朋喜来登集团酒店、艾美酒店、W 酒店、瑞吉酒店和豪华精选(统称"喜达屋酒店")。在遵守"最优惠房价保证"条款与条件的情况下，就同一酒店在同一日期根据相同客房人数提供相同客房类型和睡床类型，如果您能找到更优惠的现行房价("竞争房价")，只需通过喜达屋旗下商标网站在预订前或预订后 24 小时内将此情况告知喜达屋，即可享受此"竞争房价"，同时还可选择一项"最优惠房价保证"奖赏。"最优惠房价保证"奖赏包括：①竞争房价额外百分之十（10%）的折扣；②两千（2000）点"喜达屋优先顾客"Starpoints ® 积分。①

信诺全球租车也有相似的条款："我们承诺您将得到最优惠的价格和最好的服务。如您在预订后(但必须在出发前)发现同等条件下有更低的租车价格，其中包含同等的服务、地点、条款和附加费用等，请告知我公司，如果情况属实，我们将会提供一个更为优惠的价格。"②

再如，荷兰皇家航空公司也有相同的条款："在 klm. com. hk 订购经济舱机票后，如果您在购票当天的午夜零时前发现其他网站对同等机票有更低的售价，荷航将向你提供价值相当于差价加上港币 500 元的代金券。"③

这些最惠价格条款看起来是在保护消费者的权益，但实际上它们属于隐形的价格同盟。因为实施最惠价格的公司几乎没有降低产品价格的动力。一旦哪家公司降低产品价格，消费者立刻会赶到购买产品的公司要求最惠价格。这时，这家公司非常乐意给消费者

---

① http：//www. starwoodhotels. com/bestrate/terms. html，2017-07-12。

② http：//www. sinorent. cn/cn/worldwide/terms. php，2017-07-12。

③ http://203. 208. 35. 101/translate_c? hl=zh-CN&sl=zh-TW&u=http://www. klm. com/travel/hk_hk/special_offers/best_price/terms_conditions. htm&prev=/search%3Fq%3D%25E6%259C%2580%25E4%25BC%2598%25E6%2583%25A0%25E5%25AE%25A2%25E6%2588%25B7%25E6%259D%25A1%25E6%25AC%25BE%26num%3D20%26hl%3Dzh-CN%26inlang%3Dzh-CN%26newwindow%3D1&usg=ALkJrhgHvYFcTX-8pk1rkkpfawJZT7JDaQ,2017-07-12。

相应的补偿，因为这些补偿相当于对产品降价，而且补齐差价并赠送额外积分或代金券，相当于把产品价格降到低于竞争对手的水平上，这会吸引更多消费者。因此，实施最惠价格条款的公司很清楚，如果不和其他公司的价格保持一致，那就相当于非常鲁莽地发动价格战，而且其他公司的最惠价格条款是一个公开的承诺，这个承诺宣称，一旦有竞争对手降价，公司将会立刻予以反击。最惠价格条款还有一个特点，作为一个暗中施行的价格同盟，参与者们并不需要派人查询其他公司是否暗自降低了产品价格，一旦有公司擅自调整价格，消费者会在第一时间向公司反馈这一信息，因为他们想要获得最惠价格的补偿。可以预见的后果是，一旦实行最惠价格条款，一个非常隐蔽的价格同盟也就随之建立。

本节案例

最惠价格与价格同盟①

纽约市立体声音响商店疯狂埃迪打出口号说："我们不能积压产品。我们不会积压产品。我们的价格是最低的——保证如此！我们的价格是疯狂的。"而它的主要竞争对手纽瓦克与刘易斯则宣布：消费者在每次购物时都会得到这个商店的"终生低价保证"。按照这一承诺，假如消费者在别的地方看到更低的价格，商店会按差价的双倍赔偿给消费者。

纽瓦克与刘易斯的"终生低价保证"中说："如果您在购物之后发现，在您购买产品的正常使用年限里，本地同一销售区域的其他商店同样型号的商品打出的价格或者实际销售的价格更低(必须附有打印的凭据)，我们纽瓦克与刘易斯将很乐意向您(以支票方式)支付100%的差价，外加25%的差价，或者，假如您愿意，我们将赠送面值相当于差价200%的礼品券(包含100%的差价外加相当于100%的差价的礼品券)。"

纽瓦克与刘易斯的"终生低价保证"听上去很有竞争力，但是这个非要击败对手不可的承诺却有可能加强一个操纵价格的卡特尔的内部约束。为什么会发生这样的事情呢？

假设一台录像机的批发价是150美元，现在疯狂埃迪和纽瓦克与刘易斯都卖300美元。疯狂埃迪偷偷作弊，减价为275美元。假如没有那个击败对手的承诺，疯狂埃迪完全有可能将一些原本打算在对手那边购物的顾客吸引过来，而这些顾客之所以要去纽瓦克与刘易斯那边购物，原因很多，可能是因为路途较短或者以前曾在那里买过东西。不幸的是，对疯狂埃迪而言，这回减价起了完全相反的效果。因为纽瓦克与刘易斯有那么一条价格保证，人们就想赚便宜，纷纷进来买一台录像机，然后要求赔偿50美元。这么一来，相当于纽瓦克与刘易斯的录像机自动减价为250美元，比疯狂埃迪减得还厉害。不过，纽瓦克与刘易斯一定不愿意就这么付出50美元。因此，它的对策就是降价至275美元。无论如何，疯狂埃迪的结果都不如原来。那又何必搞鬼作弊呢？价格还是保持在300美元好了。

虽然卡特尔在美国是非法的，疯狂埃迪与纽瓦克与刘易斯却还是结成了这么一个组织。可以看到，纽瓦克与刘易斯可以轻易觉察疯狂埃迪作弊。那些跑来说疯狂埃迪打出更

① [美]阿维纳什·迪克西特、巴里·奈尔伯夫：《策略思维：商界、政界及日常生活中的策略竞争》，王尔山译，中国人民大学出版2002年版，第86页。

低价格而要求赔偿的顾客，其实在毫不知情的情况下扮演了这个卡特尔的执法侦探。惩罚的形式是价格协定破裂，结果导致利润下降。那则“击败竞争对手”的广告实际上自动而迅速地实施了惩罚。

5.5.3　发行量认证的困境①

我国报刊的发行量不公开、不透明，发行数字掺水、虚报，报刊的真实发行量成为商业秘密，有人戏言说报刊的发行量如同女人的年龄一样不能随便问，甚至一些报社规定不得向外透漏发行量，违者轻则处罚、重则开除。② 许多报纸动辄声称自己的发行量高达几十万甚至上百万份。在同一城市，几家报纸都声称自己的发行量位列第一，相互之间大打口水官司。报刊虚报发行量，不仅伤害了读者、广告商的权益，也使得重视公信力的报刊业面临公信力下滑的严峻局面，而且也会损害报刊产业的整体利益。近年来，一些国际广告客户和广告公司在我国进行广告投放时，常以我国报刊的发行量没有经过认证作为杀价的理由。原新闻出版总署副署长、国新出版物发行数据调查中心理事长石峰说，虚报发行量“对广告客户、对读者都是一种蒙骗误导，是一种为本身占有更多的经济利益和市场份额，而不顾职业道德的行为。这种状况有违公平竞争的原则，也损害了市场的诚信和法制原则。它不仅构成了对广告商的商业欺诈，同时也引发了报刊业同行的无序竞争”③。

有鉴于此，我国在 2005 年 4 月 25 日成立了国内从事出版物发行量调查统计和认证的国新出版物发行数据调查中心。但接受国新出版物发行数据调查中心认证的报刊数量不多。同时，接受认证的报刊以两类为主：一类是不以广告作为主要收入来源的中央党报，如《人民日报》；另一类是在细分市场占据垄断地位的报刊，如《读者》《英语周报》，而竞争最激烈、最需要发行认证的都市类媒体却少有接受认证的。④ 而且，发行数据调查中心对都市类媒体的发行认证也以流产告终。2006 年 7 月 31 日，中宣部等四部委委托国新出版物发行数据调查中心对北京、上海、广州、成都、沈阳、哈尔滨、石家庄、太原、西安、南京、杭州共 11 个城市的都市类报纸进行发行量认证，并予以公布。然而，2007 年 4 月 27 日，原计划公布的 11 个城市都市类报纸发行量核查结果却未能如期发布。对此，国新出版物发行数据调查中心主任张友元的解释是：“由于我国对报刊发行量的核查工作刚刚起步，且核查发行量所需凭证和环节较多，不少报社还不能适应核查工作的需要，提供的凭证不够充分，核定数据相当困难。列入本次核查的 11 个城市都市类报纸还有 6 家有待进一步完成核查工作。已经完成核查的个别报社对有的数据确认还存在不同意见。有的报社认为竞争对手的数据存在虚假现象，为了妥善处理好各方面意见，决定暂不公布核查结果。”可见都市类报刊发行认证工作的复杂性。石峰在接受记者采访时坦言，“调查中

---

① 本小节部分内容以“报刊发行量认证的困境和对策”为题，发表于《编辑之友》2010 年第 8 期。

② 李雯：《注意力经济中的注意力稽查》，载《当代经理人》2005 年第 16 期。

③ http：//media. people. com. cn/GB/40699/3395254. html，2017-07-12。

④ 江晨：《从对虚报发行量的无效惩治看传媒立法的缺失》，http：//media. people. com. cn/GB/40628/8479450. html，2017-07-12。

心成立快 4 年了，总的感觉是，工作推进比我当初想象的要困难得多。”①在发行数据调查中心内部会议上石峰承认，调查中心还未在根本上解决问题，缺乏捅破纸窟窿的最后一股力量。②

公布真实的发行量既是传媒业提高公信力的重要手段，也是对广告商、受众负责任的表现。矛盾在于，既然发行认证对报刊业发展有利，但为什么报刊对这件有利于产业发展的“集体物品”没有丝毫兴趣？对已有研究文献进行梳理发现，从理论角度深入研究这一矛盾的文章并不多，一些文章援引业界人士的说法，从实际经验出发，提出当竞争对手虚报发行量时，自己公布真实发行量会损害自身利益。这样的研究并没有从理论层面解释这一问题，而且这类解释暗含着这样的假设，即报刊业在发行认证上意见不一致，有些报刊愿意接受认证，而有些不愿意接受认证，不接受认证的报刊会攫取接受认证的报刊的市场利润，因此众多报刊纷纷选择虚报发行量。于是，按照研究的逻辑，需要建立机构让报刊接受发行认证，学者们要针对建立发行核查、认证机构的必要性、可行性进行研究，对国外发行认证机构的设置运作、借鉴价值进行研究。但前面提到的国新出版物发行数据调查中心对都市报发行量认证流产一事，却让我们认识到，仅仅建立认证机构是不够的。在报刊业自身没有进行发行认证的内在动力时，即便有官方背景的认证机构也无法发挥其规制功能。

要解决我国报刊发行认证困难这一问题，首先要深入研究前面提到的那对矛盾：对报刊业集团而言，作为集体物品的发行认证是有价值的，但作为集体成员的单个报刊却不愿意提供这一集体物品。如何在理论层面对这一矛盾做出解释？同时，先前一些研究认为发行认证难以开展的原因是报刊业内部对认证的意见不统一，但这是发行认证工作难以开展的真正原因吗？从集团理论视角来看，报刊业在发行认证问题上的意见是否一致并不重要，当它们在发行认证问题上的态度不一致时，报刊业不会进行发行认证。但是，即便报刊业在发行认证上取得了一致意见，也不能认为发行认证工作就可以得到顺利实施。我们运用集团理论对这一问题进行解释。

集团理论由经济学家曼瑟尔·奥尔森在《集体行动的逻辑》一书中提出，此书被誉为公共选择理论的奠基之作。③ 人们通常认为，个人追求自身的利益，而由追求自身利益的个人组成的集团，也会试图增加集团的共同利益，这一点在涉及经济领域时尤为明显。既然个体是理性追求自身利益的最大化，那么由这样的个体组成的集团也会追求集团利益的最大化。但是曼瑟尔·奥尔森教授认为，这一观点是错误的。他认为，即使在实现集团目标后每个成员的利益都会增加，也不能认为成员会采取行动实现集团目标。“认为个人组成的集团会采取行动以实现他们共同的或集团的利益，这一想法远非一个集团中的个人会有理性地增进他们的个人利益这一假设的逻辑推论。”④

---

① 晋雅芬：《发行量核查要渐入正轨》，《中国新闻出版报》2009 年 3 月 24 日。

② http：//www. sinoabc. org/news/2008/09/25/91. html，2017-07-12。

③ [美]曼瑟尔·奥尔森：《集体行动的逻辑》，陈郁、郭宇峰、李崇新译，上海人民出版社 1995 年版，第 1 页。

④ [美]曼瑟尔·奥尔森：《集体行动的逻辑》，陈郁、郭宇峰、李崇新译，上海人民出版社 1995 年版，第 2 页。

在集团理论中，组织存在的价值在于它可以增进成员的共同利益，而集团则是具有共同利益的个体的集合。在这个意义上，可以把报刊业看作一个集团，它们拥有共同利益，即通过接受发行认证提升公信力。集体物品是集团在实现集团目标后所得到的物品，发行认证可以帮助集团实现公信力提升这一目标，因此，我们把发行认证视为报刊集团的集体物品。那么，问题在于，为什么具有共同利益的报刊集团无法提供发行认证这一集体物品？

原因在于报刊集团的性质，报刊集团具有两个特点：第一，报刊集团是一个“大集团”，而非“小集团”；第二，报刊集团是一个“排外集团”，而非“相容集团”。这两个特点决定了报刊集团难以提供集体物品。

大、小集团以成员的数量来区分，大集团成员数量多，小集团成员数量少。小集团中，由于成员数量少，单个成员或全部成员会发现，它从集体物品中获得的收益会超过提供集体物品的成本。即便某个成员需要支付提供集体物品的总成本，它也能得到比没有集体物品时更高的收益。在这种情况下，小集团将会有动力提供集体物品。原因在于小集团中成员数量少，每个成员都能从集体物品中得到较大份额的收益，当提供集体物品的收益大于集体物品的成本时，成员不需要协议安排就会自发提供集体物品。当集团规模扩大时，每个成员从集体物品中获得的收益份额会下降，没有哪个成员能从集体物品中获取较大收益，因此集团没有动力提供集体物品。集团能否为自己提供集体物品，在相当大的程度上取决于集团中成员的数量。集团越大，任何一个成员从集体物品中获得的收益越小，集团越难以提供集体物品。集体物品具有非排他性，一旦提供集体物品后，很难将没有为集体物品进行支付的成员排除在外，提供集体物品的成员支付了集体物品的成本，却只得到了集体物品的部分收益。因此，无论在小集团还是大集团中，集体物品的数量都会小于最优水平。而且，集团规模越大，愿意提供集体物品的成员越少，希望搭便车的成员越多，集体物品的供给量越发偏离最优水平。

对报刊业来说，发行认证可以提高报刊的公信力，但报刊业是一个成员众多的大集团，任何一家报刊提供集体物品的成本都非常大，而能够从集体物品中获得的收益却很低。因此，虽然发行认证对报刊集团具有重要的意义，但很少有报刊愿意单独提供这一集体物品，集体物品的供给量远远低于最优水平。国新出版物发行数据调查中心只对 96 家报刊进行了发行认证①，接受认证的报刊在报刊业总体中只占很小的比例。

同时，集团是否会提供集体物品，并不仅仅取决于集团成员的数量，也取决于集团的结构、集团成员对集体物品的价值判断及成员对集体物品的兴趣。如果集团中存在一个规模较大的成员，或者某个成员对集体物品的兴趣较大，那么，集团中规模较大的成员或对集体物品评价较高的成员，能从集体物品中得到较高份额收益，将会支付较大比例的集体物品成本。这一集团要比同样规模的集团更有可能提供集体物品，集体物品偏离最优水平的程度也会减少。

从这一观点出发，可以认为，如果报刊集团进行发行认证，大报应该率先认证发行量。大报指发行量较大、公信力较高的报刊。虽然集团规模是影响集体物品供给的重要因素，但集团的结构即是否存在能从集体物品中得到较高收益的成员，也是影响集体物品供

---

① 晋雅芬：《发行量核查要渐入正轨》，《中国新闻出版报》2009 年 3 月 24 日。

给的重要原因。因此，虽然报刊集团是个大集团，成员缺乏提供集体物品的动力。但在报刊集团中，大报相对小报来说，能够从集体物品中得到更高收益。因此，如果报刊集团进行发行认证，能从发行认证中得到较高收益的大报应该率先进行认证。

小集团中，每个成员可以获得较大比例的收益，因此，即便单个成员承担全部成本，小集团也可以在无需协议、组织、协调的情况下提供集体物品。换句话说，小集团提供集体物品的组织成本、交易成本较低。而随着集团规模的扩大，集团的组织成本、交易成本会逐渐上升，集团必须通过正式的协议、合同、组织才能获得集体物品。集团越大，成员的数量越多，协议、合同、讨价还价的数量越多，集团建立合同、实现目标的难度越来越大。集团的组织成本、交易成本会随着集团规模的扩大而不断增加。

集团必须通过组织才能提供集体物品，无论提供多大数量的集体物品，集团都需要支付一定的初始成本，可以把这种成本看成集体物品的固定成本，只要集团通过组织来提供集体物品，就必须支付一定量的初始成本。集团的规模越大，这一初始成本就越高，第一批集体物品的成本也就越高，第一批集体物品的成本必然高于随后提供的集体物品的成本。不管集体物品能带来多大收益，获得集体物品的成本越高，集团提供集体物品的难度越大，提供集体物品的可能性就越小。这进一步增加了大集团提供集体物品的难度。

曼瑟尔·奥尔森教授认为，有三个因素使大集团难以提供集体物品①：第一，集团越大，增进集团利益的成员获得的集团总收益的份额就越小，有利于集团的行动得到的报酬就越少，即使集团能够获得一定量的集体物品，其数量也远远低于最优水平；第二，集团越大，成员从总收益中获得的份额越小，它们从集体物品中获得的收益就越不足以抵消它们提供集体物品所支付的成本；第三，集团成员越多，组织成本越高，获得集体物品前需要跨越的障碍越多。

曼瑟尔·奥尔森教授由此将集团分为三类：特权集团、中间集团、潜在集团。所谓特权集团是指，无需组织或协调，集团成员会主动提供集体物品的集团。中间集团是指，成员从集体物品中获得的收益不足以让成员有动力提供集体物品，成员只有通过合作、协调才能提供集体物品。潜在集团是指，集团成员人数众多，个体成员没有动力提供集体物品，成员也不会协调或组织起来提供集体物品。

报刊业集团在发行认证这一集体物品的提供上，具有潜在集团的特征。由于报刊业集团成员数量众多，任何一家报刊是否进行发行认证都对其他报刊没有明显影响，其他报刊无需对参与认证的报刊做出任何反应。报刊集团中的成员也就没有进行发行认证的动力。虽然发行认证这一集体物品对报刊业的健康发展具有重要意义，但它不能给集团成员提供任何激励，使集团成员承担提供集体物品的成本。这是目前我国报刊业发行认证问题的症结所在。

可以看到，报刊在进行发行认证这一问题上的意见是否一致，并不是影响报刊发行认证的主要原因。一些研究假设，报刊在是否进行发行认证问题上意见不一致，使得接受认证的报刊利益受损，而虚报发行量的报刊提高了收益，导致众多报刊不愿接受认证。我们前面的分析假设所有报刊在发行认证上意见一致，但即便意见一致，报刊集团也不会通过

① ［美］曼瑟尔·奥尔森：《集体行动的逻辑》，陈郁、郭宇峰、李崇新译，上海人民出版社1995年版，第40页。

提供集体物品来实现集团利益。因为成员提供集体物品的成本巨大，但收益甚微。这里的关键不在于成员的意见是否一致，而是报刊集团有没有提供集体物品的内在动力。正如曼瑟尔·奥尔森教授所说，“尽管集团的全体成员对获得这一集团利益有着共同的兴趣，但它们对承担为获得这一集体利益而要付出的成本却没有共同兴趣。”①因此，报刊集团在提供发行认证这一集体物品上存在困境的原因，并不在于集团成员之间在集体物品问题上的意见不一致，而在于集团成员缺乏提供集体物品的内在激励。

排外集团是指，集团从集体物品中得到的收益是固定的、有限的，类似于分蛋糕，对手得到的多了，自己得到的就少，因而集团有减少成员数量的趋向。从博弈论角度看，集团成员之间是零和博弈。相容集团是指，当集团规模扩大时，集体物品的数量增多，集团能从集体物品中得到更大收益。相容集团类似于做蛋糕，集团有扩大成员数量的趋向。从博弈论角度看，集团成员之间是正和博弈。一个集团是相容的抑或排外的，不在于集团自身的性质，而在于集团所要实现的目标。比如报刊集团在争取政府政策倾斜时具有共同利益，集团成员数量越多，集团施加的压力越大，越容易得到优惠的政策。而集团在提高报刊价格时却又倾向于缩减成员规模。

另外，相容集团和排外集团在进行合作、协调以获取集体物品时存在差异。相容集团在采取集体行动时，会游说更多成员参与，以便增加集体物品的供给量。但集团中的成员是否参与集体行动并不重要，因为不参与集体行动的成员无法将集体物品的收益从参与者手中夺走，不参加集体行动的成员所得收益不会造成参与者收益的减少，这也降低了成员不参与集体行动的动力。

但排外集团的情况则不同。排外集团中集体物品的收益是固定不变的，这意味着随着成员数量的增加，每位成员得到的收益会减少，因此排外集团具有减少成员数量的动力。同时，留在集团中的成员必须完全参与到集体物品的供给中。任何一家不参与集体行动的成员，都会将其他成员的利益占为己有。排外集团要求成员要么采取集体行动，要么不采取任何行动。以报刊提价为例，假设某市场中五家报刊约定同时提价以增加利润，报刊通过提价获得的利润是有限度的。如果其中一家报纸不提价，它将攫取其余四家提价报纸的利润。这五家报纸要么集体提价，要么维持现状。在排外集团中，要得到集体物品，就要求成员必须采取集体行动，否则集团不会采取任何行动来实现集体物品。

排外集团中，任何一个成员都可能具有强大的讨价还价实力。既然集体物品的获取需要成员的集体行动，而任何一家不采取集体行动的成员会获得全部的集体物品，这会使得每个成员都拥有强大的讨价还价实力。每位成员都可以将自己定位成不参与者，以便获得更大份额的集体物品。这会进一步激励成员成为不参与者，从而使排外性集团的集体行动变得异常困难。

从这一角度分析，可以认为报刊发行认证工作的困难之处在于报刊集团是一个排外集团。发行认证作为一件集体物品，需要报刊业全体成员的集体行动，任何一家报刊的不参与都会大大增加发行认证工作的难度。每一家报刊都有成为拒不参与者的动力，拒不参与可以增强自己在集体物品分配上的讨价还价能力，为自己获得更大的收益，这导致报刊集

① ［美］曼瑟尔·奥尔森：《集体行动的逻辑》，陈郁、郭宇峰、李崇新译，上海人民出版社 1995 年版，第 18 页。

团很难提供发行认证这一集体物品。同时，报刊业集团内部各成员的利益差异也增加了提供集体物品的难度。大报相对小报而言，可能更加重视公信力的提升，而小报可能比大报更重视经济收益。在成员意见一致的情况下，集体物品都难以提供，当集团成员利益存在差异的时候，集体行动的难度就更大了。

那么，如何解决报刊集团难以进行发行认证这一问题？按照集团理论，应该从三个方面进行：一是对个体进行选择性激励；二是调整报刊市场结构；三是建立鼓励合作的元规范。

首先，对个体进行选择性激励。报刊集团具有大集团、潜在集团的特征，虽然拥有通过发行认证提高公信力的共同利益，但是集团却缺乏提供集体物品的激励，即使报刊业集团认识到发行认证对集团利益的重要性，集团仍然难以进行发行认证。这时，不应继续对集团进行激励，而应该对集团中的个体进行“选择性”激励，即对参与集体物品提供的报刊和不参与集体物品提供的报刊做出区别对待，奖励接受发行认证的报刊，惩罚不参与发行认证的报刊，将作为潜在集团的报刊业“动员”起来，使报刊集团沿着进行发行认证的方向改变，从而激励集团实现集体物品。

对报刊集团来说，能从发行认证中得到较大收益的是发行量较大、公信力较高的大报，因此，在进行选择性激励时，应该先对大报进行激励，使大报率先接受发行认证，管理部门、广告商、受众等都可以作为激励报刊的主体。以广告商的激励为例，广告商可以在报刊接受发行认证时支付较高的广告费，在报刊没有接受认证时支付较低的广告费。

假设一个市场上有两家报纸，一家大报每期发行40万份，另一家小报每期发行10万份。报纸可以公布真实发行量，也可以将发行量虚报提高10万份，市场上的报纸发行量可能是50万份、60万份、70万份，分别对应两家报纸均接受认证、只有一家认证、两家都不认证的情况。假设广告主的单位广告支付意愿边际递减，在50万份、60万份、70万份时分别为20元、14元、10元。

当两家报纸实报发行量时，市场上共有50万份报纸，广告的价格为20元。大报广告收入为800万元，小报广告收入为200万元。当小报将发行量虚报为20万份而大报实报发行量时，市场上共有60万份报纸，广告价格降为14元。大报广告收入560万元，小报广告收入280万元。当小报实报发行量而大报虚报发行量为50万份时，大报广告收入700万元，小报广告收入140万元。当两家报纸都虚报发行量时，市场上共有70万份报纸，广告价格降为10元，大报广告收入为500万元，小报广告收入为200万元。两家报纸的广告收益矩阵如图5-10所示。

下面考察两家报纸的策略。先看大报，当小报实报发行量时，大报实报发行量可以得到800万元广告收入，虚报发行量可以得到700万元广告收入。当小报虚报发行量时，大报实报发行量可以得到560万元广告收入，虚报发行量可以得到500万元广告收入。大报有一个占优策略，即实报发行量。无论小报实报发行量还是虚报发行量，大报都应实报发行量。

再看小报。当大报实报发行量时，小报实报发行量可以得到200万元广告收入，虚报发行量可以得到280万元广告收入。当大报虚报发行量时，小报实报发行量可以得到140万元广告收入，虚报发行量可以得到200万元广告收入。小报的占优策略是虚报发行量。

博弈的均衡是大报实报发行量，小报虚报发行量。广告商通过调整广告价格，对接受

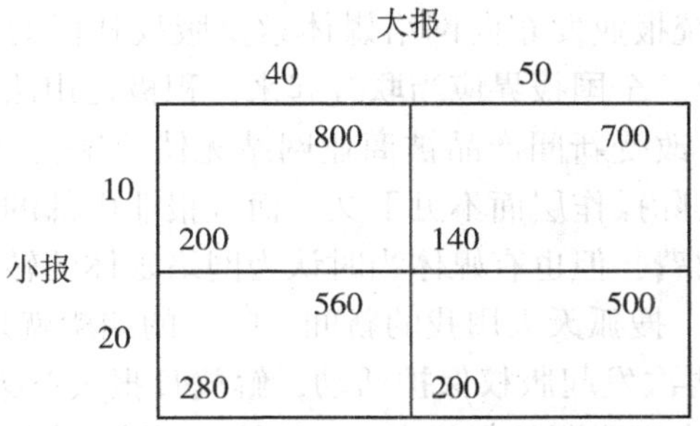

图 5-10　发行博弈

认证的报纸进行了有力激励，大报有动力接受发行认证，因为这可以增加它的广告收入。在这一例子中，小报没有动力接受发行认证。广告商依据报刊是否接受认证而调整广告价格的行为，不仅激励大报接受认证，而且对大报和小报进行了甄别。通过发行认证，大报可以从原先难以辨别发行量高低的报纸市场中脱离出来，接受发行认证的行为相当于释放一个有效的市场信号——这是一份大报，因为只有大报才会接受核查，而小报则不会接受。

其次，在对个体报刊进行激励的同时，还应调整报刊业市场结构，把成员众多的报刊业大集团调整为成员较少的小集团。集团难以采取共同行动以获取集体物品，是大集团特有的问题，这一集体行动的困境在小集团中并不存在。小集团中每个成员都能从集体物品中获取较大收益，小集团较之大集团更容易采取集体行动来得到集体物品。因而，对报刊业市场结构进行一定的调整，缩减一定数量的报刊，也有助于报刊发行认证的开展。

最后，需要建立鼓励合作的元规范。报刊业集团在发行认证问题上是排外集团，每位成员都可能将自己定位为不参与合作者，以便在集体物品分配中得到更多份额。如果不能惩罚不合作者，集团将无法提供集体物品。但惩罚不合作者需要支付成本，集体行动中的成员不愿支付惩罚成本。如果成员们不惩罚不参与合作者，会有更多成员成为不合作者，集团就无法采取集体行动提供集体物品。解决这一困境的办法是惩罚那些宽容不合作者的成员，以此建立共同惩罚不合作者的行为规范，即对不惩罚不合作者的成员予以同样的惩罚，这种规范叫作“元规范”①。建立元规范后，整个集团可以持续保持合作。在元规范之外，观念内化、社会认同、成员身份、法律法规、社会声誉等都可以起到支持元规范运作的功能。拥有元规范的系统中，不惩罚的成本上升，在这种系统中惩罚机制可以正常运作，不合作行为减少，合作可以长久持续。

5.5.4　版权保护的困境②

近些年来，网络媒体侵犯传统新闻出版业版权的事件屡见不鲜，新闻出版业也曾试图

① ［美］罗伯特·阿克塞尔罗德：《合作的复杂性：基于参与者竞争与合作的模型》，梁捷、高笑梅等译，上海世纪出版社 2008 年版，第 55 页。

② 本小节内容以“新闻出版业版权保护的困境和对策分析”为题，发表于《中国出版》2017 年第 7 期。

通过集体合作以维护版权，但效果并不尽如人意。早在2005年中国都市报研究会总编辑年会上，就有20多家传统报业发布向网络媒体索要版权补偿的“南京宣言”，要求“坚决维护报纸的新闻知识产权。全国报界应当联合起来，积极运用法律武器，加强知识产权保护，维护自身合法利益，改变新闻产品被商业网站无偿或廉价使用的现状”①。但宣言更多地停留在纸面上，在实际操作层面不见下文。而且报业内部的意见也不尽相同，一些报社要求网络媒体支付版权费，但也有媒体当时认为网络媒体的转发能扩大影响力，甚至有一位总编说“恨不得新浪、搜狐天天用我的新闻，唯一的期望就是注明出处”②。

2006年新闻出版业再次发起版权保护活动，解放日报报业集团向全国38家新闻出版集团发布《发起全国报业内容联盟的倡议书》，宣布要“共同制定向网络媒体提供新闻内容的定价规范，提高网络转载的门槛”，保护新闻出版业“自己的知识产权，让新闻内容回归应有的价值”。2005—2006年报业开始进入寒冬期，它们在索取版权费问题上的态度越发坚定，该倡议书提出：“我们身处一个内容为王的时代。每年，办一张综合性日报采编成本以数千万元计算；但当我们把优质新闻信息交给网络媒体时，得到的却只是象征性的区区几万元。付出与回报，何等悬殊!”新闻出版业对过去认为网络媒体的转载能提高影响力的看法进行了反思，“曾经我们还沾沾自喜，把自己最好的内容提供给网络媒体，期冀借助网络增加曝光率，显示自己的影响力。然而，当喧闹褪去，如今已是好好反思这一模式、重新审视内容价值的时候”③。但是，这一次集体合作仍然宣告失败，内容联盟的第一次理事会都没能召开。在这两次大规模的集体合作后，新闻出版业还组织了几次版权保护行动，如2014年《广州日报》《新京报》等媒体起诉《今日头条》侵犯其新闻版权。观察近十年媒体版权案件，虽然一些案例中被侵权方在版权案件中胜诉，但整体来看，新闻出版业尚未建立起严格的版权保护制度。

新闻出版业作为知识密集型产业，建立严格的版权保护制度对于行业的健康发展至关重要，但新闻出版行业在版权保护问题上却陷入困境：尽管绝大多数新闻出版机构认识到版权保护的重要性，也试图通过集体合作的方式建立版权保护制度，但为什么整个行业却很难有效实现对版权的保护？既然严格的版权保护制度对行业成员有利，为什么行业成员不能共同努力实现该制度？如果说新闻出版业成员在版权保护问题上的态度不一致导致它们无法建立版权保护制度，那么当成员意见一致后就能够建立版权保护制度吗？从集体行动理论出发，新闻出版业集团的成员在版权保护问题上的态度是否一致并不是决定因素，当它们态度不一致时自然无法建立版权保护制度，但即使它们态度一致，新闻出版业集团仍然难以建立版权保护制度。

新闻出版业在版权保护问题上具有共同利益，新闻出版业希望通过集体合作提供版权保护这一集体物品。但是，在版权保护问题上，新闻出版业集团在集团规模、集团结构、集体物品性质三方面的特点，使其较难提供集体物品。

首先，从集团规模角度来看，在版权保护这一集体物品上，新闻出版业是一个成员众多的大集团，任何一个成员从版权保护中获得的收益不足以使其有动力提供集体物品。按

① 李惊雷：《报业“内容联盟”本质探析》，载《新闻战线》2006年第9期。
② 鞠靖：《先分是非，再谈利益：媒体版权十年战争》，《南方周末》2014年6月12日。
③ 鞠靖：《先分是非，再谈利益：媒体版权十年战争》，《南方周末》2014年6月12日。

照国家版权局1999年制定的《出版文字作品报酬规定》，文字作品费用标准为每千字30～100元，转载所需支付费用更低。在司法层面，法院要求取证时将每篇侵权稿件单独立案，这进一步增加了版权保护的成本。比如2007年《新京报》起诉浙江在线网站，认为浙江在线网站使用《新京报》原创作品7706篇，杭州中院要求《新京报》将7706篇作品分拆立案，最终《新京报》由于诉讼成本太高、胜诉后收益太小而撤回起诉。

其次，从集团结构角度来看，在版权保护这一集体物品上，新闻出版业缺乏能从集体物品中获取较高份额的成员，没有哪个成员能从集体物品中获得高额回报，导致成员缺乏提供集体物品的动力。在版权保护问题上，新闻出版业集团中没有哪个成员能从版权保护这一集体物品中获得高额收益，即便某成员深受侵权危害，但在目前的政策法规条件下，它从版权保护这一集体物品中获得的收益很小，提供集体物品的成本仍然超过从集体物品中获取的收益。除非它对这一集体物品有很强的偏好，愿意为提供集体物品而付出额外成本，否则该成员不会有动力提供集体物品。

最后，从集体物品性质角度来看，在版权保护这一集体物品上，新闻出版集团具有排外集团的性质。在版权保护这一集体物品中，新闻出版业是一个排外集团。新闻出版业从版权保护中得到的收益是相对稳定的，实现版权保护需要每位成员的共同努力。新闻出版业集团作为大集团，成员数量很多，集体行动的组织成本很高，每位成员都可以将自己定位成不参与者，以便在集体物品分配中获得更高收益。而且，不同成员的态度和意图也不尽相同，有些成员重视版权保护，有些成员看中网络媒体转载带来的影响力提升。在成员态度一致时都很难提供集体物品，成员态度不一致时就更难进行集体合作了。

本章习题

1. 什么是占优策略？什么是纳什均衡？
2. 从博弈论角度分析垄断者如何遏制进入者。
3. 有限次重复博弈和无限次重复博弈中，参与者的策略有何不同？产生差别的原因是什么？
4. 从博弈论角度分析如何促进媒体合作？
5. 从集团理论出发，举例并分析传媒领域集体物品的供给。

第六章 传媒市场中的信息不对称

在前面的章节里，我们一直假设传媒市场是完全信息市场，参与市场活动的各主体拥有完备信息，能够做出最大化自身利益的各种决策。但是，现实的媒体市场中交易各方经常存在信息不对称现象。一般认为，当市场存在信息不对称时，会产生市场失灵问题。

对属于经验品的传媒产品而言，市场交易双方普遍存在着信息不对称。通常，信息提供者比信息消费者掌握更多关于产品的信息，消费者只有在购买、体验过产品后，才能判断传媒产品的价值。但正如我们在前面所分析过的，传媒产品作为信息产品有其特殊之处，一般而言，消费者在体验过传媒产品后再购买该产品的比例会大幅下降。因此，传媒产品的信息不对称现象尤为严重。传媒组织应该如何行动才能降低信息不对称引起的市场失灵？另外，在不对称信息的市场上会出现效率工资引发的失业现象，我们也将从该问题入手，研究媒体市场上的效率工资问题。同时，作为社会组织，媒体组织一方面要追求社会效益，另一方面要追求经济效益。媒体管理层作为代理人带领媒体组织实现委托人所赋予的双重目标，在委托人利益和代理人利益不一致的时候，媒体组织必然与企业组织一样，产生委托-代理问题，这一章也会讨论如何解决因利益不一致引发的委托-代理问题。

6.1 信息不对称现象

经济学界对信息问题的研究由来已久，早在20世纪20年代，美国经济学家奈特在《风险、不确定性和利润》一书中就提出，企业必须为获取市场信息而进行投入，奈特认为信息是一种商品。随后，哈耶克也从信息角度研究价格机制的运作与信息流动之间的关系，他认为价格机制归根结底是信息流动机制，市场竞争实际上是一个发现分散在各个主体之间的零散信息并有效组织这些信息的过程。20世纪60年代，信息经济学代表人物、1982年诺贝尔经济学奖获得者斯蒂格勒出版《信息经济学》，标志着信息在主流经济学理论中得到承认，随后又有数位经济学家由于在信息经济学领域的开创性研究获得诺贝尔经济学奖，如2001年诺贝尔奖得主斯蒂格利茨、乔治·阿克洛夫、迈克尔·斯宾塞。在经济学界，一般用“柠檬市场”表示信息不对称，“柠檬市场”是美国经济学家乔治·阿克洛夫1970年在《柠檬市场：质量、不确定性和市场机制》一文中首次提出的，在美国俚语中，“柠檬”指质量低下的产品。乔治·阿克洛夫也凭借这项研究获得了2001年度诺贝尔经济学奖。

在《柠檬市场：质量、不确定性和市场机制》一文中，乔治·阿克洛夫提出了由产品质量不对称引发市场失灵的例子。假设有一个旧汽车市场，市场里既有质量好的二手车，也有质量不好的二手车。但是卖家比买家更了解车的质量。买家只有在购买并使用一段时间之后，才能判断二手车的质量。而在购买之前，买家很难充分了解二手车的质量高低。由于买家难以判断二手车的质量，买家便倾向于支付较低的价格。当买家支付了较低价格后，市场上高质量二手车的数量会进一步下降，因为卖家不愿以低价出售高质量的二手车。这又会使得低质量二手车在市场中的比例进一步上升，买家对二手车的支付意愿会进一步降低，结果，二手车市场最终充斥着低质量二手车。

产生劣币驱逐良币的原因在于消费者无法分辨车的质量。可以认为，低质量车和高质量车之间存在着外部性。当消费者试图购买一台高质量二手车时，市场上存在的低质量二手车影响他对高质量二手车价格的判断。他降低了对高质量车的支付意愿，卖家不愿出售高质量二手车。高质量车和低质量车之间的外部性产生了二手车市场的失灵现象。如果消费者能够分辨出高质量车和低质量车，那么他们会对高质量车支付更多货币，而对低质量车支付较少货币。二手车市场可以正常运转。但是，车的质量这一信息掌握在卖家而非买家手中，而买家也不会相信卖家所提供的信息，因为卖家很有可能说每一辆车都是高质量的。在这种情况下，卖家必须想办法让买家知道车的质量，否则，这个市场会由于信息不对称产生的市场失灵问题而消失。

信息不对称问题不仅仅发生在二手车市场上，在保险业、信贷业、公司治理领域等诸多问题上都存在着信息不对称，由于市场中交易各方掌握的信息不一致，市场可能难以有效配置资源。比如当购买火灾保险后，消费者对火灾的防范意识会下降，火灾发生的概率上升，这会使保险公司提高保险价格。保险价格提高以后，发生火灾的可能性较小的人便不会选择购买保险，而购买保险的是发生火灾可能性较大的人，这又会进一步增加发生火灾的概率，保险公司又会继续提高保险价格，如此反复，直到购买保险的都是最有可能发生火灾的家庭。再如，购买健康险的人大多是身体较为衰弱的人，保险公司察觉到这一点后会提高保险价格，身体相对健康的人会退出保险，而在高价时还会购买健康险的人中，身体衰弱者必定占多数，保险公司继续提高价格。最后，购买健康险的都是身体状况极为衰弱的人。

再比如信用卡市场也存在信息不对称现象。银行会向顾客发放信用卡，提供一定数量的信贷额度，银行通过收取利息获利。但不同人还款的可能性不一样，有的人信用度高，会按时还款；有的人信用度低，不会按时还款。虽然银行可以通过掌握客户信息对申请人进行筛选，但是消费者对自己还款能力和意愿的了解必然高于银行。为了控制风险，银行对所有申请者收取相同利率的高利息，这时，高质量申请人数量下降，而低质量申请人数量增加。这会增加银行的风险，银行只能进一步提高利率，这又会进一步减少高质量申请人，增加低质量申请人。

6.2 逆向选择

前面所提到的二手车、保险等例子都是由信息不对称引发的。经济学家把签约之前发生的信息不对称现象称为逆向选择，又叫隐藏信息(Hidden Information)。把签约之后发生的信息不对称现象称为道德风险(Moral Hazard)，又称隐藏行动(Hidden Action)。逆向选择最早产生于保险业，前面提到的保险、信用卡、二手车市场都属于签约之前发生的信息不对称现象，产生逆向选择的原因在于一方比另一方拥有更多的私人信息。保险中买方比卖方拥有更多关于房屋、健康状况的个人信息，二手车市场中卖方比买方拥有更多关于汽车质量的个人信息，这些信息不对称都发生在双方签约之前。而在签约之后发生的信息不对称称为道德风险，比如在购买全额赔偿的火灾保险后，人们可能就不会如同购买之前那样关注房屋防火问题。在购买全额健康保险后，人们会更频繁地去医院，医生也会给他开更昂贵的药品。对于这些发生在签约之后的信息不对称现象，我们称为道德风险。

在媒体市场上，也普遍存在逆向选择问题。很多媒体产品属于信息产品，在信息产品的销售中也会出现逆向选择。信息产品属于后验品，人们只有在购买、消费之后才能知道它的价值。这使得信息产品的销售中存在信息不对称。消费者在购买之前很难知道信息产品的价值，也就难以对信息产品定价。消费者对信息产品的价值判断是不准确的，他没有掌握全部的信息，这类似于二手车市场。高质量的信息产品如何与低质量的信息产品相区分？如果媒体把信息产品免费提供给消费者使用，让他体验过之后再进行购买，但是信息产品的消费通常是一次性的，消费者在体验过之后就没有必要再购买了。看过一部电影后继续选择购买影片 DVD 的顾客并不多；通过社交媒体接触当下新闻后，很少有人再去买当天的报纸；在免费下载某软件后购买正版软件的人也会减少。这使得信息产品面临着逆向选择的可能，信息生产者必须提供有效的市场信号来消除信息不对称现象。比如提供试用、建立品牌，或是通过信息甄别来让消费者自己做出选择。

以品牌建设为例，现在很多媒体非常重视品牌建设，为什么媒体非常重视品牌建设？一个非常重要的原因在于品牌是克服信息不对称的手段。当消费者试图购买一种媒体产品时，一家有品牌的媒体可以提供有效的信息，减少消费者面临的信息不对称。为什么人们相信有较好品牌的媒体上的消息？因为媒体比消费者更加重视自己的品牌，没有品牌的媒体报道假新闻，对自身的损害不会很大。但是有品牌的媒体报道假新闻，将对自己的形象造成巨大损害。建立一个品牌很困难，但毁掉一个品牌很容易。如果媒体与消费者之间的购买关系是一次性的，那么媒体必然会有降低产品质量的激励，但是媒体和消费者之间的博弈行为需要重复多次，这就有可能使双方走出囚徒困境，而品牌就是一个帮助双方走出困境的重要手段。

当网络迅速普及后，信息产品可以通过网络来传播。网络为信息产品消除信息不对称提供了便捷的渠道。信息产品可以以很低的成本为消费者提供试用，比如一些软件会免费提供一段时间试用，让消费者更好地了解其性能，然后再向消费者收取费用。一些网上书店也会提供有限页数的免费试读，购买者可以先阅读一章想购买的图书，然后再决定是否购买。试读的作用在于消除消费者对图书内容和质量的怀疑。对于一些购物网站提供无条件退货的承诺，也可以从消除信息不对称的角度加以理解。

6.3 解决逆向选择的方法

信息不对称引发的逆向选择是可以解决的，解决逆向选择问题的关键在于设计出一种机制，使具有私人信息的一方有动力将私人信息告诉对方，或是让没有私人信息的一方通过各种观察行动，推断出另一方的私人信息。让有私人信息的一方主动提供私人信息的办法，我们称之为信号传递（Signaling），让没有私人信息的一方推断另一方私人信息的办法，我们称之为信号甄别(Screening)。

(1)信号传递

信号传递是有私人信息的一方主动采取行动，向对方显示自己的类型，以争取签订合同的行为。通过信号传递，市场上的买方和卖方可以解决信息不对称问题。该理论由诺贝尔经济学奖获得者迈克尔·斯宾塞提出，我们可以用这一理论考察媒体劳动力市场问题。

假设一家媒体要招聘员工，但是媒体不知道员工是高生产率的还是低生产率的，虽然通过笔试、面试等环节可以掌握一定的信息，但是无论如何，应聘者一定要比招聘方更加了解自己，这里存在着信息不对称现象。媒体只有接受这些应聘者，让他们工作一段时间后才能看出谁是高生产率的劳动者，谁是低生产率的劳动者，然后把低生产率劳动者予以辞退。但是这样做的成本很高，招聘、选拔、试用、解雇都需要耗费成本，而且媒体还要为每位新员工提供培训，这些都要耗费媒体的资源，这样做很可能得不偿失。媒体希望有一种更为便捷、高效的招聘办法。

大多数媒体在招聘时都对应聘者有具体的学历要求，比如要求本科或硕士以上学历，有相应程度的英语、计算机水平证书等。而且近几年一些媒体对学历的要求越来越高，比如在招聘时要求应聘者必须具有硕士研究生以上学历等。那么，媒体对应聘者的教育程度提出要求，而且对教育程度的要求越来越高，这是否合理？一般认为，教育可以提高人的生产率。以美国为例，1980年，一个有大学学位的男人的平均收入比没有大学学位的男人的平均收入高44%，到2003年，这个数字上升到82%。对于妇女来说，上大学的报酬比不上大学的报酬从高出35%提高到高出71%。① 因此，教育程度越高则生产率越高，对媒体作的贡献越大。但这种解释是不够的，假设一个人接受的教育与他的生产率没有关系，就是说接受大学教育不能提高人的生产率，在这种情况下，教育仍然是传递一个人能力水平的信号，应聘者可以通过接受的教育水平向媒体提供这一信号，而且媒体也可以解读这一信号。

假设媒体有两类员工，一类是高生产率员工，另一类是低生产率员工。高生产率员工的边际产出为100元，低生产率员工的边际产出为50元。如果媒体能对这两类员工进行区分，按照生产率制定工资，那么高生产率员工的收入会高出低生产率员工一倍。但是媒体很难区分两类员工，因此两类员工只能得到相同的收入。假设媒体中两类员工数量各占一半，则员工的平均收入为75元。显然，高生产率员工的收入低于他们的边际产出，而低生产率员工的收入高于他们的边际产出，低生产率员工利用信息不对称剥削了高生产率员工。在这种情况下，高生产率员工有动力向媒体传递自己高生产率的信息，而低生产率员工则没有动力向媒体传递自己低生产率的信息。

在这种情况下，媒体也有动力对两种员工进行区分。如果两类员工长期获得相同收入，将会使媒体对低生产率员工支付高于其生产率的工资，从而减少媒体利润。高生产率员工收入低于边际产出，会降低工作的积极性，也会损害媒体自身的利益。假设媒体以教育程度作为判断员工生产率高低的标准。媒体提出，今后将根据员工教育程度支付相应工资。获得某一教育程度的员工，工资要高于未能获得该教育程度的员工。假设高生产率员

① [美]格里高利·曼昆：《经济学原理》(第四版)，梁小民译，北京大学出版社2006年版，第391页。

工获得大学教育的成本低于低生产率员工获得大学教育的成本。这种成本包括学费、机会成本、心理成本等。一般而言，较高能力的人获得某一程度教育的成本要低于能力较低的人获取某一程度教育的成本，能力高的人更可能会接受该程度教育，而能力低的人可能不会选择接受该程度教育。

这时，媒体通过每个员工接受教育的程度可以判断出他的生产率，这就使得教育程度成为测量员工生产率的指标。原本属于员工个人信息的生产率可以被媒体观察到。根据教育程度的不同，媒体对员工支付不同工资。

我们对教育程度与员工能力之间的假设要满足一定的条件。① 首先，作为高生产率信号的受教育水平，必须是低生产率员工不愿或不能获得的，即使通过获得更多的教育，他们可以误导媒体认为他们具有较高生产率，他们也不愿或不能获得这种教育。如果这个约束条件不能满足，那么低生产率员工将会接受和高生产率员工相同的教育，教育程度就传递不出任何信息。第二，不能获得特定教育水平，必然意味着这个人生产率不高，不能让高生产率员工选择不接受教育。因此，这两个条件说明，高生产率员工获得一定教育水平的成本低于低生产率员工的成本。只有这样，高生产率员工才会选择接受教育，而低生产率员工则不会接受相同程度的教育。

用简单的例子来说明，假如高生产率员工接受教育的成本为 1，低生产率员工接受教育的成本为 4。在信息对称时，媒体对高生产率员工支付工资为 5，对低生产率员工支付工资为 3。当信息不对称时，媒体根据员工教育程度支付工资，接受大学教育支付工资为 5，不接受大学教育支付工资为 2。此时高生产率员工接受教育后净收益为 $5-1=4$，低生产率员工接受教育后净收益为 $5-4=1$。而他们不接受教育时的工资为 2。高生产率员工接受教育的净收益 4 大于不接受教育的收益 2，因此高生产率员工接受教育。低生产率员工接受教育的净收益 1，小于不接受教育的收益 2，因此低生产率员工选择不接受教育。

为了简化分析，我们用接受教育的年限 Y 作为衡量教育程度的指标。不同生产率的员工具有不同的教育年限。假设高生产率员工获得 Y 年教育的成本低于低生产率员工获得相应年限教育的成本。设高生产率员工的教育成本为 $2Y$，低生产率员工的教育成本为 $4Y$。媒体对达到 Y 年教育的员工给予 40 单位工资，对没有达到 Y 年教育的员工给予 20 单位工资。

员工接受教育的程度取决于接受教育的成本、接受教育前的收入和接受教育后的收入，员工没有必要接受少于 Y 年的教育，因为接受少于 Y 年的教育对他没有意义。同样，员工也没有接受高于 Y 年教育的动力，因为接受 Y 年教育就足以使他获得 40 单位的工资。员工要对接受教育的成本和接受教育的收益进行比较。只有收益大于成本时，接受教育才是有利的。

对两类员工而言，教育带来的收入增加都是 20 单位。对于高生产率员工而言，只要教育带来的新增收入大于接受教育的成本，那么接受教育就是有利的。即 $20 > 2Y$，解得 $Y < 10$，只要教育年限小于 10 年，高生产率员工接受教育就有利可图。对于低生产率员工而言，只要教育带来的新增收入小于接受教育的成本，接受教育就是不利的。即 $20 <$

① ［美］保罗·米尔格罗姆、约翰·罗伯茨：《经济学、组织与管理》，费方域译，经济科学出版社 2004 年版，第 161 页。

$4Y$，解得 $Y>5$，只要教育年限大于5年，低生产率员工就不会选择接受教育。因此，只要媒体把教育年限定在5年到10年之间，那么高生产率员工就会选择接受教育，低生产率员工就不会选择接受教育。媒体针对不同教育水平的员工，可以制定出不同水平的工资，而且这和他们的生产率相吻合。

在这里，教育只是传递生产率的信号，假设教育程度对员工的生产率没有任何影响，我们对员工的毕业院校、所学专业、学习成绩没有任何要求，在这种极端的情况下，教育仍然能够有效地起到传递信号的作用。因为媒体正是通过员工接受的教育程度来判断他的生产率。这里的逻辑是，一个人接受教育的成本与生产率之间存在负相关关系。由于生产率难以观察，教育程度可以观察，而生产率和教育程度之间存在一定的关系，生产率高的人，接受教育的成本低，而生产率低的人，接受教育的成本高。这样媒体就可以通过员工接受教育的程度来判断他的生产率，原本难以观察到的私人信息通过可观察的教育程度而得以显露。毫无疑问，在现实中教育可以提高员工的生产率，这会进一步强化教育程度在媒体人力资源管理中的地位。可以预测，媒体在以后的招聘工作中，还会继续提高对应聘者教育程度的要求。

(2)信息甄别

与信息传递不同，信息甄别是处于信息劣势的一方主动提供一系列不同的合同条款，让具有私人信息的一方进行选择，通过选择与自己类型相符合的合同来显示自己的私人信息。或者说它是不具有私人信息的一方为区别有私人信息一方在某些方面的类型而设计的办法。可以看到，信息甄别与信号传递的区别在于哪一方主动采取行动。在信号传递中，具有私人信息的一方主动向没有私人信息的一方提供信息，而信息甄别是没有私人信息的一方主动向具有私人信息的一方提供选择。具有私人信息的一方通过自己所做的选择披露私人信息，只有当自己的选择是所有选择集合中的最优选择时，人们才会做出该选择。通过个人选择观察私人信息，是设计信息甄别机制的基本思路。

信息甄别在媒体中也有广泛应用，由于媒体和员工之间存在信息不对称，媒体不知道招聘来的员工是愿意长期留在媒体还是工作一段时间后就会离开，媒体希望员工能够长期为媒体服务，尤其希望有发展潜力、有创意的员工长期在媒体发展，而不愿意招聘经常跳槽的员工。但是媒体不知道哪些员工愿意长期留在媒体发展，哪些员工不愿长期留在媒体。这些信息属于私人信息，只有员工自己最清楚。媒体必须找到办法，让员工自己显示其工作意愿，这是设计信息甄别机制的基本思路。媒体组织经常采用工龄工资和绩效工资的办法，这是吸引愿意长期留在媒体的员工的有效方式。

工龄工资是指员工的工资会随工作时间而增加。在加入媒体组织之初，员工的工资较低，而随着员工在该媒体工作的时间不断增长，工资也不断水涨船高。对于工资随工龄增长这一现象，可以有很多种解释。比如，媒体行业要求员工具有较高技能和经验，员工的技能和经验会随着工龄而增加，这使得员工的人力资本价值会随工龄增加。工龄较长的员工一般担负着领导责任，他们的工资也会较高。但这些还不足以做出解释。如果员工的人力资本价值随工龄而增加，那么为什么媒体组织都有对员工退休时间的要求？员工到一定年龄必须要强制退休，而且一些媒体组织还会对提前退休的员工支付较高的退休金。这说明问题的原因不在于人力资本价值随工龄而增加。有调查表明，在控制了这些相关变量后，年龄和工资之间还存在正相关关系。做着同样工作、担负同样责任、具有相同生产率的员工之间，工龄高的人会比工龄低的人获得更多工资。① 这说明媒体支付给年轻员工的工资偏低，而支付给老员工的工资偏高。如果不是这样，我们就无法解释为何媒体要求员工到达一定年龄就要强制退休，也无法解释为何媒体会对提前退休者支付较高退休金了。

信息甄别为我们提供了一种不同的解释。媒体对老员工支付高工资而对年轻员工支付低工资，可以起到减少员工流动性的作用。媒体想吸引愿意长期留下来的员工，而不愿意吸引经常跳槽的员工。媒体对新员工支付较低工资，而对老员工支付较高工资，这会对试图进入媒体的员工进行甄别。那些愿意长期留在媒体发展的员工愿意接受这种工资模式，而那些想工作一段时间就跳槽的员工则不愿意接受这种工资模式。工龄工资可以帮助媒体找到它想要的员工，而且，工龄工资也可以长期加强对员工的激励。如果员工没有偷懒，而是兢兢业业地工作，那么在他的职业生涯晚期就可以得到较高的工龄工资。如果员工偷懒，被发现后就会被解雇。绝大多数员工想在年老后得到高额工资，因此他们偷懒特别是在职业生涯晚期阶段偷懒的可能性便会下降。

可以把工龄工资看作员工交给媒体的保证金，我们假设媒体可以解雇那些偷懒的员工，如果员工在进入媒体时向媒体上交了一定数额的保证金，当媒体发现员工偷懒时，便可以没收这笔保证金。这样员工就不会选择偷懒，而会更好地为媒体工作。但是当偷懒的收益大于保证金的时候，或是偷懒被发现的概率非常小的时候，员工就有可能会偷懒。而在这时，工龄工资是一种促使员工减少偷懒行为的办法。通过工龄工资，员工在职业生涯的晚期得到高于边际产出的工资，而且这笔工资不由媒体承担，这笔工资是员工早期工作时工资水平低于边际产出的部分。在员工的职业生涯晚期，这笔钱成为员工的保证金，如果员工偷懒，他将失去这笔保证金，这会使员工在职业生涯的晚期继续勤勉地工作。

在工龄工资制度下，员工必须按时退休。原因很简单，员工在职业生涯晚期的边际产出已经远远低于他的工资水平，用他的工资减去边际产出，得到他的净收益，这部分净收益是他年轻时工资低于边际产出的部分。假设一个员工在25岁开始进入媒体，直到45岁之前他的工资都低于边际产出，45岁之后他的工资高于边际产出，假设45岁之后每年工资高于边际产出的部分等于45岁之前工资低于边际产出的部分，那么到65岁时，员工刚好收回全部的保证金。但是由于员工这时的工资高于边际产出，所以他还想继续工作下去。因此，强制退休就显得非常必要。②

绩效工资也是一种信息甄别机制。绩效工资是根据员工工作成效决定分配额的工资制度。媒体在进行员工招聘时，很难知道员工的工作能力，因为这是私人信息。媒体为员工提供绩效工资，相当于媒体为员工提供了不同的合同，员工通过选择不同的合同显露出不同的私人信息。我们假设具有较高能力的员工，在媒体市场上也会有较好的工作机会。为了吸引那些具有较高能力的员工加入媒体，媒体设计了绩效工资。

如图6-1所示，我们用横轴表示员工的能力，纵轴表示工资。曲线表示工作与外部工作机会之间的关系，向上延伸的曲线表示工作能力强的人拥有较好的外部市场机会。向上延伸的直线表示当媒体实行绩效工资后员工预期的绩效工资收入。③

---

① [美]保罗·米尔格罗姆、约翰·罗伯茨：《经济学、组织与管理》，费方域译，经济科学出版社2004年版，第163页。

② [美]张维迎：《产权、激励与公司治理》，经济科学出版社2005年版，第297页。

③ [美]保罗·米尔格罗姆、约翰·罗伯茨：《经济学、组织与管理》，费方域译，经济科学出版社2004年版，第164页。

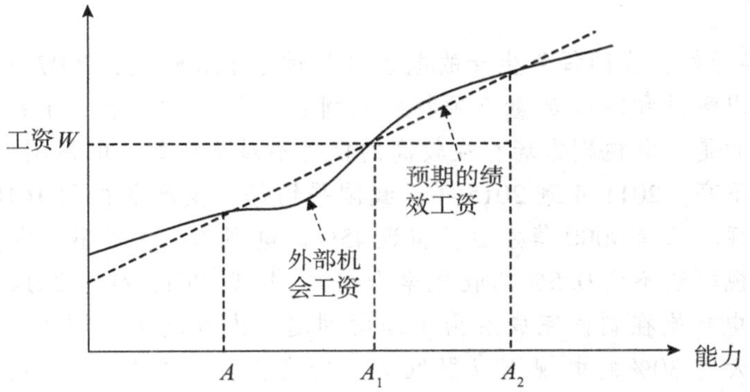

图 6-1　信息甄别

如果媒体为员工提供固定工资 W，那么能力在 A_1 之下的员工会发现，接受该媒体的工作是有利的，因为固定工资 W 高于虚线所表示的外部工作机会，表示固定工资比外部机会工资更高。而那些能力高于 A_1 的员工则会拒绝媒体的固定工资，因为他们的外部工资高于固定工资 W。在固定工资制度下，媒体难以吸引到能力高于 A_1 的员工。假设媒体现在采用绩效工资制度，我们用斜向上的虚线表示员工可能得到的绩效工资。在这一工资制度下，能力为 A_1 的员工会发现，绩效工资与固定工资没有差别。而能力小于 A_1 的员工将发现，在绩效工资制度下他们的收入小于固定工资 W。在图中，能力低于 A 的人将会退出媒体，因为他们在外部工作的收入要高于媒体内的绩效工资。同时，在实行绩效工资制度后，原先那些在固定工资制度下不会在媒体工作的高能力员工，即 A_2 以上部分的员工将会进入媒体，因为媒体的绩效工资高于他们的外部机会工资。通过设计绩效工资，媒体吸引到能力更高的员工，而这些员工在固定工资制度时不会选择进入媒体。

在工龄工资和绩效工资之外，媒体还可以通过设计合同菜单的方式对顾客进行甄别，这一点在网络媒体产品中应用得较为广泛。对于一些网络产品而言，它们可以以不同的方式进行组合，而这些组合方式是按照客户需求量身定制的。一般商品是大批量同时生产，而网络产品可以根据不同的需求进行低成本的大量复制。不同的消费者选择不同类型的产品，这种选择可以为媒体提供他们的私人信息。

本节案例

精益创业如何降低电视剧市场的信息不对称①

我国的电视剧生产数量、播出数量和观众数量均为全世界第一，是电视剧生产和消费的大国。电视剧作为文化产品，需要在实现社会效益的同时最大化地实现经济效益。精益

① 本小节部分内容以“精益创业模式在周播剧中的应用及启示”为题，发表于《中国广播电视学刊》2017 年第 11 期。

创业是科技和媒体行业近几年非常推崇的管理理论，精益创业的方法能够降低电视剧市场的信息不对称。

自从2000年开始，我国每年生产的电视剧超过了10000集，2007年以后，我国电视剧生产数量、播出数量和观众数量三项指标均排在世界首位，成为名副其实的电视剧大国。但不容乐观的是，电视剧市场存在较高的信息不对称现象，电视剧生产模式的管理质量和管理效率并不高。2011年到2015年，我国平均每年生产电视剧16188集，但每年在电视台播出的电视剧只有9000集左右，将近45%的电视剧无法播出。在播出的电视剧中，七成电视剧的收视率达不到0.5%的收视率合格线。① 以2013年和2014年为例，这两年每年约有20%的电视剧在制作完成后由于题材问题、内容质量问题等原因无人问津而被市场淘汰，还有大约30%的电视剧以很低的售价卖出，并在收视率很低的时间段播出，收益极其有限。

国内电视剧实行审批制，制作方先将剧本（每集不少于500字的剧集梗概）等提交给国家广播电视总局，通过审批后进入拍摄生产阶段，全片完成后再由广电总局审批，通过审批后才能在电视台播出。我国电视剧实行"先生产后播出"的制作模式，与国外电视剧边生产边播出的模式相比，我国电视剧制作模式存在以下问题：

第一，增加了制作方的生产成本。制作方要在播出前生产出全部剧集，它们需要投入更多的资金和资源。近些年来，国产电视剧的集数持续增加，2005年到2015年，电视剧的平均集数从24集增加到42集，平均每一集电视剧的成本约为200万元，《琅琊榜》《花千骨》等热播剧的投资成本超过1亿元，《芈月传》的投资成本接近3亿元。

第二，信息不对称导致投资方的风险变大。在增加制作成本的同时，投资方的风险变大，投资方需要一次性投入数千万元甚至上亿元资金，但每年将近一半的电视剧无法播出，这在很大程度上减少了投资方的回报，提高了投资方的市场风险。国外采用周播剧方式生产，投资方可以在电视剧收视率下降时停止投资，控制投资风险。

第三，缺乏观众参与。电视剧要满足观众的需求，要树立受众本位意识，制作方需要主动与观众进行互动和交流，让观众真正参与到电视剧的生产过程中，将电视剧打造为成功的IP，创造出粉丝文化。但现有模式下观众看到的是已经拍摄好的剧集，剧情走向并不一定能满足观众的需求，但观众无法参与生产过程，也知道自己无法影响剧情走向，这会降低他们对电视剧的关注度和投入度，不利于培养粉丝文化和社群感。

第四，内容和表达存在滞后性。电视剧从剧本创作到播出需要较长时间，与播出时的现实环境相比，最终播出的电视剧存在一定的滞后性。比如：观众的口味和兴趣可能发生变化；都市剧和青春剧中，演员们使用的流行语和网络语言可能已经过时；剧集制作好之后发生的社会事件无法融入剧情；在节日、假日播出的剧集无法和特定的时间、场景发生联系；电视剧制作的政策也可能出现变化。

这些问题需要从两个层面加以分析，在制度层面上，审批制要求电视剧先生产后播出；在管理层面上，电视剧市场存在较高的信息不对称，在线性电视观念下，观众没有真正参与到电视剧的生产过程中，电视剧没有完全满足观众和市场需求，电视剧生产方需要用新的理念提升管理质量和效率。

---

① 《年产1.6万集仅9000集播出 国产电视剧产能过剩》，《新京报》2016年9月18日。

精益创业是一种适用于不确定环境的管理方法，精益创业方法认为，当环境存在不确定性时，需要通过学习降低不确定性。学习过程不是漫无边际的撒网，而是应该围绕“什么为顾客创造利益”为核心，学习的目标是在尽可能短的时间里，用最小投入获得如何为顾客创造利益的准确认知。这些经过证实的认知是学习的成果，生产方通过这些认知了解市场，并制作可以满足市场需求的产品。因而，“问题不是‘这项产品能开发出来吗’，在现代经济中，几乎每件想象得到的产品都能被开发制造出来。更贴切的问题是‘需要开发这个产品吗’和‘围绕着一系列的产品和服务，我们能建立一项可持续的业务吗’。在精益创业的模式中，企业要做的每件事，包括每种产品、每项功能、每次营销活动都被视为一次实验，用来获取‘经证实的认知’”①。

在具体操作层面，生产方需要在尽可能短的时间内完成“开发—测量—认知”三阶段反馈循环，通过该循环检验自己对市场的假设，得到经过证实的认知。首先，基于假设推出最小化可行产品(Minimum Viable Product)，使其接受市场检验，验证生产方对市场的假设和判断，获得对市场和观众的认知。最小化可行产品的目标是验证生产方对市场的假设，产品并不成熟、完善，它的目的是证实生产方对于产品的假设是否能通过市场检验。其次，通过创新核算建立阶段性认知目标，测量产品是否能给生产方带来足够的回报，评估产品进展状况。最后，得到经过证实的认知，做出继续坚持或是停止投资的决定。生产方需要在尽可能短的时间内，用较少资源完成“开发—测量—认知”环节，为修订战略留下足够的时间和资源。

精益创业要求生产方对自己的市场假设进行严格检验，以此获得经过证实的认知，消除市场中的信息不对称。在不确定性环境下生产方会对市场进行一些假设，这些假设可能对也可能错，它们不应该基于这些假设生产产品。生产方需要通过小规模试验的方式验证假设，了解市场的真实状况，并以这些得到证实的认知作为生产产品的坚实基础，通过假设检验得到的认知是采取行动的前提。

在开发产品时经常会出现“信念飞跃”，假设检验可以避免这种现象。生产方会提出关于产品与市场的假设，通常，这些假设都有助于产品获得市场认可和商业成功，管理层可能会把假设当成事实，对这些假设的正确性和合理性深信不疑，这种现象称为“信念飞跃”。信念飞跃是一种有害的思维方式，它会让生产方把自己对于市场的假设当成既定事实。在社会心理学领域，这种现象称为规划谬误，即对项目成果做出过于乐观的预测，计划和预测不切实际地接近理想状况，认为计划和预测的准确度可以通过参考类似案例的数据而提高。②

比如，一家媒体决定投资建设中央厨房，管理层开会研究认为，建设中央厨房的时间为1年，投资约5000万元，中央厨房会增加20%的收入、降低10%的成本，等等。这些数据属于假设，而非事实，而且通常这些假设会对现实做出更为乐观的估计，很有可能建设中央厨房的时间更长，投资更大，收入和成本却低于预期水平。

---

① [美]埃里克·莱斯：《精益创业：新创企业的成长思维》，吴彤译，中信出版社2012年版，第36页。

② [美]丹尼尔·卡尼曼：《思考：快与慢》，胡晓娇、李爱民、何梦莹译，中信出版社2012年版，第225页。

信念飞跃或规划谬误的问题在于，它们过多地将注意力集中于内部意见而忽视外部意见，将组织内部成员对于某一问题的假设当作确定无疑的事实，并对之做出过于乐观的判断。正如心理学家丹尼尔·卡尼曼所说，“在我们预测风险项目的结果时，高管们很容易会掉入规划谬误的陷阱。在规划谬误的支配下，他们根据脱离现实的乐观心态来做决策，而不是根据对利益得失以及概率的理性分析做决策。他们高估了利益，低估了损失。他们设想了成功的场景，却忽视了失败和误算的可能性”①。

生产方要证实信念飞跃中的信念是否真实可靠，它们需要检验自已对市场和观众的假设是否与现实一致。生产方要与电视观众进行交流，了解他们的真实需求，以此为基础制作电视剧。最小化可行产品的目标是验证生产方对市场的假设，产品并不成熟、完善，只需要证实生产方对于电视剧的假设是否能通过市场检验。生产方推出最小化可行产品试探观众反应，观察观众是否愿意观看该剧，如果观众愿意接受这部电视剧，那么生产方对市场的假设得到证实，它们可以根据观众的反馈意见改善剧集品质。如果观众不愿意接受该剧，说明生产方对市场做出了错误的假设，应该立即中断项目，并根据观众反馈意见重新设计剧集。电视剧市场存在较高的信息不对称，以最小化可行产品测试市场，可以最大程度地降低生产方的沉没成本，减少不必要的资源浪费。

在最小化可行产品完成开发环节后，生产方进入测量环节，测量的目的是评估电视剧是否有可持续性。由最小化可行产品获得市场信息后，生产方获得关于市场和观众的初步数据，在随后的电视剧生产中，以提升某个维度的数据为目标，通过产品调整观察这些数据的变化情况，逐渐使产品契合消费者的需求。这些经过测量得到的认知可以帮助生产方更准确地进行决策。

精益创业理论的正式提出时间较晚，第一本系统阐述精益创业理论的书籍出版于2011年，但精益创业的模式已经在包括电视行业在内的许多领域应用多年，美国和其他一些国家的周播剧较早采用精益创业的管理模式，它们主要从以下几方面进行精益创业管理：

第一，通过严格的假设检验降低不确定性。美国的周播剧要通过数重假设检验，检验由专业机构和真实观众共同完成，严格的市场检验让周播剧更能契合市场需求。首先，商业电视网每年从收到的上万个剧本提纲里挑选出500个左右的剧本，制作方完成样片剧本后再由电视网进行检验，大约只有100个剧本能通过电视网的检验，这些剧本可以进入样片生产阶段。样片生产好之后要通过三重检验：选一部分样本观众进入片场观看样片，听取观众对样片的意见；在非演播季播出，测试其收视率和口碑评价；请专业的节目分析师作出点评②，只有大约30部剧集可以通过专业机构和样本观众的检验。随后，这些剧本还要接受大规模市场检验。电视网和制作方签订“有限定制”订单，先订购6~8集电视剧进行试播，制作方也只完成部分剧集的制作，通过测量播出后的收视效果决定是否继续制作剧集，最终完整播出的剧集在10~15部。在每一季结束前，电视网还会根据总体收视情况进行评估，决定是否继续订购下一季剧集。能够通过重重检验的周播剧非常稀少，这

① [美]丹尼尔·卡尼曼：《思考：快与慢》，胡晓姣、李爱民、何梦莹译，中信出版社2012年版，第228页。

② 苗棣、徐晓蕾：《美国电视剧生产和消费模式的启示》，载《视听界》2008年第3期。

些周播剧也会获得极大的市场回报。

第二，用最小化可行产品降低成本。周播剧的制作成本很高，像《权力的游戏》《罗马》等热播剧的单集制作成本都超过500万美元，2016年HBO新推出的《西部世界》第一季十集投资高达1亿美元。为降低产品成本，制作方在制作正式剧集之前会先推出样片(Pilot)，样片讲述一个情节完整的故事，属于剧集的预告片。与生产一季剧集的成本相比，样本的制作成本较低，制作方通过分析样片收视情况得到真实的市场信息，及时调整剧本风格、市场定位、剧情内容，降低市场成本和投资风险。另外，周播剧采用"边拍边播"的生产方式，每周制作下一周播出的剧集，随时根据剧集收视情况进行调整，一旦收视率持续下滑，可以迅速终止剧集，与"先拍后播"的生产方式相比，周播剧制作方可以更有效地控制成本。

第三，观众高度参与生产。周播剧的观众本位观念和边拍边播的制作方式有利于观众参与剧集生产，观众在很大程度上成为剧集的创作者，与制作方共同创作剧集，围绕热播剧形成一个庞大的粉丝社群。在市场上获得成功的周播剧非常重视观众的参与，《老友记》导演柯罗杰曾说，"我们会邀请300名观众现场参与正式拍摄，编剧也要在现场观看正式拍摄，如果现场观众不笑，编剧就会知道自己的笑话不管用，我们会停下来现场改，有时候甚至会问观众的意见。比如在第九季里，编剧有一个想法，就是让乔伊和瑞秋在一起。可是在拍摄的时候，观众席上窃窃私语，都不笑。于是我们的编剧组长问现场观众是不是觉得这个点子不好。观众异口同声地回答说，不要这样，因为这两人就是'兄妹'。所以，他们修改了剧本"①。韩剧《来自星星的你》在第18集时收视率超过30%，观众不希望剧集终结，制作方随即将剧集从20集延长到21集。主角金秀贤在剧中多次身穿高领毛衣，大量观众抱怨说不喜欢高领毛衣，后面的剧集中金秀贤改穿低领衣服。

精益创业既是一种管理理念，也是一套行之有效的管理模式，我国电视剧生产方首先要树立精益创业的管理理念，然后在电视剧生产过程中实施精益创业的管理模式，尽可能消除信息不对称引发的资源浪费。生产方需要重点关注以下几方面问题：

第一，决策之前先悬置判断，进行假设检验，用经过证实的认知制定决策。在制作电视剧之前，生产方会有很多关于市场的认知和判断，这些认知和判断不能作为决策的依据，在决策之前需要将这些认知和判断悬置起来。生产方要主动反思自己对市场的认知，将市场假设从认知中分离，制定出检验市场假设的方法和时间表，在尽可能短的时间内以较低成本检验假设，得到经过证实的认知，用新的认知取代先前对市场的假设，以此作为制定决策的基础，提高决策的质量。

第二，控制成本、降低风险，增加转型机会。精益创业模式下，决策不是"制定—实施"的线性过程，而是不断通过学习、了解市场的过程，生产方通过学习降低市场风险。"制定—实施"式管理要求生产方事先获得与制定决策相关的所有信息，并且在执行决策时环境要保持稳定或可预测。这些条件很难同时实现，这种决策方式也会降低生产方适应环境变化的能力，一旦决策出现错误，会带来巨大的损失。生产方的资源有限，它们需要在资源消耗完之前实现盈利，通过市场学习逐步进行决策，可以控制成本，降低市场风险，在资源耗尽之前多几次转型机会。

---

① 《拍部老友记 中国行不通》，《北京青年报》2012年7月2日。

哈佛商学院的克里斯滕森教授发现，“研究表明，绝大多数成功的企业都在开始实施最初的计划，并了解到哪些计划行之有效、哪些只是纸上谈兵时，放弃了最初的商业战略。成功企业与失败企业的主要差别通常并不在于它们最初的战略有多么完美。在初始阶段分析什么是正确的战略，其实并不是取得成功的必要条件，更重要的是保留足够的资源，这样新业务项目便能在第2次或第3次尝试中找到正确的方向。那些在能够调转航向，转而采用可行的战略之前便用尽了资源或信用度的项目，就是失败的项目”①。对大多数生产方来说，制作电视剧如同管理沙漏，如果不能在沙子漏完前实现盈利，等待它们的就是失败。精益创业可以减少生产方投入的资源，在同等条件下精益创业的生产方不仅会有更多的尝试机会，也会有更高的成功概率。

第三，让观众参与电视剧生产，增强电视剧与观众的互动，培育粉丝和社群文化。在社交媒体时代，观众的电视收看行为已经从被动的观看转为主动的参与，电视剧生产方需要适应这种变化，主动将观众吸纳到电视剧生产过程中，增强观众参与电视剧生产的动力和能力。在生产和播出电视剧的过程中，有意识地培育出粉丝和社群，围绕电视剧的讨论成为现象级话题，将电视剧打造成IP，开发出一系列衍生文化产品，用互联网思维生产和播出电视剧。

6.4 道德风险

道德风险也叫隐藏行动，一般由事后信息不对称引发，道德风险也来源于保险业，指人们在投保后会改变他们的行为，以期从保险公司得到更多的赔付。比如当人们购买了汽车保险后，驾驶汽车时就不像过去那么小心，发生碰撞、刮擦的可能性会增加，而保险公司又很难判断碰撞、刮擦是什么原因引起的。可能是驾驶者不小心引起的事故，也可能是驾驶者在购买保险后改变了谨慎驾驶的习惯造成的。投保人以保险公司的利益为代价追求自己的利益，因为行为的收益属于自己，而成本由保险公司承担，保险公司又很难掌握关于投保人行为的全部信息。可见，信息不对称是产生道德风险的原因，由于保险公司监督客户行为的成本很高，或者说一些行为几乎无法进行监督，这才产生了道德风险问题。也可以认为保险降低了人们对某种产品的支付成本，从而诱使人们过多消费该产品。

道德风险不仅仅存在于保险业，日常生活中也大量存在道德风险问题。比如人们会爱惜自己的图书，但对借来的书则不会善加保护。当行动者并不承担行为的全部后果，而又难以对个体行为进行准确监督时，人们便会有机会主义行为。在媒体组织日常工作中，媒体很难了解记者不在单位时是在进行采访还是在休息。媒体希望记者编辑花大力气采编高质量的稿件，但一些记者编辑可能更喜欢常规性的、难度较小的报道。如果把媒体看作委托人而把记者编辑看成代理人，那么媒体组织中普遍存在委托人和代理人之间利益不一致的现象。

在传媒经济学中，道德风险问题可以用委托-代理理论进行分析和解释。代理人和委托人之间有不同的目标，作为委托人的媒体希望记者编辑、部门经理优先完成媒体组织的

---

① [美]克莱顿·克里斯滕森：《创新者的窘境》，胡建桥译，中信出版社2014年版，第175页。

目标，而作为代理人的记者编辑、部门经理有自己的个人目标。在很多时候媒体很难确定代理人是在实现组织目标还是在实现个人目标。比如当记者不在单位时，他是在进行采访还是在家休息？记者打电话是为公事还是为私事？记者在电脑前是在寻找资料还是随意浏览网页？媒体很难对这些行为进行监督，即便监督，监督成本也很大，有些时候甚至得不偿失。科学管理之父泰勒曾说："无论采用计时工资制、计件工资制、包工制或者任何通常计酬制，每个工人都投入大量时间去研究怎样慢慢腾腾，而仍能使雇主相信他是在努力工作。"①媒体很多制度安排的目的是减少道德风险。比如针对记者不在办公室时的时间安排问题，媒体既然难以对记者的行为进行监督，那么媒体可以监督记者的工作成果，看他在这个月里发表了多少篇稿件。媒体通过监督记者的劳动成果，可以间接了解记者对工作的投入程度。由于工作成果具有多维性，媒体既然是根据工作成果进行监督并给予相应支付，媒体以哪些维度作为标准，记者就会增强对这些维度的投入。比如媒体以稿件数量作为评判维度，那么记者就会增加发稿数量，而稿件质量则被置于脑后。媒体若以稿件质量为维度，记者就不会在乎稿件数量。媒体兼顾数量和质量，那么又会涉及数量和质量的权重问题。

道德风险问题的产生有三个条件②，第一，人与人之间必须存在某种潜在的利益分歧。在资源短缺时，利益冲突是普遍存在的。第二，在具有不同利益的个人之间必须存在进行有利可图的交易或进行其他合作的某种基础，这是他们达成协议并进行交易的某种原因。最重要的是第三点，在确定协议条款能否实际遵循，以及合同条款能否强制执行这两个问题上存在很大的困难。这些困难的产生，时常是因为对行为的监督或对所报告信息进行证实代价太高昂或者根本不可能。有时，在双方都知道合同被违反，但却无法被第三方证实时，也会出现这些困难。由于合同并不完备，在拟订合同的时候，双方不可能把所有相关的细节全都考虑进去，而且双方也不可能保证合同会得到执行。

6.5 委托-代理问题

道德风险问题可以归为委托-代理问题，在传媒经济学中，只要媒体组织中一方的行为影响另一方，就存在委托代理关系。委托人和代理人之间的利益可能不一致，由于信息不对称，委托人很难观察到代理人的行为是否合理。因此，委托人应该设计合同，使代理人为委托人的利益工作，而委托人如何激励代理人实现委托人利益的问题，就是委托-代理问题。因此，问题在于委托人如何激励代理人为代理人的利益服务。

6.5.1 激励的原因

产生委托-代理问题的原因有四个③，第一，代理人的行为难以观察，委托人只能观察到结果，不能观察到行动。对媒体组织而言，员工的一些行为是难以观察的。坐在办公

① [美]弗雷德里克·泰勒：《科学管理原理》，马风才译，机械工业出版社2013年版，第13页。

② [美]保罗·米尔格罗姆、约翰·罗伯茨：《经济学、组织与管理》，费方域译，经济科学出版社2004年版，第196页。

③ 张维迎：《产权、激励与公司治理》，经济科学出版社2005年版，第49页。

室的记者不一定在工作；很难判断记者在上网的时候是在查找资料还是在消遣娱乐；报道中不愿透露姓名的人士可能确有其人，也可能是记者的杜撰。这些都是媒体组织难以观察和判断的。即便有些行为可以观察，但是这样做的成本也很高，而且有些时候也没必要这样做。比如记者不一定需要按时上下班，如果媒体和一些企业一样安装打卡机，要求记者、编辑每天朝九晚五地按时打卡，可能没有太大的必要。一些企业不允许员工在工作时间打私人电话、上网聊天，因为这会影响工作，但是记者在工作时间会打很多电话、和新闻线人、采访对象网上聊天，等等，这其中有些是工作电话，有些是私人电话。这些行为的监督成本非常高，媒体没有办法制定出详尽的规定，只能根据员工的工作绩效来观察他们的工作投入。但是工作绩效不仅仅取决于员工个人的努力，一些外界因素也会影响记者的工作绩效。这时，就更难准确评价员工的绩效。而当媒体不能准确评价员工的绩效时，产生委托-代理问题的可能性会增加。

第二，代理人与委托人的偏好不一致。比如，对一些记者而言，他们有着强烈的“成名的想象”，他们受到理想主义的感召，希望写出一些轰动性报道。但是媒体管理者的目标可能不同于记者的目标，一些媒体更希望在不触犯相关规定的前提下，获得尽可能多的市场利润。当媒体组织和员工之间的偏好不一致时，也会出现委托-代理问题。

第三，代理人可能害怕风险。对媒体领导层而言，他们在更大程度上影响着媒体的发展。作为代理人的媒体领导层，他们对风险的态度可能与媒体所有者对风险的态度不同。根据人们对风险的不同态度，可以将人分为风险爱好者、风险厌恶者和风险中立者，在期望收益相同的两类选择中，风险厌恶者更可能选择具有确定性的活动，而风险爱好者更可能选择结果不确定的活动。风险中性者在面对期望收益相同的选择时是中性的。由于大多数人是厌恶风险的，他更喜欢追求稳定的收入。比如媒体面临两笔具有不同风险的投资时，一笔可以确保得到1000万元。另一笔如果投资成功，媒体收益2000万元，如果失败则分文不得，成功和失败的概率各为50%。两笔投资的期望收益都是1000万元。如果经理是风险厌恶者，那么他会选择得到固定收益的1000万元。为了鼓励经理承担风险，为媒体组织获得更高利润，就必须对经理做出更大激励。

第四，委托人和代理人承担责任的能力不同。对于记者而言，他承担责任的能力一般较低，而媒体承担责任的能力较强。在很多媒体官司中，都由媒体组织出面解决问题。一些时候，记者、编辑承担了超过其能力的责任，一旦出问题，记者、编辑本人无力承担，最终承担责任的是媒体组织。

6.5.2 激励机制的设计原则

委托人希望媒体的代理人能够按照委托人的利益行动，但是委托人却难以观察代理人的各种行为，他只能根据其他一些变量来推测代理人的行为，但这些变量由代理人行为和外界其他因素共同决定。因此，委托人必须根据不完全信息激励代理人的行为。在这种情况下，设计激励机制时必须满足两个原则：一是参与约束(Participation Constraint)；二是激励相容约束(Incentive Compatibility Constraint)。

参与约束又称个人理性约束，指委托人和代理人签订的合同必须能为代理人带来不小于不接受该合同时的最大期望效用。也就是说合同必须能对代理人产生吸引力，让他在签订合同时得到比市场价值更高的价值，可以把市场价值理解为签订合同的机会成本。也就是说，合同的期望收益要高于代理人的机会成本，这样才能吸引代理人签订合同。

激励相容约束是说，在代理人的行为难以观察的时候，代理人必然会最大化自己的利益，违背代理人利益的合同是难以执行的，代理人只有在实现自己的利益后才会实现委托人的利益。激励机制必须诱使代理人为委托人利益服务，要使代理人个人的利益与委托人的利益相一致，这样才会激励代理人更努力的工作。简单来说，参与约束是将人才吸引过来，激励相容约束是让人才为我所用。

对代理人的激励方法有很多，但最重要的还是物质激励。物质激励可以分为短期物质激励和长期物质激励。短期物质激励的手段主要是绩效工资和效率工资，而长期激励的手段主要是长期合同、产权激励和股票期权等。

(1)短期激励

首先看绩效工资。假设一家报社试图实现利润最大化，报社聘请了一位经理，主持报纸的日常经营管理工作。报社的利润一方面取决于经理的努力程度，另一方面取决于其他一些外界因素。假设这位经理努力工作，在他运气好的时候，他每月可以为报社获取10万元利润，运气不好的时候每月为报社获取6万元利润。假设这位经理不努力工作，在他运气好的时候可以为报社获得6万元利润，在他运气不好的时候为报社获得4万元利润。假设好运气和坏运气的概率各为一半。当经理为报社获取6万元利润的时候，报社很难确定经理有没有努力工作。经理可能努力工作但是运气欠佳，但经理也可能没有努力工作但有好运气。而经理的委托人也很难每天监督经理的行为，即便能够监督，这样做也需要耗费成本。如果监督成本大于监督收益，那么就没必要进行监督。

按照激励相容约束，报社希望经理能够努力工作，增加报社的利润。为了激励经理努力工作，报社可以运用绩效工资的方法刺激经理。假设经理此前的收入固定不变，每月1万元。这种支付工资的方法很难激励经理努力工作，无论他创造10万元利润还是仅创造6万元利润，他的收入都相同，在这种情况下他不会努力工作。此时，报社有一半的时间获得6万元利润，有一半的时间获得4万元利润。报社的期望收益为$0.5\times6+0.5\times4=5$万元，减去经理1万元的工资，报社的利润为4万元。

如果报社采用绩效工资，当经理创造出较高利润时支付高工资，当经理创造出较低利润时支付低工资。假设当报社获得10万元利润时，给经理支付2万元工资，报社利润为6万元或4万元时只给经理0.6万元工资。这时，如果经理不努力工作，将只得到0.6万元的工资。如果经理努力工作，他有一半的可能创造出10万元利润，他会得到2万元收入。他还有一半的可能创造出6万元利润，他会得到0.6万元收入。此时他的期望收益将为$0.5\times2+0.5\times0.6=1.3$万元，高于不努力时的期望收益。在经理努力时，报社有一半的可能性得到10万元收益，有一半的可能性得到6万元收益，报社的期望收益为$0.5\times10+0.5\times6=8$万元，减去支付给经理的1.3万元工资，报社得到利润6.7万元，高于给经理支付固定工资时的利润。可见，在实行绩效工资制度后，经理会有努力工作的动力，他不仅增加了报社的利润，由于绩效工资的作用，他自已的收入也显著增加。

当媒体难以对员工投入进行直接观察和衡量时，媒体可以运用奖金来观察和衡量员工的努力程度，这会有效刺激员工投入高程度的努力，使代理人和委托人的利益趋于一致。

其次看效率工资。效率工资可以解释媒体市场中存在的失业现象。尽管许多求职者试图以低于媒体市场工资的方式进入媒体，但是媒体仍然没有通过降低工资来吸引更多求职者。效率工资理论认为，存在信息不对称现象时，古典经济学无法对失业问题提供有效的回答。由于媒体员工的行为难以监督，假设媒体员工的生产效率取决于他的收入，收入越高，效率越高；收入越低，则效率越低，那么收入会对员工的行为产生激励作用。假设媒体劳动力市场是完全竞争市场，员工获得市场均衡工资，但是这一工资无法激励员工努力工作。原因在于，即便媒体发现员工偷懒而将员工解雇，也不会对员工产生任何激励作用。因为员工可以以相同的工资在其他媒体找到工作，市场均衡工资无法激励员工提高努力的程度。

为了激励员工努力工作，媒体必须为员工提供高于市场均衡工资的收入。在这种情况下，员工可以得到比市场同等条件下更高的工资，如果员工不努力工作而被媒体解雇，他将很难在市场上找到同样水平的高工资。高于市场均衡工资的收入可以激励员工努力工作，这种避免员工偷懒的工资称为效率工资。但是，如果其他媒体也对员工支付效率工资，又会使效率工资成为新的均衡工资，效率工资的激励作用就会消失。当员工偷懒而被媒体解雇后，他可以在新的媒体找到工作，并且获得与原来收入相同的效率工资，这就使效率工资失去激励员工努力工作的作用。因此，在媒体都支付效率工资的时候，媒体就会减少对劳动力的需求，形成媒体市场中的失业现象。如果一个员工由于不努力工作而被媒体解雇，他将很难找到新的工作机会。因为效率工资高于市场均衡工资，媒体市场对劳动力的需求小于市场供给，这名员工将长时间处于失业状态，这种对失业状态的担忧会刺激员工努力工作。

可以用图 6-2 来显示效率工资的作用。① 图中横轴为劳动力的供给数量，纵轴为工资，垂直于横轴的直线表示劳动力的供给，劳动力的供给数量在短期是固定的。向下倾斜的曲线为对劳动力的需求曲线。在没有偷懒的时候，需求曲线和供给曲线交于均衡点 E，均衡工资为 W_0，市场中没有失业量。图 6-2 中向右上方倾斜的曲线为在每一工资水平下为防止偷懒而需要的失业量，需要注意的是失业数量从 Q_0 开始向横轴左方计算。需求曲线与供给曲线之间的距离表示失业量，而无偷懒约束曲线与供给曲线之间的距离表示为防止偷懒而需要的失业量。

当媒体给员工支付的效率工资为 W_2 时，需求曲线与无偷懒约束曲线相交于 E_1 点处，市场失业量为 OQ_0-OQ_2，市场失业量刚好是为防止偷懒而需要的数量。如果效率工资为 W_1，此时市场失业量为 OQ_0-OQ_1，而为了让媒体员工不偷懒，市场应该有 OQ_0-OQ_5 的失业量，也就是说，实际失业量小于为实现不偷懒而需要的失业量，因此效率工资会向上攀升，直至 W_2。如果效率工资为 W_3，此时市场的失业量为 OQ_0-OQ_4，而为了让媒体员工不偷懒，此时市场的失业量应为 OQ_0-OQ_3，也就是说，实际失业量大于为实现不偷懒而需要的失业量，因此效率工资会下降，直至 W_2。

效率工资可以在一定程度上解决媒体员工激励不足的问题。假设媒体为员工支付效率工资，员工目前收入为 w，当员工被媒体解雇后寻找其他工作的工资为 u，新工作的收入低于原有工作收入。如果员工在工作中偷懒，偷懒的收益为 g，偷懒被发现的概率为 p。如果满足 $g>p(w-u)$，也就是偷懒的收益大于欺骗被发现的概率乘以解雇造成的收入损

① [美]埃德温·曼斯菲尔德：《微观经济学》(第九版)，黄险峰等译，中国人民大学出版社 1999 年版，第 538 页。

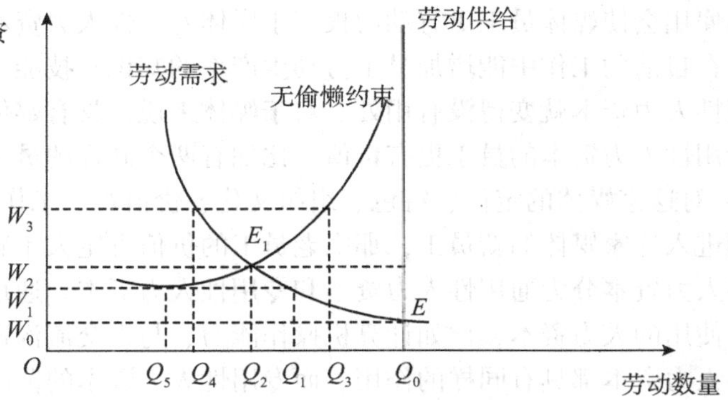

图 6-2 效率工资

失，那么偷懒就有利可图。① 比如，偷懒的收益是 1 万元，而被发现的概率是 0.1，目前收入为 2 万元，找到其他工作的收入为 1 万元。那么偷懒的预期成本为 $p(w-u)=0.1(2-1)=0.1$ 万元，小于偷懒的收益，因此偷懒是有利可图的。而解决员工偷懒的办法有两个，一个是提高偷懒被发现的概率，另一个是提高他的收入，通过这两种办法使得偷懒的预期成本大于偷懒的收益，才能使媒体员工努力工作。而提供效率工资相当于提高了偷懒后被解雇的预期损失，增加了偷懒的成本，减少了偷懒的概率。

(2) 长期激励

长期激励是媒体组织在较长时间对员工进行激励的措施，主要包括长期合同、股票期权等。

先看长期合同。媒体与员工签订长期合同，是媒体对员工进行激励的重要方式。我们可以将媒体劳动力市场分为外部劳动力市场和内部劳动力市场。所谓外部劳动力市场是媒体组织之外的劳动力市场，如人才市场、大学、其他媒体，等等。而把媒体组织内部的劳动力市场称为内部劳动力市场。在媒体组织的内部劳动市场上，长期雇佣关系是主要特征之一。在日本，终身雇佣制是许多日本企业的就业模式，在其他一些发达国家，长期雇用也是极为普遍的。比如在 20 世纪 80 年代早期，一个典型的美国工人会在一个岗位上工作 8 年左右，而 1/4 的工人会在一个岗位上至少工作 20 年。在 30 岁以上的工人中，有 40% 会在同一个企业工作 20 年以上。在同一个企业工作 15 年以上的情况，在美国比在日本更为普遍，而在一个企业连续工作 20 年或 20 年以上的现象，在英国要比在美国更常见。②

长期雇用是有效率的，长期雇用有三个特征，使得长期雇用能够激励员工努力工作。第一，长期雇用增加了企业专用性人力资本投资；第二，长期雇用使效率工资合同具有更

---

① [美]保罗·米尔格罗姆、约翰·罗伯茨:《经济学、组织与管理》，费方域译，经济科学出版社 2004 年版，第 267 页。

② [美]保罗·米尔格罗姆、约翰·罗伯茨:《经济学、组织与管理》，费方域译，经济科学出版社 2004 年版，第 380 页。

大的有效性；第三，长期雇用会增加对雇员长期贡献率评价的准确性。①

首先，长期雇用会使媒体员工更有动力投资于媒体专用性人力资本。所谓媒体专用性人力资本是指，在目前的工作中能增加员工劳动生产率的知识、技能，当员工离开现有媒体后，这些专用性人力资本就变得没有用处。对于媒体来说，具有媒体专用性人力资本的员工要比没有专用性人力资本的员工更有价值。比如有两个同样的员工，一个人在这家媒体工作了 20 年，对这家媒体的定位、特色、组织文化、价值观、工作流程等都非常了解，而另一个人是刚进入这家媒体的新员工，那么老员工的价值肯定大于新员工的价值。

我们可以将人力资本分为通用性人力资本和专用性人力资本。通用性人力资本是指无论在哪里都可以使用的人力资本，比如计算机操作能力、与人交流沟通的能力等，不管在哪里工作，这些人力资本都具有同样的作用。而专用性人力资本的范围则狭窄得多，它仅仅是对某个媒体有用的人力资本，一旦离开这家媒体就没有价值。当然，完全专用性人力资本比较少见，更多的情况是介乎于通用性人力资本和专用性人力资本之间。比如一名记者从财经媒体进入时政媒体，专业的财经知识用处不如原先大，但采访、写作等技能还是一样可以运用的。

通用性人力资本在哪里都有价值，媒体员工会自己投资来获取这些资本。比如通过上大学来获取基本的新闻业务技能训练。但是对专用性人力资本而言，媒体员工不会有太大的投资兴趣。因为这些资本的用途非常狭窄，只能在某家媒体使用，一旦离开这家媒体就没有其他单位需要这种资本，如果媒体的雇佣关系是短期的，这时员工必然缺乏投资的积极性。因为员工自己花费成本获得专用性人力资本，但是在雇佣关系内的收入不足以弥补他的投资，这样他就没有投资的动力。

比如，一名记者花费 1 万元进行专用性人力资本的培训，他的生产率提高 100 单位，但是媒体不一定会给他更高的工资，因为这种人力资本是专用性的，只有这家媒体需要这种人力资本，因此媒体处于买方垄断地位。假设媒体只把员工的工资每年增加 2000 元，在这种情况下，员工只有预期他在媒体工作的时间高于 5 年时，才会投资这种专用性人力资本。而如果工作不满 5 年，员工就不会进行这种投资。同样，只有当员工会长期为媒体工作时，媒体才会为员工进行专用性人力资本投资。除非媒体和员工双方都认为雇佣关系会长期持续下去，否则谁也不会有投资于专用性人力资本的动力。

其次，长期雇佣关系可以使效率工资合同具有更大的有效性。效率工资是媒体支付给员工的高于市场均衡水平的工资。由于合同是不完备的，双方都存在欺骗的可能，这就类似于“囚徒困境”，如果媒体和员工的博弈是一次性博弈，那么理性的个体都会选择欺骗对方。比如媒体可以和员工说，假如认真工作，将会在年底发奖金。但是媒体在年底却说员工工作不认真，不给员工发奖金。如果雇佣关系是短期的，那么员工也会预见到媒体会这样做，因此员工也就不会认真工作。因为无论工作多么认真，在年底的时候媒体肯定不会发奖金，与其认真工作还不如消极怠工。这和我们前面分析过的“囚徒困境”基本相同。如果双方都选择信守承诺，员工认真工作，媒体在年底发奖金，这对双方都有利。但是由于博弈是一次性的，双方都会选择欺骗对方。破解“囚徒困境”的关键在于使博弈从一次

① ［美］保罗·米尔格罗姆、约翰·罗伯茨：《经济学、组织与管理》，费方域译，经济科学出版社 2004 年版，第 385 页。

性博弈转为重复性博弈。假如媒体和员工签订了长期合同，那么这时双方都会在博弈的前几轮信守承诺。员工认真工作，媒体在年底支付奖金。要让声誉能够发挥作用，必然要求有足够长的博弈时间。时间越长，声誉的作用越重要。因此，长期雇佣关系可以使员工和媒体双方实现帕累托改进。

最后，长期雇用会增加对雇员长期贡献率评价的准确性。媒体员工尤其是媒体领导层的工作绩效难以在短时间作出评价，比如媒体经理层提出一个战略规划，在一两年内很难评价这个规划的绩效。再比如经理层办了一个新媒体，新媒体在起初通常会亏损，那么这时是否就可以认为经理的决策是错误的？美国唯一一份全国性报纸《今日美国》由努哈斯创办，这份报纸1982年开始创办，直到1993年才开始盈利。1987年7月2日，该公司宣布《今日美国》创刊4年半累计亏损2.33亿美元。如果以短期利润作为判断经理层决策的依据，那就不可能有《今日美国》。因此，长期雇佣能更加准确地评价媒体员工的工作绩效。而且，如果一味用短期绩效来评价媒体员工，将会使得员工急功近利。用短期绩效评价媒体领导层，会使领导层只注重短期利润，而忽略了媒体的长期战略目标。

再看股票期权。按照企业界的一般做法，能够将高级管理层长期留住，并把他们的工作绩效和组织长期发展结合在一起的办法，是对高级管理层实行股票期权计划（Stock Option）。股票期权，是指企业给高级管理层在一定时间内按照某个限定价格购买一定数量的企业股票的权利。它既不是股票，也不是现金，而是一种在未来某一时间按照限定价格购买本企业股票的权利。他既可以行使这一权利，也可以选择放弃这一权利。一般来说，当企业经营效益较好、股票价格升高时，高级管理层会选择行使股票期权，用原先规定的低价购买本公司股票，从而获得不菲的差价收益。而当公司经营业绩不佳、股价下降时，他将放弃行使这一权利。股票期权通过将企业利润和个体收益相捆绑，有效激励高级管理层为企业创造利润。

国外很多大型传媒集团，如迪士尼公司、时代华纳公司等都率先在高级管理人员中实行股票期权计划，在这两家公司中，经理人的股票期权占整个薪酬的比例超过了基本工资和奖金。① 早在1988年，迪士尼公司总裁迈克尔·D. 艾斯纳就利用股票期权获得了3260万美元收入。艾斯纳在1984年开始担任迪士尼的总裁，当时他的底薪只有750000美元，但他的薪酬合同中规定，如果迪士尼的股权收益率超过9%，他就可以得到全部利润的2%作为奖金。他还获得了迪士尼公司200万股的股票期权，行权价为14美元。而在他的领导下，迪士尼的股票价格上升到84美元，在1988年，他在股票期权中获得了3260万美元的收入。于是，1989年他和迪士尼公司又签订了一份新合同，薪水仍然为750000美元，如果股权收益率超过11%，迪士尼还给他全部利润的2%，他还得到了150万股新的股票期权，行权价为69美元，这是签订新合同时迪士尼公司的股价，还有另外的50万股，行权价为79美元。艾斯纳在1989年得到750万美元红利，在1990年得到另外的1050万美元。而迪士尼公司在1990年实现了60亿美元的销售收入和8.2亿美元的利润。② 股票期权计划对总裁艾斯纳产生强有力的激励，促使他不仅追求企业短期利润，还

① 张维迎：《产权、激励与公司治理》，经济科学出版社2005年版，第278页。

② ［美］保罗·米尔格罗姆、约翰·罗伯茨：《经济学、组织与管理》，费方域译，经济科学出版社2004年版，第465页。

要充分考虑迪士尼公司的长远发展。

我国一些上市的传媒股，如电广传媒、博瑞传播也都开始实行股票期权。如电广传媒早在2000年就开始对高管实行股票期权，高级管理层的薪酬采用"基薪收入+年均收入+奖励股票"的股权激励模式，公司根据年度业绩决定对高管进行奖励的股票数量，但是公司奖励的股票只能在经营管理者离职或卸任半年后方可在二级市场中交易。① 博瑞传播也在2008年就对公司董事、监事、高管及子公司骨干44人发放1600万份股票期权，行权价格为14.89元/股，每份股票期权拥有在授权日起8年内的可行权日以行权价格和行权条件购买公司股票的权利。为了让激励更加有效，该公司还分三个年度对高管进行考核，考核得分在80分以下的，不仅该激励对象个人当年的期权被注销，该激励对象个人的股票期权额度也会减少，同时全体激励对象当期股票期权总额也会缩小。② 腾讯公司在2010年7月发出公告，决定授出230.745万份购股权，行使该购股权时按行使价每股90.3港元认购1股股份，购股权有效期为7年。③

本节案例

科技企业的股票期权④

苹果首席执行官蒂姆·库克2013年的总薪酬达到7400万美元，其中包括430万美元的薪水和价值高达6960万美元的股权奖励，继续保持了其硅谷最高薪酬高管之一的地位。

库克去年的总薪酬为7400万美元，超过了惠普CEO惠特曼的1760万美元，后者位居硅谷高管薪酬榜第三位。不过，无论是库克，还是惠特曼，2013年总薪酬仍无法与Facebook首席执行官马克·扎克伯格相抗衡。扎克伯格33亿美元的股权收入足以让硅谷其他高管望而生畏。

如果不将股权奖励和其他收益计算在内，库克的薪水便无太大变化。不过，即使仅从工资这一数据来看，库克仍可以凭借140万美元的年薪击败惠特曼和扎克伯格，因为扎克伯格去年的工资只有1美元，而惠特曼去年工资薪金也只有1美元，不过她却获得了惠普公司颁发的26万美元绩效奖金。

尽管库克薪水是否被过高支付的争议一直不休，但不可争辩的事实是，苹果公司在库克的领导下已经取得了史上最优异的财务表现。一些人士认为，像库克这样的高昂奖励薪酬可能会随着高管与普通员工之间的薪酬差距继续扩大而面临更多的压力。

薪酬咨询顾问阿兰·约翰逊称："这种极端情况越来越严重，也引发了人们越来越多的争议收入不平等的问题。董事会对如何评估高管薪酬也非常关注。"不过，约翰逊也认为，董事会不应当只因为形象问题而拒绝高管的高薪酬。他认为，高管的薪酬应当参照高

① http://www.china-training.com/Upload/Files/2009/04/9_7186082.doc，2017-07-12。

② 《博瑞传播股票期权计划行权结果暨新增股份上市公告》，http://www.cfi.net.cn/newspage.aspx? id=20080305001298&AspxAutoDetectCookieSupport=1，2017-07-12。

③ http://finance.sina.com.cn/stock/hkstock/ggscyd/20090712/11296469591.shtml，2017-07-12。

④ http://tech.qq.com/a/20140405/008816.htm，2017-07-12。

管为股东创造的价值。因此，按照这种方法，库克理应获得更高的薪酬。2013 年，惠特曼因为惠普净收益每次增加 10 亿美元而进账了 340 万美元；而扎克伯格也通过同样的方式进账了 22 亿美元，但是，库克据此方法只进账了 200 万美元。

本章习题

1. 什么是信息不对称？请举例分析传媒领域的信息不对称现象。
2. 什么是逆向选择？如何解决传媒领域中的逆向选择问题？
3. 产生委托-代理现象的原因是什么？
4. 设计媒体管理层激励机制的原则有哪些？
5. 在传媒经济学领域，对代理人进行短期激励和长期激励的主要方法有哪些？

参考文献

(一)中文图书

1. [美]阿尔温·托夫勒. 第三次浪潮[M]. 朱志焱，潘琪，张焱，译. 北京：三联书店出版社，1983.
2. [美]阿兰·阿尔瓦兰. 传媒经济与管理学导论[M]. 崔保国，杭敏，等，译. 北京：清华大学出版社，2010.
3. [美]阿瑟·奥肯. 平等与效率[M]. 王奔洲，译. 北京：华夏出版社，1987.
4. [美]阿维纳什·迪克西特，巴里·奈尔伯夫. 策略思维：商界、政界及日常生活中的策略竞争[M]. 王尔山，译. 北京：中国人民大学出版，2002.
5. [美]埃德温·曼斯菲尔德. 微观经济学(第九版)[M]. 黄险峰，等，译. 北京：中国人民大学出版社，1999.
6. [美]埃里克·莱斯. 精益创业：新创企业的成长思维[M]. 吴彤，译. 北京：中信出版社，2012.
7. [美]埃里克·施密特，乔纳森·罗森伯格. 重新定义公司：谷歌是如何运行的[M]. 靳婷婷，译. 北京：中信出版社，2015.
8. [美]埃莉诺·奥斯特罗姆. 公共事务的治理之道：集体行动制度的演进[M]. 余逊达，译. 上海：上海译文出版社，2012.
9. [英]艾伦·查尔默斯. 科学究竟是什么[M]. 鲁旭东，译. 北京：商务印书馆，2007.
10. [法]奥古斯特·孔德. 论实证精神[M]. 黄建华，译. 南京：译林出版社，2011.
11. [美]奥利弗·威廉姆森. 资本主义经济制度[M]. 段毅才，王伟，译. 北京：商务印书馆，2002.
12. [美]保尔·米格罗姆. 拍卖理论与实务[M]. 杜黎，胡奇英，等，译. 北京：清华大学出版社，2006.
13. [美]保罗·米尔格罗姆，约翰·罗伯茨. 经济学、组织与管理[M]. 费方域，译. 北京：经济科学出版社，2004.
14. [美]保罗·萨缪尔森，威廉·诺德豪斯. 微观经济学(第十七版)[M]. 萧琛，等，译. 北京：人民邮电出版社，2004.
15. [美]贝赞可，德雷诺夫，尚利，谢弗. 战略经济学(第四版)[M]. 徐志浩，等，译. 北京：中国人民大学出版社，2012.
16. [美]比尔·科瓦奇，汤姆·罗森斯蒂尔. 真相：信息超载时代如何知道该相信什么

[M]. 陆佳怡，孙志刚，译. 北京：中国人民大学出版社，2014.
17. [美]戴维·克雷普斯. 博弈论与经济模型[M]. 邓方，译. 北京：商务印书馆，2006.
18. [美]丹·艾瑞里. 怪诞行为学[M]. 赵德亮，等，译. 北京：中信出版社，2008.
19. [美]丹尼尔·卡尼曼. 思考：快与慢[M]. 胡晓娇，李爱民，何梦莹，译. 北京：中信出版社，2012.
20. [美]丹尼尔·豪斯曼. 经济学的哲学[M]. 丁建峰，译. 上海：上海人民出版社，2007.
21. [美]菲利普·科特勒，凯文·莱恩·凯勒，卢泰宏. 营销管理[M]. 卢泰宏，高辉，译. 北京：中国人民大学出版社，2009.
22. [美]菲利普·科特勒. 市场营销原理(第七版)[M]. 赵平，译. 北京：清华大学出版社，1999.
23. [美]菲利普·南波利. 受众经济学[M]. 陈积银，译. 北京：清华大学出版社，2007.
24. [英]弗雷德里克·哈耶克. 哈耶克文选[M]. 冯克利，译. 南京：江苏人民出版社，2007.
25. [美]弗雷德里克·泰勒. 科学管理原理[M]. 马风才，译. 北京：机械工业出版社，2013.
26. 高鸿业. 西方经济学(第四版)[M]. 北京：中国人民大学出版社，2007.
27. [美]格里高利·曼昆. 经济学原理：微观经济学分册(第四版)[M]. 梁小民，译. 北京：北京大学出版社，2006.
28. [美]哈尔·范里安. 微观经济学：现代观点(第六版)[M]. 费方域，等，译. 上海：上海人民出版社，2006.
29. [美]哈里·夏皮罗，卡尔·范里安. 信息规则：网络时代的策略指导[M]. 张帆，译. 北京：中国人民大学出版社，2000.
30. 胡代光，高鸿业. 现代西方经济学辞典[M]. 北京：中国社会科学出版社，1996.
31. [英]吉莉安·道尔. 理解传媒经济学[M]. 李颖，译. 北京：清华大学出版社，2004.
32. [美]吉娜·基廷. 网飞传奇[M]. 谭永乐，译. 北京：中信出版社，2014.
33. [美]加里·哈默，比尔·布林. 管理的未来[M]. 陈劲，译. 北京：中信出版社，2012.
34. 金碚. 报业经济学[M]. 北京：经济管理出版社，2002.
35. [美]凯文·凯利. 新经济，新规则[M]. 刘仲涛，康欣叶，侯煜，译. 北京：电子工业出版社，2014.
36. [美]凯文·凯利. 必然[M]. 周峰，董理，金阳，译. 北京：电子工业出版社，2016.
37. [加]考林·霍斯金斯，斯图亚特·历克法蒂耶，亚当·费恩. 全球电视和电影：产业经济学导论[M]. 刘丰海，张慧宇，译. 北京：新华出版社，2004.
38. [加]柯林·霍普金斯，斯图亚特·麦克法蒂耶，亚当·费恩. 媒介经济学：经济学在新媒介与传统媒介中的运用[M]. 支庭荣，吴非，译. 广州：暨南大学出版社，2005.
39. [英]柯伦柏. 拍卖：理论与实践[M]. 钟鸿钧，译. 北京：中国人民大学出版社，2006.
40. [德]柯武刚，史漫飞. 制度经济学：社会秩序与公共政策[M]. 韩朝华，译. 北京：

商务印书馆，2000.
41. [美]克莱·舍基. 认知盈余：自由时间的力量[M]. 胡泳，哈丽丝，译. 北京：中国人民大学出版社，2011.
42. [美]克莱·舍基. 人人时代：无组织的组织力量[M]. 胡泳，沈满琳，译. 北京：中国人民大学出版社，2012.
43. [美]克莱顿·克里斯滕森，迈克尔·雷纳. 创新者的解答[M]. 李瑜偲，等，译. 北京：中信出版社，2013.
44. [美]克莱顿·克里斯滕森，斯科特·安东尼，埃里克·罗恩. 远见——用变革理论预测产业未来[M]. 王强，译. 北京：商务印书馆，2012.
45. [美]克莱顿·克里斯滕森. 创新者的窘境[M]. 吴潜龙，译. 南京：江苏人民出版社，2006.
46. [美]克里斯·安德森. 免费[M]. 蒋旭峰，等，译. 北京：中信出版社，2012.
47. [美]克里斯·安德森. 长尾理论[M]. 乔江涛，译. 北京：中信出版社，2006.
48. [美]克里斯托弗·苏达克. 数据新常态：如何赢得指数级增长的先机[M]. 余莉，译. 杭州：浙江人民出版社，2015.
49. [美]拉里·唐斯，保罗·纽恩斯. 大爆炸式创新[M]. 粟之敦，译. 杭州：浙江人民出版社，2014.
50. [美]拉里·唐斯. 颠覆定律：指数级增长时代的新规则[M]. 刘睿，译. 杭州：浙江人民出版社，2014.
51. 黎万强. 参与感：小米口碑营销内部手册[M]. 北京：中信出版社，2014.
52. 李善友. 颠覆式创新：移动互联网时代的生存法则[M]. 北京：机械工业出版社，2014.
53. [英]理查德·道金斯. 自私的基因[M]. 卢允中，等，译. 北京：中信出版社，2012.
54. [奥]路德维希·米瑟斯. 官僚体制·反资本主义的心态[M]. 冯克利，姚中秋，译. 北京：新星出版社，2007.
55. [美]罗伯特·阿克塞尔罗德. 合作的进化[M]. 吴坚忠，译. 上海：上海人民出版社，2007.
56. [美]罗伯特·阿克塞尔罗德. 合作的复杂性：基于参与者竞争与合作的模型[M]. 梁捷，高笑梅，等，译. 上海：上海人民出版社，2007.
57. [美]罗伯特·皮卡特. 传媒管理学概论[M]. 韩骏伟，常永新，译. 北京：人民邮电出版社，2006.
58. [美]罗伯特·皮卡特. 媒介经济学：概念与问题[M]. 赵丽颖，译. 北京：中国人民大学出版社，2005.
59. [美]罗伯特·斯考伯，谢尔·伊斯雷尔. 即将到来的场景时代[M]. 赵乾坤，周宝曜，译. 北京：北京联合出版社，2014.
60. [美]迈克·波特. 竞争战略[M]. 陈小悦，译. 北京：华夏出版社，1997.
61. [美]迈克尔·辛格尔特里. 大众传播研究：现代方法与应用[M]. 刘燕南，等，译. 北京：华夏出版社，2000.
62. [美]曼瑟尔·奥尔森. 集体行动的逻辑[M]. 陈郁，郭宇峰，李崇新，译. 上海：上海人民出版社，1995.
63. [美]平狄克、鲁宾费尔德. 微观经济学(第四版)[M]. 张军，等，译. 北京：中国人民大学出版社，2000.
64. [美]钱·金，勒妮·莫博涅. 蓝海战略[M]. 吉宓，译. 北京：商务印书馆，2005.
65. [美]塞德希尔·穆来纳森，埃尔德·沙菲尔. 稀缺：我们是如何陷入贫穷与忙碌的[M]. 魏薇，龙志勇，译. 杭州：浙江人民出版社，2014.
66. [美]沙伦·奥斯特. 现代竞争分析(第三版)[M]. 张志奇，李强，陈海威，译. 北京：中国人民大学出版社，2004.
67. [美]斯坦利·巴兰，丹尼斯·戴维斯. 大众传播理论：基础、争鸣与未来(第三版)[M]. 曹书乐，译. 北京：清华大学出版社，2004.
68. 苏东水. 产业经济学[M]. 北京：高等教育出版社，2000.
69. 唐绪军. 报业经济与报业经营(第二版)[M]. 北京：新华出版社，1999.
70. [美]托马斯·库恩. 科学革命的结构[M]. 金吾伦，胡新和，译. 北京：北京大学出版社，2003.
71. 王则柯，李杰. 博弈论教程[M]. 北京：中国人民大学出版社，2004.
72. 吴克宇. 电视媒介经济学[M]. 北京：华夏出版社，2004.
73. [英]亚当·斯密. 国富论[M]. 郭大力，王亚南，译. 南京：译林出版社，2011.
74. 易宪容. 新制度经济学的奠基人——科斯评传[M]. 太原：山西经济出版社，1998.
75. 喻国明. 中国传媒产业发展指数报告[M]. 北京：中国人民大学出版社，2014.
76. 喻国明，丁汉青. 传媒经济学：中国的学科构建[M]. 北京：人民日报出版社，2016.
77. 喻国明，丁汉青，支庭荣，陈端. 传媒经济学教程[M]. 北京：中国人民大学出版社，2009.
78. 张维迎. 博弈与社会[M]. 北京：北京大学出版社，2013.
79. 张维迎. 产权、激励与公司治理[M]. 北京：经济科学出版社，2005.
80. 张五常. 经济解释[M]. 北京：商务印书馆，2002.
81. 赵曙光. 媒介经济学[M]. 北京：清华大学出版社，2007.
82. [美]朱·弗登伯格，让·梯若尔. 博弈论[M]. 黄涛，等，译. 北京：中国人民大学出版社，2002.

(二)中文论文

1. [美]达拉斯·史麦塞. 传播：西方马克思主义的盲点[J]. 冯建三，译. 岛屿边缘，1992(4).
2. 丁汉青. 中国大陆传媒经济学术圈分析[J]. 国际新闻界，2009(6).
3. 丁汉青，曹璞. 2013年国外传媒经济学研究热点与场域——基于文献计量学的方法探索[J]. 新闻与传播研究，2015(4).
4. 冯建三. 科斯的传媒论述：与激进的反政府论对话[J]. 台湾社会研究季刊，2007(12).
5. 杭敏. 鲁莽与疯狂之后的第二十五年：2014国际传媒经济与管理研究综述[J]. 全球传媒学刊，2015(1).
6. 林承宇. 当稀有可能不再稀有：重返广播电波频谱稀有性的规范理论[J]. 传播管理与

研究，2007(1).
7. 刘灿娇，姚娟. 中美电子书商业模式比较研究[J]. 中国出版，2011(6).
8. 刘新传. 文化贴现与中国纪录片的出路[J]. 当代传播，2011(1).
9. 罗世宏. 广电媒体产权再管制论[J]. 台湾社会研究季刊，2003(6).
10. 苗棣，徐晓蕾. 美国电视剧生产和消费模式的启示[J]. 视听界，2008(3).
11. 彭兰. 场景：移动时代媒体的新要素[J]. 新闻记者，2015(3).
12. 强月新，郭韶明. 我国传媒经济研究的量化分析[J]. 武汉大学学报(人文社科版)，2006(3).
13. 饶毅. 浅析美国亚马逊公司数字出版商业模式[J]. 编辑之友，2012(7).
14. 苏林森. 城市化、工业化和收入水平对媒介消费水平的影响[J]. 国际新闻界，2009(2).
15. 汪丁丁. 经济学理性主义的基础[J]. 社会学研究，1998(2).
16. 王盈勋. 传播新制度经济学：理论基础[J]. 中华传播学会2007年年会论文。
17. 夏倩芳. 公共利益界定与广播电视规制[J]. 新闻与传播研究，2005(1).
18. 喻国明. 影响力经济：对传媒产业本质的一种诠释[J]. 现代传播，2003(1).
19. 张远帆. 从亚马逊的"Kindle Unlimited"服务看数字图书的发展趋势[J]. 出版广角，2014(8).
20. 章平，池见星. 10年来中国传媒经济研究回顾[J]. 新闻大学，2007(2).

(三)英文论文

1. Christensen C M, Anthony S D, Berstell G, et al. Finding the Right Job for Your Product[J]. MIT Sloan Management Review, 2007, 48(3).
2. Coase R, Federal Communication Commission[J]. Journal of Law and Economics, 1959(2).
3. David Pearce Demers. Relative Constancy Hypothesis, Structural Pluralism, and National Advertising Expenditures[J]. The Journal of Media Economics, 1994, 7(4).
4. Gerald R. Faulhaber, David J. Farber. Spectrum Management: Property Rights, Markets, and the Commons[J]. Working Paper, 2002.
5. Ghee-Yough Noh, August E. Grant. Media Functionality and the Principle of Relative Constancy: An Explanation of the VCR Aberration[J]. The Journal of Media Economics, 1997, 10(3).
6. John Dimmick. The Theory of the Niche and Spending on Mass Media: The Case of the "Video Revolution"[J]. The Journal of Media Economics, 1997, 10(3).
7. Lacy, S. Developing and Using Theory for Media Economics[J]. The Journal of Media Economics. 1995. 8(2).
8. Maxwell McCombs. Mass Media in the Marketplace[J]. Journalism Monographs, 1972(24).
9. Maxwell McCombs, Jack Nolan. The Relative Constancy Approach to Consumer Spending for Media[J]. Journal of Media Economics, Summer, 1992, 5(2).
10. Michel Dupagne. Beyond the Principle of Relative Constancy: Determinants of Consumer Mass Media Expenditures in Belgium[J]. The Journal of Media Economics, 1997, 10(2).

11. Stephen Lacy, Ghee-Yough Noh. Theory, Economics, Measurment, and the Principle of Relative Constancy[J]. The Journal of Media Economics, 1997, 10(3).
12. Thomas W. Hazlett. Assigning Property Rights to Radio Spectrum Users: Why Did FCC License Auctions take 67 Years? [J]. The Journal of Law and Economics, 1998(2).
13. Lambert T, Schwienbacher A. An Empirical Analysis of Crowdfunding[J]. Social Science Research Network, 2010.
14. Gerber E M, Hui J S, Kuo P Y. Crowdfunding: Why People are Motivated to Post and Fund Projects on Crowdfunding Platforms[R]. Proceedings of the International Workshop on Design, Influence, and Social Technologies: Techniques, Impacts and Ethics, 2012.
15. Mollick E. The Dynamics of Crowdfunding: An Exploratory Study[J]. Journal of Business Venturing, 2014, 29(1).
16. Muthukumaraswamy K. When the Media Meet Crowds of Wisdom: How Journalists are Tapping into Audience Expertise and Manpower for the Processes of Newsgathering[J]. Journalism practice, 2010, 4(1).
17. Aitamurto T. The Impact of Crowdfunding on Journalism: Case Study of Spot. Us, a Platform for Community-funded Reporting[J]. Journalism Practice, 2011, 5(4).
18. Jian L, Usher N. Crowd-Funded Journalism [J]. Journal of Computer-Mediated Communication, 2014, 19(2).
19. Bannerman S. Crowdfunding Culture[J]. Journal of Mobile Culture, 2013(7).
20. Agrawal A K, Catalini C, Goldfarb A. Some Simple Economics of Crowdfunding[J]. National Bureau of Economic Research, 2013.
21. Aitamurto T. The Impact of Crowdfunding on Journalism: Case Study of Spot. Us, a Platform for Community-funded Reporting[J]. Journalism Practice, 2011, 5(4).
22. Kuppuswamy V, Bayus B L. Crowdfunding Creative Ideas: the Dynamics of Projects Backers in Kickstarter[J]. SSRN Electronic Journal, 2013.
23. Hui J S, Greenberg M D, Gerber E M. Understanding the Role of Community in Crowdfunding Work[R]. CSCW, 2014.
24. Agrawal A, Catalini C, Goldfarb A. Entrepreneurial Finance and the Flat-world Hypothesis: Evidence from Crowd-funding Entrepreneurs in the Arts[R]. 2010.

后 记

这本书是在我承担的传媒经济学、传媒管理学两门课的课程讲义基础上编写而成的，我从2007年开始负责这两门课程的教学，迄今已十年。2014年年底，西安外国语大学将《传媒经济学》设为资助立项教材项目。原本以为将讲义转变为教材并不难，但开始动手后发现并非如此，这本书从立项到出版的时间超出我的预计。

传媒经济学是一个热门的研究领域，目前已有数十种国内外学者编著的教材，各家教材在框架结构、目录内容等方面不尽相同，本书从传媒经济学已有研究成果中获益良多，编写过程中充分地吸收和借鉴了前辈和同行们丰富的研究成果(需要说明的是，尽管在编写时已尽可能地标出文献作者、文章篇目和相关引文出处，但难免会有个别遗漏，这里谨对相关研究者表示感激和歉意)。

这本书虽然由我个人编著，但离不开其他人的参与和支持。

感谢国内外从事传媒经济学研究的前辈和同行，没有诸多前辈和同行的辛勤付出，就不会有传媒经济学领域如此丰富的研究成果，也不会有这本书。

从2004级开始的历届学生是本书重要的参与者，他们见证了这本书的成长，学生的求知欲是我不断修订和完善这本书的动力，感谢选修课程的历届学生。

我所任职的新闻与传播学院是一个温馨的集体，感谢学院领导和同事们共同创造的宜人的工作环境。感谢王天定教授长期以来对我的鼓励和帮助，很早以前他曾对我说，要围绕课程写出教材。没想到拖延了这么久才完成这个任务。

学校将此书设为立项教材项目，为本书的出版提供物质保障，在此深表谢意。我指导的研究生刘炜和李林夕认真地帮我校对书稿，修订了不少问题，谢谢她们。

我的家人非常理解和支持我的工作，家中的老人帮助我们分担抚养孩子的重任，妻子始终在身边与我相伴，让我安心读书写作。在将书稿交付出版社的时候，我们即将迎来第二个孩子，我把这本书送给我们的孩子，希望他们健康、快乐地成长！

王 亮

2017年4月